JN021264

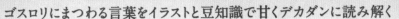

ゴスロリにまつわる言葉をイラストと豆知識で甘くデカダンに読み解く

ゴシック&ロリータ語辞典

the DICTIONARY of　辞典　GOTHIC & LOLITA

　長らく日本人は西洋の文化に憧れ続けていて、女の子なら西洋の少女への憧れを強く持っていました。青い目で金髪の少女や、フランス人形みたいになりたいという願望を持ったことがある女性は多いのではないでしょうか？　西洋からやってくる映画や、西欧が舞台の漫画などに登場する洋服に夢中になった人もいるのでは……。

　そんな気持ちを持ち続けて形にした洋服デザイナーさんは昭和から令和の今までずっと誕生し続けていて、長い年月を掛けて、後に「ロリータ」と呼ばれるファッションの土台を築き上げていきました。さらに1998年には「ゴシック」という文化と混ざり、新しい「ゴスロリ」というジャンルが生まれます。西洋の愛らしい人形や少女みたいな服に、西洋のダークサイドのエッセンスを注ぐだなんて、最高に魅力的な服になるに決まっています！　日本の女の子達はすぐに夢中になりました。そしてさらに日本生まれの「ゴスロリ」「ロリータ」ファッションがなんと西欧人の憧れの服となり、より広く世界に広まっていくことになったのです！

　この書籍はその「ゴスロリ」ムーブメントの生みの親でもあった雑誌「ケラ！」「Gothic & Lolita Bible」創刊編集長だった私が過去を振り返りながら、見聞きしたファッションを中心にそれぞれの文化に関わる小話を集めて執筆した集大成です。一緒に楽しんでいただけたら幸いです。

雑誌「ケラ！」「Gothic&Lolita Bible」
創刊編集長
鈴木真理子

大正から昭和中期まで長らく日本の各家庭の女児が親に与えられたのが、西洋の人形を象ったとされる「文化人形」。ボンネットにリボンにギャザーフリルスカート。完璧なロリータ装です！　私も生まれてすぐの、最初の友達がこの文化人形でした。彼女は私にとって初めての西欧のロリータ友達だったといえるかも♡

現代に生きるアリス、
ゴスとロリータの皆様へ。

※ピンク字の部分は P38 〜 187 に「語」解説があります。

　ゴスとロリータ。まさに闇と光、月と太陽みたいな、本来一緒になるわけではない要素が出会った不可思議なファッションや文化のスタイルだとは思いませんか？　ゴスでありロリータでもある服は1990年代に大阪・アメリカ村（アメ村）にて生まれました。1998年頃には Mana（当時 MALICE MIZER のメンバー）に「ゴシック・ロリータ」、その後その愛好者によって「ゴスロリ」と略称を付けられて、東京のセレクトショップや雑誌「ケラ！」「Gothic & Lolita Bible」「KERA マニアックス」やユーザーを通じ原宿系ファッションとして、日本中に知られていくことになります。

　また最初これらの服を着ていたのは主にバンドマンや、ライブハウスに通う女性でした。しかし幅広く一般の女性に、そして海外にまで知られていくようになります。そして世界中で熱狂的に愛されるようになるのです。

　「ゴスロリ」ワードはあまねく流布し、それまでごく一部の人の趣味枠だった「ゴス」的なものや、それ以前から知られていた「ロリータ」についてもあらためて人々の関心が寄せられていくようになります。

　でも知られているのは、そのぼんやりしたイメージだけ。わかっているようでわからないゴスロリ、ゴス・ロリ、ゴシック、ロリータについて深く掘り下げて624のキーワード（語）で説明したのがこの本です。

　特にロリータ服は西欧の18 〜 19世紀からそのイメージをもらっているものがあることから、なるべく服のパーツとその歴史についても取り上げました。ゴシックは建築、音楽、美術、文学等各方面の文化と深く関わっているので、そのあたりも紙幅が許す限り紹介しました。

　夜的なものの「ゴス」と、昼的なものの「ロリータ」の持つ要素で対立しそうな上に、縁が深い「パンク」「スチームパンク」などや、よく似ていると言われた「森ガール」などのスタイルも扱っています。さらにファッションだけでなくルーツになる文化面まで「あいうえお」順で羅列させたので、ちょっとストレンジな感じを受けるかもしれません。

　結局はよくわからない「不思議の国」に入り込んでしまうのかもしれないし、「あ、これ知っている」「好きだったな」と思う、自分自身や自分の通ってきた道を見つめる「鏡の国」に入ることになるかもしれません。まさに不思議の国にトリップするアリスのように、ロリータさんにはおなじみの長谷川俊介さんの愛らしいイラストと共に、散らばった破片やカードを集めるようにして、好きなところから摘んで読んで、彷徨（さまよ）って、この本と一緒に遊んでください。

002　★このページのアリスのイラストは、ジョン・テニエルによるものです

1 見出し語

見出しの並びが五十音順なので、知りたい言葉がすぐ見つかります。

2 解説

ゴスとロリータをより深く、面白く知るための知識が満載です。

3 ピンク字

解説にあるピンクの太字の部分は、見出し語になっているので探して読んでみてください。解説がリンクしています。

もくじ

★本書の内容は全て2024年5月現在のものです

COVER
カバーイラストはタペストリー《貴婦人と一角獣》へのオマージュイラストです。P5〜21の「ファッションクロニクル」の地にも
《貴婦人と一角獣》の一部を色変更して使っています。オリジナル作品はP165「ミルフルール」で紹介しています。

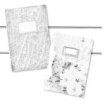

本書内での「ゴス」「ロリータ」「ゴスロリ」取説

ゴス、ロリータ、ゴスロリについては様々な考えがあると思いますが、
本書内では以下のような見解で記しています。

ゴ ス

名前について	オリジナルはゴート人（古代ゲルマン民族の一つ）のこと。 →現在のゴス服とは無関係。
服について	ダークサイド好みのファッション。ルーツは近代 18 ～ 19 世紀の英国にて生まれたゴシック小説のイメージと現代 20 世紀のホラー映画衣装。1980 年前後の英国ゴシック・ロックの波から生まれた服。
ファッションとしてのゴスが目指すのは	吸血鬼、ドラキュラ伯爵、美魔女。

※ゴスは名詞、
ゴシックは形容詞です。

ロ リ ー タ

名前について	命名／ロシアの小説家、ウラジーミル・ナボコフ。彼が 1955 年に発表した小説のタイトル名であり、登場人物の 14 歳の少女ドロレスの愛称。→現在のロリータ服とは無関係。
服について	1980 年代の日本の DC ブランドブームを経て雛形が生まれ、1990 年代に「ロリータ服」と呼ばれるようになった日本生まれの服。頭には大きなリボン、ボンネット、ヘッドレス。パフスリーブに、パニエを入れたりなどして大きく広がるスカートが基本。
ファッションとしてのロリータが目指すのは	お嬢さん、人形。時々、プリンセス。

※注1　本書籍では、1998 年以降に服を作っている作り手（ブランドなど）がロリータ服と認識しているところに限って「ロリータ服」
　　　としています。それ以外でロリータ服と混同されることもある服は「ガーリー、ドーリーな服」と記載しています。
※注2　現在のロリータ服の基盤は、Vivienne Westwood の 1985 年ミニクリニ・コレクション、1987 年ハリスツイード・コレク
　　　ションからの影響を強く受けています。ロリータ達は Vivienne Westwood の服や小物も好んで身に着けます。Vivienne
　　　Westwood の服をロリータ服とはいいませんが、ロリータが好む服として紹介しています。
※注1、注2については併せて P191 の「日本のゴス服、ロリータ服に影響を与えたブランド達」もお読みください。

ゴ ス ロ リ

名前について	命名／ 1998 年に「ゴシック・ロリータ」と Mana（元 MALICE MIZER）が名付ける。 愛好者により簡略化されたのか「ゴスロリ」と呼ばれる。
服について	主に関西ブランドから生まれ、1998 年に東京から発信された、ゴスとロリータテイストをミックスしたスタイルの服。
ファッションとしてのゴスロリが目指すのは	ダークサイドの可愛いプリンセス。

※本書内では黒いだけのロリータ服もゴスロリと呼ばれる時代がありましたが、服にゴス要素がない場合はゴス服とは呼べません。
　また黒いだけのロリータ服であっても着用している人がダークサイドを感じさせるヘアメイクをしていたり、小物を身につけてい
　たら「ゴスロリ」と呼びます。
※ゴスロリ黎明期からしばらく「ゴス」「ロリータ」「ゴスロリ」以上三つを合わせた総称で「ゴス・ロリ」と呼ばれることがあったので、
　本書内では当時の話を語る際はその慣わしに従った表現をとることがあります。

Fashion Chronicle ファッション クロニクル

現在のロリータ服、ゴス服につながる服と、それぞれのジャンルを時代順にひもといていきます！

※ピンク字の部分は P38 ～ 187 に「語」解説があります。

※ピンク字の部分は P38 ～ 187 に「語」解説があります。

Pre-LOLITA 【ロリータ以前】

18世紀　ロココ時代の宮廷服

　18 世紀までは、子供用に考えられた服のデザインというものは特になく、少女、子供達は大人の服を小さくしたものを着用していました。2006 年の映画『マリー・アントワネット』でも、ヴェルサイユ宮殿内で、小さな姫達が大人の服のミニチュア版を着ている様子が見られますね。1998 年に始まるゴスロリ黎明期以降、ロリータ服には 18 世紀の宮廷衣装のイメージが取り入れられていきます。エシェルの付いたストマッカー、姫袖の元になったアンガジャントと呼ばれるカフスなどなど。これらが 20 世紀になってから復活するのは、舞台や映画衣装のみだったので、日本のロリータ服において初めて既製服化されたものといえるかもしれません。

**現代のロリータ・スタイル
への影響ポイント
1～4**

2 エシェルの付いた
　　ストマッカー

1 チョーカー

4 スカート、
　　ペティコート
　　3枚重ね

3 姫袖の
　　元となった
　　アンガジャント

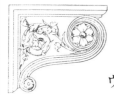

Pre-LOLITA 【ロリータ以前】

19世紀
ヴィクトリア時代のアリス服

　欧州では19世紀になってようやく、本格的な児童のための服が作られるようになりました。特に人気で大ヒットしたのは、児童向け小説『不思議の国のアリス』のピナフォー（タブリエ）を付けたワンピースや、ケイト・グリーナウェイの絵に出てくる胸下切り替えワンピースにボンネットのスタイルが代表的なもの。またエドワード皇太子が着用した海軍のセーラー服は男女とも子供の間でも着られるようになりました。人気作家の本に出てくるものや、有名人が着ているものは大きな流行を呼ぶようです。そしてこのあたりの服のデザインは1980年以降、ガーリー、ロリータ系の服のベースになっています。

現代のロリータ・スタイル
への影響ポイント
1〜6

1 大きなヘアリボン

2 ラウンド・カラー

3 パフスリーブ

4 ピナフォー

5 膝丈くらいのスカート

6 しましま靴下

1940〜50年代
中原淳一デザイン服

戦前の日本では子供服はあっても、子供と大人の間の「少女の服」のデザインがなかったようです。外国雑誌を見る機会に恵まれ、またイラストレーターであり、人形作家でもあった中原淳一は少女のために洒落た洋服のデザインをして雑誌「少女の友」に掲載していました（戦後は自分で出版社を作り雑誌「それいゆ」「ひまわり」「ジュニアそれいゆ」を刊行）。そんな彼はまさにロリータのお父さんですね。当時はお店で洋服を買うのではなく、雑誌を見て、型紙を起こしてお母さんや洋裁専門の人に服を作ってもらっていた時代です。この中原淳一デザインの服には、現在のロリータ服に通じる形がはっきり見てとれます。

現代のロリータ・スタイル
への影響ポイント
1〜4

※ 1950年代は戦争が終わり、おしゃれをする余裕ができたこともあって、Christian DIOR が「ニュー・ルック」と呼ばれるデザインを発表。コルセットにペティコートを合わせて華やかにスカートを翻すスタイルを現代風にアレンジして、世の中の流行を一変させました。18〜19世紀に愛用されていたペティコートはここに蘇り、そして後のロリータ・スタイルでまた復活することになります。

※ナボコフの小説『ロリータ』は映画共 1950 年代設定ですが、カジュアルな少女服です。

1 二つ結びの髪にリボン

2 パフスリーブ

3 コルセットを着て着用する服と編み上げ

4 膝丈ギャザースカート

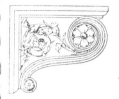

Pre-LOLITA 【ロリータ以前】

1960年代
フレンチ・ロリータの時代

　1960 年代になると、英国の若い女性デザイナー、マリー・クワントがミニスカートを発表して世界中で大ヒット。世界中の若い女性誰もがミニを穿くようになりました。ミニワンピースの首元飾りに白いレースやラウンド・カラー、ヨークを付けた物も流行しました。こちらは現在のロリータ服にもよく見られますね。ナボコフの小説『ロリータ』の影響を受けて、フレンチ・ロリータと呼ばれるようになったジェーン・バーキン、フランス・ギャルなどがストンとした形のミニワンピースを着ている写真が見られます。

※マリー・クワントが英国から、世界のファッションの流れを変えたことは一大事でした。それまでの、パリを中心としてプロのデザイナーがコレクションで発表、それをオートクチュール、プレタポルテで富裕層が購入する。その後コピーされたり一部が取り入れられ庶民の間に広まっていく、という流行の構造が変わっていくことになります。

現代のロリータ・スタイル
への影響ポイント
1・2

1 大きめヘアリボン

2 白のヨーク付き
ワンピース

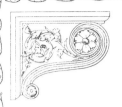

1970年代
ノスタルジック服の時代

　1970年代にはフォークロア・ブームや、英国ヴィクトリア時代、同エドワード時代、米国19世紀カントリースタイルや1930年代への懐古ブームなどなどが起こり、さらに1960年代のミニ丈への反動もあって、スカートの丈がロングになります。ロマンチックなフリルやレースの服も登場しました。この時代の服にはクラシカル・ロリータに通じるノスタルジックなテイストがあります。

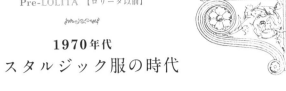

現代のロリータ・スタイル
への影響ポイント
1～4

※第2次大戦後、欧米の服をコピーし続けてきた日本。1960年からようやくオリジナルデザインを起こすデザイナーが複数登場、この1970年代には森英恵、高田賢三などがパリで華々しく活躍を始めるようになりました。

※少女向けの服では、ロンドンに行き触発されたという神戸出身の大川ひとみとその家族が、1970年にブランドMILKを設立。当時お店があまりなかったという東京・表参道に店舗を構え、アイドル御用達の店になります。お嬢様が着る、品がいいけれどとびきり洒落た服として、この時代から現代までずっと変わらずティーンの憧れのブランドとなっていきます。

※1970年代後半にはルイス・キャロルといった名前の、現代のクラシカル・ロリータのデザインにつながるブランドも登場していました。

1 ふわふわの
ロングヘア

2 ヨークの付いた
ギャザーフリル・
ロングワンピース

3 小花
プリント

4 レースアップ・
ブーツ

1980年代
DCブランドの時代

　日本では1983年にファッション雑誌「Olive」がロマンチック宣言をし、少女向けのブランド服が咲き乱れます。アリスのプリントを使った大西厚樹による ATSUKI ONISHI や、VIVA YOU 他、多数のブランドが少女達を夢中にさせました。1980年代後半になると、白と黒だけでスタイリッシュかつドールのようなデザインの服を作った林和子の coup-de-pied がモード界で旋風を起こし、少女向けの服をも塗り替えていきます。これらの服は「DCブランドの服」と呼ばれていました。全て後のロリータ服のルーツとなっています。

1 ベレー帽

2 ラウンド・カラー

4 ボンネット

5 布を張った
　クリノリン

3 大きく広がる
　ギャザーフリル・
　スカート

1980年代
中期頃

1980年代
後期

現代のロリータ・スタイルへの影響ポイント 1〜5

※日本の1980年代はデザイナー個人の力が、デザイナー名とブランド名と共に発揮される時代に。「DCブランド」と呼ばれ、かつて国内になかった様々な素晴らしいデザインが次々に発表されて、若い人達を熱狂させました。

※ Vivienne Westwood が1985年から次々に英国の伝統的なエッセンスを活かしたコレクションを発表。こちらの影響も後のロリータ服に多大な影響を与えています。

※80年代後半にはブリティッシュテイストの JANE MARPLE が誕生し、以降次々に革新的なデザインを発表。後々誕生するロリータ服のデザイナーは、1990年前後から JANE MARPLE や MILK を愛用していた人が多いようです。

※ストリート・オルガン、田園詩という、後のクラシカル・ロリータ服のルーツになるブランドも誕生しました。

1990年代前半
子供時代を思わせる少女服の登場

　1993年に雑誌「CUTiE」がロリータ特集を大々的に打ち出します。またMULTIPLE MARMELADEや、スタイリストの宇都宮いく子がデザインするMAID LANE REVUEなど、ほんのり幼少時代を思わせるテイストを強く残す少女服ブランドが登場。そのMAID LANE REVUEを着てテレビに登場し「ロリータ」を名乗る芸能人、ロリータ・ロビンが現れます。ここでようやくガーリッシュやロマンチックを超えたとびきり可愛い服が「ロリータ」というジャンルで広く認識されるようになっていくのです。

※現在のロリータ服との違いは、色がパキッと強い赤や黄色だったことです。子供服がベースにある意識が強かったのでしょうね。

※JUDY AND MARYのYUKIが「ロリータ・パンク」のイメージでデビューし、赤チェックのスカート旋風を起こしたのもこの時代です。

※この時代から「ロリータ服」と一般的に呼ばれるようになった服ですが、「ロリコン」という言葉を想起されることを回避する必要性を感じたためか、作り手側やファッション雑誌ではすぐに「ロリータ」という洋服カテゴライズをしなくなりました。

現代のロリータ・スタイル
への影響ポイント
1〜7

1 大きなヘアリボン

2 ロングツインテール

3 ジャンパースカート

4 赤チェック

5 ぬいぐるみ

6 クリノリンの
　　アウター着用

7 プラットフォーム靴で、
　　さらに踵を底上げした
　　ストラップ・シューズ

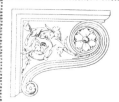

Gothic LOLITA 【ゴシック・ロリータ】

1998年
ゴシック・ロリータの誕生

　1990年代に大阪・アメ村から誕生したインディーズブランドの黒いフリル服に、「ゴシック・ロリータ」「ゴスロリ」とジャンル名が付けられたのが1998年です。肘あたりから大きく広がる姫袖、たっぷりのレースとフリルなどが特徴で、併せて頭ものも今までと変わりヘッドドレスは黒いものが登場、ドレスハットとも呼ばれる、髪を覆わない小さな帽子や髪飾りの他に、ボンネットが注目されるようになります。

ゴスロリスタイル
の特徴
1〜5

1 ミニハット、
ヘッドドレス、
ボンネット**など**

2 厚めの姫カットと
ぱっつん前髪

3 姫袖

※ゴスロリ黎明期によく見られた
スタイルです。基本色は白と
黒

※この「ゴスロリ」の誕生がきっ
かけとなり新しいロリータブラ
ンドが誕生していくことになり
ます。またそれ以前からあった
関西のインディーズ・ブランド
他の服も影響を受け、より華
やかな装飾が施されていった
り、黒い服やボルドー色など
シックな色展開が増えていくこ
とに。

※2000年前後はこういった服は
全て「ゴスロリ」と呼ばれまし
たが、後になると同じ黒服でも
ゴステイストのない着こなしを
する場合は、「ゴスロリ」では
なく「甘ロリ」ジャンルに入れ
られるようになります。

4 大きく広がる
ギャザーフリル・
スカート

5 厚底の**ストラップ・
シューズ**

LOLITA 【ロリータ】

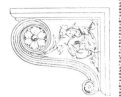

2000年代〜
甘ロリ（スイート・ロリータ）

　ロリータ服の中でも、ピンクや赤、水色等をメインに使った可愛らしい服は 2000 年代になってから「スイート・ロリータ」、略して「甘ロリ」と呼ばれるようになります。特に映画『下妻物語』が発表された 2003 年以降は、黒服のゴスロリ人気をしのぐ勢いで人気が集まっていき、華やかに進化していきました。基本のパターンはあまり変化はしていませんが、プリント技術の発達によるシリーズでのフルコーディネイト、使用レースの変化、小物のちょっとしたアップデートなどが起きていき、年月を掛けて洗練され完成されていくのです。

> 甘ロリ・スタイル
> の特徴
> 1 〜 9

1 リボン・カチューシャなど。
デコロリになるとさらに
たくさん飾り付けする

2 髪型は様々だが、
ツインテールが
一番ポピュラー

4 子供の持つような
プラスチックのアクセを
たくさん着ける

3 ラウンド・カラーの
ブラウス。
パフスリーブのもの

※このイラストは甘ロリジャンルの
中の、2000 年代後半の「デコロリ」
スタイルで描いています

※ 2000 年頃の甘ロリスタイルは、
Y2K ブームの流れの中でロリータ
独自の懐古系ブームを生み、コロ
ナ禍以降に再び着られるようにな
ります。

5 丈の短い
カーディガンを
羽織る

6 広がるギャザーフリル・
スカートの中には
パニエを数枚
入れている

7 モチーフを
象ったバッグ。
一番の人気は
ハート形バッグ

8 シンプルに白のレース
フリル靴下を合わせる他、
服と一緒に同シリーズ
フルセット購入して
服と同じイラストが付いた
タイツなどを合わせる
ことも

9 ぺたんこの
リボン付き
おでこ靴など

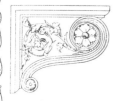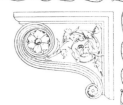

LOLITA 【ロリータ】

2000年代〜
クラシカル・ロリータ

　1970年代後半に流行した、ヨークがあしらわれたシックなデザインのワンピースや、1980〜90年代のカントリーな雰囲気を漂わせる服、1990年前後から流行した英国テイストがベースになっている服が、「甘ロリ」服と比較する意味でクラシカル・ロリータ服と呼ばれるようになりました。初期はフリルやレースなども控えめで、プリントはなく茶色やボルドー1色、ないしはストライプや小さな薔薇柄などがメイン。後に19世紀のヴィクトリア時代を彷彿させるヒストリカルなデザインや、18〜19世紀の絵画などをプリントした生地物も新しく登場して、こちらも併せてクラシカル・ロリータと総称されるようになります。

1970年代リバイバルスタイル
（クラシカル・ロリータの一種）の特徴
1〜6

1 カノティエやソフトハットなどを着用。髪飾りだとヘッドドレスなど

2 髪を二つ結びにする場合は、ツインテールではなくおさげが多い

3 ヨーク飾りが付いたものが多い

5 書籍モチーフバッグ、ヴァイオリン型バッグなどが人気だが、スタンダードな合革の四角い鞄も使用

※2010年後半くらいからヒストリカル系クラシカル・ロリータ服や、甘ロリ服がよりゴージャスになって、「姫ロリ」とも呼ばれることがあります。こちらは2000年代後半に登場した「姫ロリ」（P16）を知らない若い世代によって名付けられています。

4 ストライプ、小さな薔薇柄、無地などのシックで膝下丈のワンピースが愛用されている

6 編みタイツやレースフリル靴下など

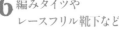

LOLITA 【ロリータ】

2000年頃〜
王子／皇子装

　ゴスロリ黎明期前後から誕生したロリータ・ブランドは、2000年以降になってから「王子ファッション」とも呼ばれる新しいジャンルの服を発表するようになります。こちらの客層は女性が多いようですが、ミニハット、ジャケット、ベスト、ブラウス、キュロットパンツがメインで、カラーは主に黒と白です。また誕生したばかりの頃は「王子」とのみ表記されていましたが、後に「皇子」とも表記されるようになり、さらに「王子ロリィタ」「皇子ロリィタ」とも呼ばれるようになりました。
　※皇子は「みこ」「おうじ」どちらでも呼ばれています。

**王子スタイル
の特徴
1〜8**

1 ミニハットや、
　パイレーツ・ハットを着用

4 ベスト着用、さらに
　この上にジャケットも
　合わせる

※こちらの王子服は、長らく欧州の宮廷で男性が着ていたスリー・ピース・スーツがベースになっています。

※1987年頃にもこういった形の服が日本で流行しています。

※1990年代後半には男性がメインに着用する、後に「少年系」と呼ばれるスタイルがありました。ジャケットとハーフパンツ着用が基本です。The Gabriel Chelsea、Christopher Nemeth、Masaki Matsushima などモード系の服ブランドを着用していました。

※2010年以降、昭和初期くらいをイメージしつつ、カジュアルなテイストの「少年系」と呼ばれるジャンルの服もインディーズブランドから誕生しています。白鳥舎、カロメル社など。ユニセックスですが、女性が着用することが多いようです。

2 長めの前髪をはらりと
落とすヘアスタイルが
多い（王子ヘア）

3 ボウ・カラーの付いた
ブラウスなど。
ロリータ・スタイルでも
使えるブラウスを着用

5 キュロットパンツを
着用

6 スクール・バッグや
宝箱バッグなど

7 靴下は服と同じく白や
黒が圧倒的に多い。
また王子服にはあまり
プリントが入らない
が、靴下にだけ
ワンポイント入り
を選ぶことが
多い

8 初期の王子スタイルでは
靴はこういった男性も履く
ごついものが多かったが、
「皇子」と書かれるように
なった頃から、甘ロリが履く
リボン付きのロリータ靴が
履かれるように
なっている

chun.

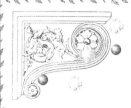

LOLITA 【ロリータ】

1998年〜
ロリータ・スタイルの
バリエーション

　以上紹介したものの他にもたくさんのロリータ・スタイルのバリエーションがあります。

★

制服アレンジ系

　セーラー襟のブラウスやカットソーを合わせるセーラー・ロリータ、看護師風のワンピースを着るナース・ロリータ、迷彩柄の服を着るミリタリー・ロリータ等があります。

カントリーミックス系

　まずは日本の着物を生かした和ロリータが。こちらは以下の三つのスタイルが見られます。1. ロリータ・ブランド商品となっている、着物の袖〜身頃デザインを生かしたロリータ服を着用するスタイル。2. ロリータ・ブランドではなく、着物ブランドの商品の着物にヘッドドレス等のロリータ小物を合わせてコーディネイトする和洋ミックス・スタイル。3. 浴衣の下にチュチュやパニエを合わせるスタイル。

　次にマオカラー等を取り入れた華ロリ。初めは中華ロリータと呼ばれていましたが、後に華ロリと呼ばれるようになりました。日本に倣って、中国でもそう呼んでいるそうです。

その他

　カジュロリと呼ばれる、プリントTシャツにパーカなど綿素材のものを多く使った服を着るカジュアル・ロリータという分け方もあります。新しいロリータ服スタイルが登場すると、とりあえずネオ・ロリータと称されることもあります。またロリータブランドの服を使用しないヴィンテージ系ロリータ、ロリータ・ブランドだけでなくパンク・ロック系ブランドの服でもコーディネイトできるロリータ・パンクスタイル、ロリータ・ブランドの服に小物やヘアメイクなどで変化を付けていく令和の個人ロリータ・スタイルなどもあります。

★

　ロリータ服のデザインはすでに完成していて、1998年から現在までのアーカイブ・コレクションに基本の全てが詰まっています。古びることのないそのデザイン性で、ブランドに熱狂的な要望が寄せられていて、近年たびたび再販しています。

★

　ロリータ服は原宿ファッションの一つといってもさしつかえないと思いますが、原宿ルーツではないもののロリータ・スタイルに似通ったスタイルがあります。2007年頃からキャバ嬢を中心に流行した姫ロリ、ゆるふわの森ガール、コロナ禍あたりから注目されるようになった地雷など。また原宿ルーツですが竹下通りがメインのやみかわ、ゆめかわなど。

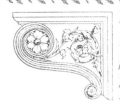

GOTH 【ゴス】

1980年前後〜
音楽系ルーツゴス

1980年前後にポスト・パンク（パンクの後継者）として生まれたゴシック・ロック。このライブでの衣装から生まれたのが、ゴスファッションの始まりだといっていいでしょう。金か黒に染めた髪を逆立て、目の周りを黒く縁取り、服装は真っ黒。細身のパンツやボロボロに破った服を着て、網シャツやレースの手袋を合わせたりします。ロングコートやサルエルパンツを着て、インド製のネックレスやブレスレットをたくさん合わせることも。後にデスロックや、バットケイブなどといったスタイルも登場していきます。どの時代も男女の違いは少ないですが、女性はマイクロミニスカートを穿くことが多いです。

1 黒髪、金髪などのロングのスパイク・ヘア。刈り上げを作りデスホークヘアにも（ゴス・ヘア）

4 黒のTシャツなど。コルセットやネクタイを付けることも

※ゴシック・ロックが生まれたばかりの頃はグラム・ロック衣装の影響もありました。

※ボロボロ服とは対照的に、きちんとしたジャケットやシャツ、タック入りのやや太めのパンツを合わせるミュージシャンも。

6 穴を開けたガーゼを巻き付ける

9 穴開き靴下数枚を重ね穿きして、ガーターで吊る

10 コウモリのポイントが付いたグッズ

11 メタル素材が付いたコンバット・ブーツ

バットケイブ・スタイル
（音楽系ルーツ・ゴスの一種）のポイント
1〜11

2 チョーカー

3 バンドの缶バッジなど

5 ベロアジャケットなど

7 ミニパンツ、マイクロミニスカートなど（ここだけが男性と違う。男性はスリムパンツ着用）

8 ミットやレースの手袋など

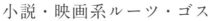

GOTH 【ゴス】

1980年代～
小説・映画系ルーツ・ゴス

　19世紀に生まれたゴシック小説をベースに、20世紀に映画で登場した衣装から生まれたゴスファッション。基本は「吸血鬼」「ありし日の貴族」です。19世紀英国の服がベースですが、西欧ではロココ時代、テューダー朝のデザインも好まれて使われています。近年ではロマンチ・ゴス、ヴァンパイヤ・ゴス、ヴィクトリアン・ゴスなどとジャンル名が細分化。さらにこちらをベースにツノを付けるなどして、ファンタジー系へ進化させる人も。また同系列では海賊系も男性の間で好まれるファッションです。レディの方のスタイルは1986年の英国ゴスシーンで「ヴィクトリア時代の娼婦のイメージ」で始められたとか。

ロマンチ・ゴス・スタイル
（小説・映画系ルーツ・ゴスの一種）
のポイント
1～8

Gentleman

6 19世紀風にするなら
トップハット着用

7 胸元は19世紀風
クラバット着用。
18世紀なら
ジャボなど

8 スーツでドラキュラ伯爵
風に。19世紀風なら
ロングパンツ、
それ以前の時代なら
キュロット

※ゴスの服が中世の服に
ルーツがあると考えた
い場合は、唯一こちら
の小説・映画系の服に
影響が見てとれるかも
しれません。

Lady

1 ツノを付けて
ファンタジー系に
することも

2 頭は華やかで大きな
髪飾りや帽子を被ることが
多いが、ツノを目立たせる
時はこのように髪をロング
にして逆立てて盛る

3 ジェット風の
チョーカーなど

4 ドレスはテューダー朝、
ロココ時代、
ヴィクトリア時代を
イメージして創作、
コーディネイト

5 コルセットは必須。
ロングタイプが
メイン

GOTH 【ゴス】

1990年代〜?
「下着をアウターに」系ゴス

モード系ブランド Jean Paul GAULTIER 他の影響から生まれたゴスファッション。コルセット、布を張りめぐらす前のクリノリン、短くしたドロワーズなどを外着として使います。クリノリンは市販ではなかなか手に入らないので、手製でトライする人が多いようです。ゴス・ファッションの花形であり、クイーン的存在の服です。

「下着をアウターに」系
スタイル
のポイント
1 〜 8

1 トップハット、ミニハット、ベレー帽など頭ものは様々

2 ヘアスタイルも様々。黒髪、金髪のボンバーヘアなど

3 アイパッチを合わせることも

4 コルセットは必須

5 日本人の場合はコルセットの下にブラウスを着用

6 クリノリン着用

7 短いブルマーを着用

8 レースアップ・ブーツや、超ハイ・ヒール靴など

GOTH 【ゴス】

1990年代〜
ポップ系ゴス

　ティーンも大好きな、遊び心をたくさん入れたゴス服ジャンル。ゴス音楽ファンとはあまり関係がないファッションでもあります。2000年前後から天使＆悪魔系は日本でも大人気でしたが、欧米ではネオンカラーやチューブなどを使用するサイバー・ゴスが絶大な人気を誇りました。その後淡いピンクやグリーンなどを使うパステルゴスが誕生したり、近年ではTシャツなどカットソー素材を使うカジュアル・テイストのヌー・ゴスなども生まれています。

天使＆悪魔スタイル
（ポップ系ゴスの一つ）のポイント
1〜8

Devil　**Angel**

1 髪には天使ならリボンなどを、悪魔ならツノカチューシャを

2 髪は縦ロールヘアやツインテールなどが多い

3 天使や悪魔を思わせる羽を付けたり、背中に羽がプリントされたシャツを着用

4 無地、ないしは十字架がプリントされた胸下切り替えのワンピースなど着用

5 クマのぬいぐるみ

※サイバー・ゴスはクラブ系ファッションでもあります。

※ヌー・ゴスは、服だけで見てみると、日本の地雷系のカジュアルさに通じるものがあります。

※ヘルスゴスと言われるジャンルもありましたが、こちらはスポーティな服にゴスカラーの黒を入れたものです。

6 スカート部分からドロワーズを見せる

7 ニーハイやハイソックスなどを穿き、肌の露出は少なめに

8 プラットフォーム・シューズを着用

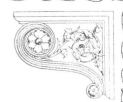

GOTH brothers 【ゴスの弟分】

1990年代〜
スチームパンク

19世紀ヴィクトリア時代とのパラレルワールドを生きる、レトロな近未来ファッション・スタイル。19世紀の英国を思わせる服に、ゴーグル、革製品の小物、ジェットパック等のガジェットなどを合わせてタイムトラベラーの様相でスタイルをキメます。ルーツになっているのはもちろん、スチームパンク文学です。日本では独自のスタイルが生まれ、クラシカル・ロリータ服や、着物などにゴーグルなどを合わせて着ています。スチームパンクはゴスとイコールではないですが、どちらも19世紀英国のファッションから生まれているので（ちなみにロリータの一部もそうです）、スチームパンクはゴスやロリータの兄弟といってもいいでしょう。どちらも着用する人も多いのです。

スチームパンク スタイル のポイント 1〜8

1 レースで作った日傘

3 丸いサングラス

4 時計の文字盤や、真鍮で作ったアクセサリーを着用

6 コルセットは必須

7 ヴィクトリア時代風ならバッスルタイプのオーバースカート着用

2 トップハットやミニハットに、歯車などの飾りやゴーグルを付ける

5 ヴィクトリア時代風にするならハイネック・ブラウスを着用。カメオなどのアクセサリーも着ける

8 中に穿くスカートはロングのドレッシーなもので古風にキメるか、または思い切ってショートに

10 踵の高い靴でバランスを取る

9 おもちゃのガンなど

ゴス文化のメタモルフォシス

※ピンク字の部分はP38〜187に「語」解説があります。

12世紀〜 神に祈りを捧げる空間としての、ゴシック建築

中世に造られた尖塔のある石造りの教会の前に立つと、まずはそのとてつもない大きさ、どこまでも伸びる尖塔に圧倒されます。時代によっては尖塔の飾りに燃え立つ火炎を象ってずらり並べた装飾がされていて、夕暮れに見る時は畏怖すら感じさせられます。

中に入れば陽光が差し込む時ステンドグラスが石床に作る、鮮やかな光の模様の美しさにため息をつかされるでしょう。天に向かって高く高く張り巡らされる、放射状の無数の柱と梁で支えられた天井を見上げれば、これは神と人類の叡智を暗示させる「森」の表現と考えるかもしれません。また内部は先端が尖り細長く造られているので、教会とは旧約聖書でにある「ノアの方舟」そのものなのかもしれない、と想像します。この空間に入ったら、神の膝下に来た自分の小さな存在を思い、厳かな気持ちにならざるを得ないでしょう。

この教会の威厳を伝えるにあまりにふさわしい教会建築は13世紀のフランスから始まり、当時は国内では「現代建築」、フランス以外では「フランス建築」と呼ばれました。その評価は高く、それ以前の教会の形さえ飲み込み、以前よりあったロマネスクの教会までこの現代建築様式で増改築されていきます。そして欧州中に広まっていきます。

その勢いはルネサンス時代の到来まで続き、「現代」から「前時代」の古い建物になったところで、この建築様式はイタリア人によってやっと「ゴシック様式」という名前を付けられます。そしてエレガントな造りのルネサンス様式、華麗な造りのバロック様式と建築の流行は移り変わり、いかめしい様相のゴシック建築は影を潜めていくのです。

18世紀〜 神の不在以後に棲みつく、ヴァーチャル・モンスター達

その後は宗教改革が興り、中世の修道院などは破壊の憂き目に遭いました。しかしその破壊され廃墟になったゴシック建築は、人間の新しい創作の舞台となって生まれかわるのです。

それは18世紀。この時代のもの好きな英国貴族の子息の間では寂れたもの、淋しいものに目を向け、そこに「美」を見出し創作に走る趣味が芽吹き始めていたのです。1721年に「憂鬱」「死」「暗闇」といったキーワードで綴る「墓場派詩人」と呼ばれる人達が登場。1729年にはわざわざ庭園に廃墟を造るブームがスタート。

その流れの中で中世の建築物の魅力にはまったホレス・ウォルポールという酔狂なお坊ちゃま貴族が、潤沢な資金と時間を遣い家と土地を購入して自分の考えるゴシック風に「魔改造」します。そしてこの家で古城を舞台にした超自然的な存在の驚異を描く幻想的な小説『オトラント城奇譚 -ゴシック物語-』(1764年)を執筆し、発表しました。

こここそが現代に続くゴス文化の始まりであり、ゴシック小説の誕生の地でもありました。「恐怖小説」とも呼ばれる小説が次々登場する

ことになり、いつしかゴシック小説のお約束のキーワードとなる神秘、古城、館、闇、死美女、精神疾患、殺人鬼、といった言葉を編み込んだ様式美が作られます。

つまり現代のゴスのイメージは、聖なる中世の教会ではなく、中世を過ぎて古びてしまったゴシックやロマネスクの建築物を舞台にして、近代に脳内イメージの遊びで生まれたダークロマンスなのです。

そしてそこから異形の者達が小説の上で創造されていくのです。人工生命が主役の「フランケンシュタイン博士の怪物」、優雅で高貴な「吸血鬼の伯爵」などなど……。舞台はもちろんゴシックな館、城、教会などです。もう神は教会にだって不在だったことでしょう。

20世紀　映画、音楽、ファッションとなり姿を現す、ゴス的なもの達

さらに20世紀になると映画が誕生。吸血鬼や異形の者達の小説をもとにホラー映画が生まれていき、一般の人達にゴス的な視覚イメージが刷り込まれていきます。

そのホラー映画のヴィジュアルに影響を受けて始まったのが、1980年前後のまたしても英国からで、ゴシック・ロックと呼ばれる音楽ムーブメントでした（日本では長らく一部ポジティブ・パンクとも呼ばれました）。染めて真っ黒か金髪にして逆立てた髪に、白塗りの化粧、黒ずくめの服装といった姿。音楽は歌詞も曲も暗く重厚なもので、ヴィジュアルは神秘、死、モンスターなど19世紀に作られていったゴシック小説のキーアイテムそのままに存在しました。

この時のブームは、日本ではUKロックが好きな一部の間で熱狂するだけに留まったのですが、1990年代に「ゴス」というモンスターが再び頭をもたげてくるようになります。1990年代初頭から「ゴス」と銘打った音楽フェスがドイツ、続いて英国からスタート。そして日本では一部ポジティブ・パンクのエッセンスを受け継いだヴィジュアル系ロックバンドが人気を博します。

また映画監督ティム・バートンや歌手マリリン・マンソンなど、ゴス・フレーバーを撒き散らす作品を生み出す大ヒットメーカーが、米国から登場。1980年代までは「ゴス」とはっきり区分されていたものは建築とその時代の美術作品、そしてゴシック小説、ゴシック・ロックしかなかったわけですが、1998年にスタートした雑誌「ケラ！」では時代の匂いを嗅ぎつけて1号からゴス特集を展開、2000年には増刊で「Gothic & Lolita Bible」を立ち上げ、ゴス文化を広めていくことになります。そしてなんとなくゴスっぽい、と捉えられていたものが、「ゴシック」「ゴス好み」というカテゴリーの中に組み込まれ認識され、日本でもゴスの存在が知らしめられていくのです。

Now & Then　ゴスは永遠の命を与えられた、黒いロマン主義の子供達

フランス様式建築を祖先に、イタリア人を名付け親に、英国で派生したゴシック小説を祖母に、米国ホラー映画を母に。そして20世紀になり英国のゴシック・ロックを長兄として誕生したのが現在のゴス文化です。ブームの波の大小はありますが、今もファッション、ゲームなどの分野で魅力的な妹や弟たちが次々生まれています。

ゴスは眠りと目覚めの時代を繰り返しながら、これからも新しいメディアと表現を通して新しい子供達を生み落としていくでしょう。ゴス文化は人を蠱惑（こわく）して楽しませてくれる、ロマンチックで美しくかつ永遠の命を与えられた、黒いロマン主義の吸血鬼を筆頭とする異形の者達の遊び心から生まれるものなのですから。

ロリータ文化のメタモルフォシス

※ピンク字の部分は P38 〜 187 に「語」解説があります。

1955 「ロリータ」は小悪魔的な少女の代名詞として誕生した

　ロリータという言葉を世界に広めたのは、ロシアの小説家ナボコフです。1955年の彼の小説名『ロリータ』から知られるようになったもので、中年の男性が少女に振り回されながらも熱愛する話が描かれています。映画化されてロリータという言葉は世界中に流布されました。それは性すらも無邪気に生きる少女の代名詞になっていきました。

　フランスからは B ・バルドー（愛称BB、赤ちゃんの意味）が1955年に映画『素直な悪女』で主演し話題に。幼い顔立ちながら、10代ですでにグラマラスな肉体を持ち、奔放な発言と態度でスクリーン上でも実生活でも子供のように自由に振る舞って、この時代のロリータの代表格として捉えられることになります。

　後にフランスでは「ロリータ・ボイス」と呼ばれる声の歌手 J ・バーキンが登場、1975年に『Lolita Go Home』を少女のような愛らしい声でセクシーに歌ってヒットを飛ばします。この時代のBBやバーキン達はやがて「フレンチ・ロリータ」とカテゴライズされていくようになるのです。

　さてこのフランスの女性芸能人達の特徴は「早く大人になりたい、少女の私」「大人の男を誘惑する少女」のイメージを持つ他、また彼女達の魅力を発見して育て、世に出したのが彼女達の夫だったという点もキーになっていました（BBの夫は6歳年上の映画監督 R ・バディム。ジェーンの夫は18歳年上の作曲家 S ・ゲーンズブール。つまり1955年からここまではロリータというのはかなり年長の男性が見出しプロデュースした、少女だけど大人の部分も持った、コケティッシュな女性だったのです。

1990 ロリータは日本で少女の「服」になった

　男性の視点から作られたロリータ像から一転、女性の視点から純粋なファッション・ジャンルとして開花したのが日本のロリータ服です。

　戦後の日本では大人の女性としての美しさを生かす服ばかりでなく、少女の愛らしさを輝かせる洋服も次々生まれていました。1970年にはMILKという少女テイストの服ブランドが店舗と共に原宿・表参道に誕生。1980年前後になると日本ではDC（デザイナーズ・キャラクター）ブランドブームが興り、様々なジャンル

の服の中で現在のロリータ服につながっていく、ドーリーな ATSUKI ONISHI、VIVA YOU といった少女向けのブランドが登場することになります。

　そこに1985年英国の Vivienne Westwood が、王冠・コルセット・クリノリン・バレリーナ風靴を組み合わせるミニクリニ・コレクションを発表。続いて1987年にはドーリーな服をモードにまで引き上げたブランド、coup-de-pied が最注目のブランドに。1990年前後には英国の少女を思わせる服をデザインする JANE

MARPLEも大変な人気を呼びます。この頃COMME des GARÇONSなど、モード界でもこの流れに影響される少女テイストのコレクションが発表されているのです。

さてこの時代までファッション雑誌ではガーリー、ドーリーな服は「DCブランド」の中の「ロマンチックな」「少女らしい」服として紹介されていました。しかし1993年になると雑誌「CUTiE」が大々的にロリータという名称を使ってファッション特集を組みます。1996年初代「ポケットモンスター」CMモデルとしても登場した「ロリータ・ロビン」と名乗るロリータ装のタレントも活躍。ここから一気にロマンチック、ドーリー、ガーリーだった一部の少女の服は一般にまで「ロリータ」服と認識されるようになりました。ロリータ服のルーツはいくつもありますが、日本のロリータ服の基盤は1980年代に基盤ができて、90年代に花開いたといえるかもしれません。

しかしここに問題が生じます。日本では

1970年代には和製英語「ロリータ・コンプレックス」略して「ロリコン」なるものが生まれていました。これは幼女を偏愛する男性達の嗜好性を指します。1988〜89年には宮崎勤による連続幼女誘拐殺人事件が起きて日本中を震撼させます。ロリータはロリコンというワードと紐づけられ、一部洋服ブランドや着用者側としては不愉快な思いをさせられたようです。そこから「ロリータ」というワードを受容しない雲行きになったようです。以降、ファッション雑誌からは「ロリータ」という言葉が見当たらなくなっていきました。

しかしまた一転。1998年に「ゴスロリ」というムーブメントが登場。この時代の前後に生まれたブランドから全く新しいタイプのロリータ服が登場するのです。それまでに生まれた少女服と違う点は、初期は黒がベースだったり、18〜19世紀の欧州の過剰装飾が入った宮廷衣装風の服であったことです。

Now & Then　大人の女性が作る、大人の女性のための「ロリータ」服

面白いのは、このゴスロリ黎明期に現在に続くロリータ・ブランドを興してきたデザイナーの多くは女性だということです。彼女達は1990年代前半に可愛い少女服を着ながら学生時代を過ごし、このシーンで初めて自分でブランドを作りました。ガーリーあるいはドーリーなテイストの服を作る世代が更新されたという点が大事なところでしょう。

彼女達がクリエイトする服はかつての欧米の「男性を蠱惑する」ロリータ達が着ていたような服ではありません。肌の露出も極端に少ないし、その過剰装飾やクラシカルさから考えたらむしろ男性を遠ざける服ともいえるでしょう。

しかしデザイナーも着る人もごく自然に、好きな服を作り着ているだけ。男性を遠ざけているとも思っていないようです。さらにいうと2010年代頃まではデザイナーも着用者も実

際は自分のことも自分の服についても、ロリータとは思っていない人が多かったのです。ただ可愛いから、とにかく好きだからロリータ服といわれる服を作る、着る。鏡に映ったロリータ服を着た自分は、いつもより断然素敵だから着る。それがロリータのほぼ全てなのです。ゴスと違って服の内側に深い思想や哲学、系統だてた考えを持つこともあまりありません。

ロリータ服を着るということは、本来女性が大人になっても持ち続ける「少女」という聖域を、無意識的に輝かせることなのかもしれませんね。欧米の美しい歴史的な服のエッセンスを様々に加え、日本の丁寧な職人仕事とこだわりと感覚でもって、デザイナー本人を含む着用する大人の服として昇華させて完成させた、女性が作り出す女性のための服なのです。もちろん子供のための服でもありません。

ゴスロリの誕生と再生の物語

※ピンク字の部分は P38 〜 187 に「語」解説があります。

Goth-Loli（ゴスロリ）服は、関西から誕生した

1990年代の関西には、オリジナルのゴス服シーンを作る大きな三つの要素がありました。まずはゴスそのものです。1980年前後のゴシック・ロックの登場から生まれたのがゴスファッションですが、当時はまだ日本発で広く知られることになるゴスブランドはありませんでした。しかし1993年に神戸にフェティッシュ系などのセレクトショップ Alice in Modern Time が誕生、まもなくこのショップのオリジナルの、日本初といってもいい本格的なゴス服ブランドが生まれて、関西にゴス文化の種を蒔いていくのです。

二つめの要素は、バンドマンです。この頃全国、特に関西でバンドシーンが盛り上がっていました※1。そしてこの頃お化粧系バンドとも呼ばれるバンドマン達や、そのファンの女性達の服は心斎橋あたりで購入することが多かったのです※2。

そして三つめ。 その心斎橋あたりの洋服店は1990年代には勢いがあり、全国でインディーズブランドブームが起こっていたこともあって、小さな会社や個人が活発にアパレルブランドを起こして店舗を持ったり服を卸していました※3。

そこから19世紀の欧米風のフリルいっぱいの服をデザインするブランドが誕生しました※4。これが1998年に東京のセレクトショップオー

ナーの目に留まり、「黒い布で作って欲しい」というオーダーの下に東京でたくさん売り出されることになります。そして関東地区へと広がっていくのです。

それらの服はまずバンド好きな女性に熱狂的に愛用されるようになりました※5。デザイナーはバンドブームを意識して作っていたわけでなかったようなのですが、フリルやレースで彩られた華やかな黒い姫服は当時のバンドが作り出す世界観を演じるのにふさわしかったのかもしれません。

ゴス・ショップの誕生、バンドブーム、インディーズブランドの勢い。この三つの要素が関西で出会い、さらに東京から引き上げられる形で新しい「ダークサイドの姫服」＝「ゴスロリ服」が産声を上げたのです。この美しい姫達の服は1998年になりバンド MALICE MIZER の Mana によって「ゴシック・ロリータ」と名付けられ、ファン達の間ですぐに「ゴスロリ」という愛称を与えられました。

そこから関西の数々のロリータ・ブランドから黒い布地に白いレースを付けたものなどのフリル服が店に並び※6、さらに2000年代に入ると東京のアパレル経営の会社から全国展開を視野に置いた、ゴスロリを強く意識したブランドも登場しだします※7。やがて全国区に、そして世界へと広まっていくのです。

Goth-Loli（ゴスロリ）服は、着る人の精神や教養を育む

以上があまり知られていないゴスロリの誕生についてのお話です。関西がゴスロリの発信地だったことに気がついている人は少ないですし※8、現在ゴスロリ・ブームはゴスブームや、ヴィジュアル系ロックバンドブームなどと共に落ち着きを見せています。

でもゴスロリ服は、ただの流行ではありません。この頃黒いフリル服に惹かれて着ていたダークサイドの姫達は、服を通しブームの中でゴスの哲学を持ち思想や美術を好む心と、可愛いものを愛するロリータの心を両方とも学んでいました。それは聴いていたバンドの世界観の影響が大きいかもしれないし、教科書とも

なった雑誌「Gothic & Lolita Bible」が単なるファッション雑誌でなく、カルチャー記事に力を入れていたからかもしれませんが……※9。

だから最盛期にゴスロリ服を着ていた学生だった人がゴスロリ服を脱ぎ、闇の文化、黒の持つ美しさへの耽溺の時間を持つことを卒業する時期が来ても、ずっと美意識と探究心を持ち続けて美しく魅力的な大人の女性として生きている様子をお見かけします。

コロナ禍以降は地雷系スタイルを見たことがきっかけで、ゴスロリ服の存在に気がつき愛好し始める人も出てきています。次世代のダークサイドのプリンセス達の誕生も楽しみです。

———————————————————— 注　釈 ————————————————————

※1　この時代に関西で活躍して後にメジャーシーンに登場したバンドには DIR EN GREY、L'Arc〜en〜Ciel などがいます。

※2　1990年代のバンドマンは Jean Paul GAULTIER や LUNA MATTINO などブランド服の他、お水っぽい服などを着ていたと聞いています。

※3　この頃の大阪出身で、後にパリ・コレクションにまで参加したブランドには beauty:beast、20471120 があります。

※4　漆黒のゴスの黒と、純潔のロリータの白が交ざり合って、決して溶け合わないゴスロリ服。その服を誕生させたブランドの名前は期せずして「MARBLE」でした。MARBLE は様々な色の姫御服を展開。1997年にインディーズ・ブランド服ブームに乗って作られた雑誌「MOMO」に掲載され、それが東京のセレクト・ショップ、ATELIER PIERROT のオーナーの目に留まって、以降「黒のみで作って欲しい」と100枚単位のオーダーを受けることになりました。ATELIER PIERROT にはお化粧系バンドのファン達のお客さんが多かったのです。

※5　ティアラにスカート風のロングガウンを合わせ、ノンセクシャルな姫装で人形も発売して話題を呼んだ X JAPAN の YOSHIKI の影響や、ボーイ・ジョージの衣装が好きだと言う SHAZNA の IZAM の影響もあったかもしれません。

※6　この時期の前後に兵庫には Victorian maiden、大阪には manifesteange metamorphose temps de fille、Innocent World など現在にまでつながるクラシカル系、甘ロリ系ブランドが出店しています。どこもほぼデザイナー本人か、出資者と2名で経営する小さなスタートからでした。またどのブランドも「ゴスロリ」と言われていましたが、彼らにはそんな意識はありませんでした。またもともと黒服を作っていたわけでもありませんでした。

※7　h.NAOTO、BPN など。こと h.NAOTO の人気はすさまじく、世界のミュージシャン達にも愛用されました。正統派の欧米のゴス服とは違った遊び心があったのです。

※8　漫画家の三原ミツカズ（P28参照）も当時大阪に住んでいました。またゴスではなくロリータですが、当時アメ村には嶽本野ばらが店長を務める雑貨店「SHOP へなちょこ」もありました。

※9　文化や美術の様々な方面から記事を作っていましたが、2号の巻頭文ではジョルジュ・バタイユの名前を挙げていました。

Gothic Lolita Interview

ゴシック、ロリータ、ゴスロリのカリスマのお二人、Mana様と三原ミツカズさんにインタビュー。
Mana様がいなかったらゴスロリという言葉は生まれず、
三原さんがいなかったら雑誌「ケラ！」はゴシックに触れてこなかったかもしれません。
当時とそれ以前からを振り返る貴重なインタビューをさせていただきました。

※ピンク字の部分はP38〜187に「語」解説があります。

三原ミツカズ（みはら）
1970年生まれ、漫画家。
1994年に『ゴムのいらない子供たち』でデビュー。ロリータ装が見られる『ハッピー・ファミリー』『DOLL』『毒姫』の他、代表作に『死化粧師』がある。雑誌「ケラ！」「Gothic & Lolita Bible」には1号から寄稿している。

Interview Nr.1

漫画家 三原ミツカズ

ロリータは理想の少女を象った人形

鈴木が雑誌「Gothic & Lolita Bible」のカバーロリータを長期に渡り描き続けた漫画家、三原ミツカズと振り返る、2人のロリータ史の一部です。

自分にとって最初のロリータ服はドロワーズ

鈴木 私は1980年代前半に雑誌「Olive」を読み、伝説の新宿のクラブ、ツバキハウスのロンドンナイトに通ってニューウェーブを聞き、ファッションを学んだ世代。そして初めて心から着てみたいと思ったのがPINK HOUSEだったの。だから洋服にロリータという言葉は使わなかった、プレ・ロリータ時代の人で、ロリータとは言い切れないの。ミツカズ（以下ミツ）は私より9歳年下だからまた体験が違うよね。

ミツ 私は1980年代後半に雑誌「JUNIE」を見ておばあちゃんの下着をバラして型紙を起こし、ドロワーズを作って着たのが初めてのロリータ体験かな。その後JANE MARPLEの胸下切り替えのAラインワンピースを買ったの。頭に大きなリボン、Aラインワンピース、ドロワーズ、これが少女の記号だというのが頭にあった。ロリータという服ジャンルを知ったのは雑誌「CUTiE」からです。

鈴木 繊細な理由があるからだと思うのだけど、JANE MARPLEなどはロリータ服ではなく、ガーリー系のジャンルだよね。時代や個人によってロリータの概念や捉え方は違うし。でも現在のロリータ服に絶大な影響を及ぼしているよね。本当に偉大なブランドだと思う。

ロリータ服は、私にとっては「戦闘」服ではなく「癒やし」

鈴木 ところでどうしてロリータ系の服に惹か

れるの？　私自身については理由はさっぱりわからないから、生まれた時からの定めを受け止めよう、って思ってるけど。

ミツ　私は幼い頃、両親が不仲でずっと大人でいなきゃいけなかったから、子供時代がなくて。『DOLL』という作品でも描いたけどまさに「私まだ子供をやってない！」状態。そんな高校時代の私の気持ちにぴったりくる服がロリータ服だったのよ。

鈴木　その高校生の時から今もずっとロリータ服が好き？

ミツ　好き。ただひたすら好き。私にとってロリータ服はよく言われる「戦闘服」ではなくて「癒やし」に近い。見るのも、絵に描くのも、手に取って愛でるのも大好き！

鈴木　ロリータ服の形についてなんだけど、現在のロリータ服って様々なガーリー系の服の影響を受けながら、1985年のVivienne Westwoodのミニクリニや、1987年のハリスツイード・コレクションの影響が色濃くあると思っているんだ。Vivienne Westwoodの世の中や性に対して挑発的な部分を取り去って、日本特有の愛らしさや小物使いで清楚に仕上げた感じがするのよね。

ミツ　わかる。Vivienne Westwoodの服もたくさん買ったな〜。今また集め直しているよ。

鈴木　Vivienne Westwoodにはゆるく着られる服がないよね。ウエストを絞るし、歩行に厳しいロッキンホース靴がマストアイテム。それで私は途中で脱落しました(笑)。

ミツ　Vivienne Westwoodとロリータ服の共通点はゆるさがないこと(笑)。フルメイクにウィッグ、カラコンにヒールの高い靴。ゴスロリにいたってはウエストを締め付けるし、フル装備したら着心地悪いに決まってる(笑)。でもそれがいい！　だって少なくとも私にとっては、ロリータは少女になるための矯正服んだ

から。

鈴木　おおっと。ロリータ過激派(笑)。その点私はやっぱりプレ・ロリータ世代だからか、ゆるふわ系なのよね。あと、ロリータは姫願望を叶える服とも言われているし、そういう点もあるけど、大切なのは「少女」、次に「お嬢様」になるってことだよね？　「人形」っていうのもある。

ミツ　ですね。少女も物語の中の姫も人形も成長しない存在への憧れかもしれない。

鈴木　うん。ロリータ服着てお嫁さんを夢見ることはしないし。王子様ならまだしも。

外国人にスナップされる日本人は着物美人とロリータだけかも

鈴木　さて、ゴスやロリータって言葉が浮上してそれぞれに最大の波を作ったのは「ゴスロリ」が誕生して有名になったからだよね。

ミツ　日本発祥のファッションでタケノコ、カラス族、いろいろあったけど20年にわたって消えないストリートファッションってロリータだけのでは。

鈴木　さらにいうと明治時代に欧米に渡った「着物」以来の、欧米での憧れの日本の服がロリータ服なんじゃないかと。ゴスロリ服やロリータ服が世界に知られるまで、西欧人から「日本人をお手本に着ている」なんて服、聞いたことないですよ！

ミツ　確かに！　街で外国人から「写真撮らせてください」って言われるのは着物姿かロリータ装のどちらかだもんね(笑)。

鈴木　そして「ケラ！」に1号から「ゴシック」を持ち込んだのは、ミツ。この話についてはP32左下を見て下さい。

ミツカズにとって
ゴスとは……　　死のパロディ

ミツカズにとって
ロリータ服とは……　　精神のコルセット

写真／ANN

Moi-même-Moitié
プロデューサー
Ｍａｎａ

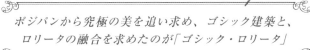

Mana
ミュージシャン。MALICE MI
ZER（1992～2001）、Moi dix
Mois（2002～）のリーダー。ア
パレル方面では1999年にブラ
ンド Moi-même-Moitié を興し、
以降ずっとプロデューサーを務
めている。

ポジパンから究極の美を追い求め、ゴシック建築と、
ロリータの融合を求めたのが「ゴシック・ロリータ」

1998年に誕生した「ゴシック・ロリータ」の名付け親であり、
バンド MALICE MIZER、Moi dix Mois、ブランド Moi-même-Moitié の
生みの親 Mana様。著者とは雑誌「ケラ！」を通して出会って26年目のトークになります。

MALICE MIZER の前は
ダークなパンクだった

鈴木 Mana様は男性ミュージシャンでありな
がら、25年以上続く女性向けの服ブランドの
プロデューサーでもありますね。ものすごく稀
有な存在だと思うんです。今日は服のこと、特
に Mana様自身のファッションのことも知りた
くて。昔はどんな服を着ていらしたのですか？

Mana MALICE MIZER（以下MALICE）と
してのデビュー前は、ダークなパンクスタイル
です。ブラックスリムパンツにブーツといった
感じの。その後東京に出て MALICE を結成し
た頃にはゴっぽくなって、ブラックスリムパ
ンツは変わらないけれど革ジャンをやめてロン
グコートを着ていました。

鈴木 当時ゴスブランドと言い切れるブランド
はなかったと思うのですが「ゴスっぽい」となる
と、どこのブランドがありましたか？

Mana Jean Paul GAULTIER ですかね。宗
教を感じさせる服を出していたので。でも黒
服一辺倒だった Yohji Yamamoto のほうがゴ
ス向きといえたかもしれない。COMME des
GARÇONS も黒服を出していたので、僕はど
れも着ていました。

鈴木 1980年代から90年代前半まで、まだゴ
スという言葉が流布していなかった時代に、黒
服好きが着用していた服はモード系ですもの

ね。さて国内で完全な女装、少女装をしたバ
ンドマンは Mana様が最初、と言われています
ね。女性の格好をし始めたのはいつですか？

Mana デビュー前からです。パンクをやりな
がら。いろいろ模索していたんだと思います。

鈴木 それはなぜでしょうか。

Mana ポジパンの影響です。ポジパンが好き
で、その中でもヴィジュアル的にはスペシメン
のキーボード、ジョニーが好きだったんです。
華奢で白くて耽美的な存在で……。

鈴木 わあ、私も英国のポジパンならスペシメ
ンが一番好きです。グラムロックの影響に性倒
錯感やキャバレー感やらもあって、妖艶で素敵
ですものね！

Mana 僕はポジパンから美しいものへの探究
心が生まれて、追求していったらポジパンが
持っていた中性らしさを超えて、そこに女性の
姿を見つけたという感じです。女装と言われま
すが、それは決して自分の中に女の子の姿を求
めていたのではなく、究極の美を求めた結果な
んです。

ミステリアスなロリータ服が
欲しかったから……

鈴木 なるほど！ 私達が最初にお会いした雑
誌「ケラ！」4号でのラフォーレ原宿前の撮影
（P32参照）では、KAZUKO OGAWA のミニワ

ンピースを着られていましたね。

Mana KAZUKO OGAWAさんは僕が大阪にいた時の知り合いです。当時可愛いロリータ服はあったけれど、ゴステイストの入ったロリータ服がなかったので、KAZUKOさんが僕に似合うだろうと作ってくれた服は気に入って、プライベートや個人撮影で着ていました。

鈴木 この撮影の時ファッション・テーマに「ゴシック・ロリータ」というワードを入れていらっしゃいましたし、この「ケラ！」が多分「ゴシック・ロリータ」という名前を初めて世に出したメディアだと思うんです。結局後々歴史に残ることになる、この名前を付けた理由を教えてください。

Mana 僕はMALICEを始める前からマニアといっていいくらい、ゴシック建築が好きなんです。日本ではあまりゴシック建築がないけれど、撮影はなんとかゴスっぽくしたくて、しょっちゅう青山墓地で撮影していましたね。それで服装もミステリアスなゴシックにしたくて、ゴシック建築とロリータ服の融合を考えて名付けたんです。

鈴木 それが1998年で、ファンの間であっという間に「ゴスロリ」と短縮された形で広まっていったのでしょうね。ゴシック・ロリータ服の人気は、当時着用していた人の間でロリータ服と呼ばれたブランドの服まで黒に塗り替えてしまいました……。当時バンギャさん達がライブなどで着ていたような黒服を洗練させて、結局一般の女性にまで浸透させたともいえるし、このゴスロリブームのおかげでゴスブーム自体にも火がついたと思います。そして世界中に広まっていきましたね。

自分こそヴァンパイアと思って生きている

鈴木 1999年についに世界初で「ゴシック・ロリータ」と自らカテゴライズしたブランドMoi-même-Moitié（以下Moitié）をスタートされましたね。それまで国内では「うちはゴスです」と銘打って全面に押し出していたブランドはなかった気がするんです。1980年前後に始まったポジパンの服装はグラムロックの影響を受けていたり、ボロボロだったり、ライブハウスやクラブでないと着られない服が多かった気がするんですけれど、Moitiéはモードに寄ったきれいな街着のゴス服だったという点も大きいですね。

Mana それは僕にとってゴスはヴァンパイアの存在が一番大きいからです。映画『魔人ドラキュラ』の吸血鬼役ベラ・ルゴシも美しい衣装を着ているじゃないですか。Moitiéの正式なキャッチは「エレガント・ゴシック・ロリータ・アリストクラット・ヴァンパイア・ロマンス」なんですよ。

鈴木 なんと……！ ヴァンパイアはゴスの花形ですものね。ゴシック・ロックで最も有名なバンド、バウハウスのデビュー曲名は『ベラ・ルゴシの死』でしたし。ヴァンパイアの存在は憧れですか？

Mana 憧れを通り越して自分こそヴァンパイアと思って生きています。そのあたりはMALICEを始めた頃から自分自身の精神的なコンセプトであり、全然変わっていないです。

鈴木 Moitiéの服も、Mana様と同じでコンセプトは全然変わっていないですね。全くブレたことがありません。

Mana それにロリータ服は20代の服という考えがあるかもしれないですけど、僕の中では永遠です。Moitiéは何歳になって着ても大丈夫です。

鈴木 まさにヴァンパイアの娘達の服なんですね！

Mana にとって ゴスとは…… 永遠に死なないヴァンパイア

Mana にとって ロリータとは…… 「聖少女」とも呼んでいますが、少女性を持っている女性、男性のこと。年齢は関係ないです

雑誌「ケラ!」「Gothic & Lolita Bible」に初登場した際の二人のページを掲載! 覚えていらっしゃる方もいるかもしれませんね。

「Gothic & Lolita Bible」1号(バウハウス/2000年)に掲載されたMana。以降「Gothic & Lolita Bible」のスタメンになった

Manaが雑誌「ケラ!」に初登場したページ。「今日のファッション・テーマ● スウィート・セクシー・プリティー・エンジェル・エレガント・ゴシック・ロリータ」とアンケートで答えている。撮影場所はラフォーレ原宿のエントランス。「ケラ!」4号(バウハウス/1998年)

「ゴシックにハマっている」と言う三原に『路上のゴシック』というタイトルで、イラストエッセイを描いてと依頼して、文字含めほぼオール手描きで描いてもらったもの。「ケラ!」1号(バウハウス/1998年)掲載。引き続き3号の「この夏のゴシックスタイル」特集でも三原はイラストに参加。この特集はゴシック・ロマン小説、1980年代と90年代のゴシック・ロック、ゴシックファッションを統べていて、この後盛り上がるゴスシーンを語る先駆的な特集となった。

本書の出版を記念して三原が描き下ろした、令和のゴスロリ。
三原は「Gothic & Lolita Bible」1〜8 号、27〜33 号、40〜50 号の表紙を描いていた

レース取材ノート

ロリータ服にたくさん付けられているレース。あればあるほど嬉しいですね。これらのレースについて、レースの総合会社・工場・卸屋・手芸用品店・ブランドさんにまで様々なことを教えていただきました！

※ピンク字のものは、P38～187の「語」に解説があります
※本文内敬称略

レースとは？

今私達が見るようなレースが生まれたのは16世紀のイタリアです。複数の糸を使って透かし模様を出す、「空中ステッチ」と名付けられた「透ける布」でした。ラフ（関連→付け襟）等に贅沢に使用され、たいへん高価なもので、使用は貴族だけにしか許されていない時期もありました。

産業革命後、19世紀に英国でレース機械が発明されてから早く安く作ることができるレースが広まり、庶民の間でも広まっていくのです。

機械によるレースの呼称

現在私達が使うレースは、機械の種類に合わせて、大まかには以下の4つに分類されます。

リバーレース　織り　組紐の原理

19世紀に英国でジョン・リバー氏が発明した、リバーレース機で作られたものを指します。リバー機は初期のレース機械の一つであり、かつ今あるレース機械の原型でもあります。全世界で稼働しているのは150台程度で、所有するのはヨーロッパで数社と、日本の会社のみ（日本では栄レースの1社がなんと87台を所有しています）。レースの女王と呼ばれ、機械生産では最高級のリバーレースは、パリを本拠地とする名だたるメゾンも使用。髪の毛より細いレース糸も使われていて繊細さを誇り、19世紀の手作りに近い感じを再現しています。

リバーレースは、ロリータ系ブランドでは Juliette et Justine が使用

ラッセルレース　編む　ニットなどの経編みの原理

リバーレースのデザインに似ていますが、高速で編んで作られるラッセル機製レースのこと。細幅レースで飾りとして使用される他、ブラウスや下着などの全面で使われます。ゴスロリ黎明期にまず最初に使用され、今も人気です。近年よりリバーレースに近い高級感があるラッセルレースが作られるようになりました。

リバーレースに比べ薄く、立体感がないため、ギャザーを寄せて「高見え」させることも

トーションレース　組む　リリアン編みに近いもの

トーションレース編機で作られるレースのこと。2000年頃からロリータ服、あわせて靴下飾りで使用されました。懐古ブーム（ロリータのY2Kブーム）で人気が再燃。糸がやや太めで、素朴さが愛らしく少女気分を味わわせてくれます。

伸び縮みできる素材を入れた、ストレッチタイプのトーションレース

エンブロイダリーレース　刺繍

エンブロイダリー（刺繍）機で作られるレースのこと。現在ロリータ服で最も多く使われるレースです。ネットに刺繍を施したチュールレース、形がくっきり出るモチーフレースなどが人気で、ブランドのロゴを入れたオリジナルのものなどもあります。不織布などの上に刺繍して、最後に不織布を湯で溶かすのでケミカルレースとも呼ばれます。

レース協力
★印レース…新宿オカダヤ本店
（現在取り扱いがないものもあります）
★印レース…栄レース
☆印レース…Angelic Pretty

取材協力
♡Angelic Pretty
♡新宿オカダヤ本店
（https://www.okadaya.co.jp/
shop/c/c10/）
♡オリオンレース工業株式会社
（https://orion-lace.jp/index.html）
♡小林レース東京支店
（小林株式会社）
（http://www.chumon.co.jp/）
♡栄レース
（https://www.sakae-lace.co.jp/）

撮影／高橋妙子

モチーフレース（モチーフを象ったレース）

綿レース（綿で作ったレース）

チュールレース
（チュールネットの上に刺繍したレース）

オーガンジーレース
（オーガンジーの上に刺繍したレース）

工場からお店へ……

工場

こちらは埼玉にあるエンブロイダリーレース工場「オリオンレース」の中。まずここから約18×14 mの長さのレースが生まれます。機械自体はもう生産されていないので、今あるものを大切にしながら、ベテランの職人の手で丁寧に作っているそう。日本のレース、特にレース好きのロリータ服を支えるのはこういった日本の工場で作られていて、「海外のものとは格段に違う」とロリータ他、各アパレルブランドも絶賛しています。

※エンブロイダリー、トーションなどレースによって会社も工場も別になります。さらにレースができた後はシャーリング（ゴミ取り）、染色、カッティングと三つの専門の会社に回されていきます。全てが専門の世界です（1社で全てをこなす場合もあります）。

卸問屋

様々なアパレル・ブランドとの取引と、レース工場との取引を持ち仲介役になるのが卸問屋。東京にある小林レース東京支店の話によると「ゴス・ロリ関係の会社で初めてオリジナルでレースを作って欲しいという希望をもらい、制作できたのは Moi-même-Moitié。十字架のモチーフレースを作りました」とのこと。

手芸用品店

「手芸用品のデパートみたいな新宿オカダヤ本店」。様々なレースが一気に揃う様子を見た人は皆胸が熱くなりますね。今レースを買う人の多くはアイドルの舞台衣装を作る人だそうですが、昔と今を較べると、1着の服に付けるレースの種類が劇的に増えているのだそう。これはロリータ服の影響かもしれませんね。

Angelic Pretty とレースの話

甘ロリ系の代表ブランド、Angelic Pretty の服はいつも複数のレースが飾られていて思わず「可愛い！」と叫んでしまいそうになりますね。「ロリータ服にレースはなくてならないもの」という Angelic Pretty の、服とレースの関係とこだわりについてお話を伺ってまとめてみました。ロリータ服の歴史と共にあるレース使いの変遷が、ここにあります。

2001年 素材を考える

2001 年にブランドを始めた頃からしばらくは、布地もレースもほとんどが綿のみだったそう。後に化学繊維（シフォンなど）を使うようになり、生地とレースの素材の組み合わせを考える姿勢をずっと続けています。

綿×綿合わせ

初期の頃のロリータ服はほとんど綿だったため、レースも綿を合わせていました。

初期の綿×綿

綿レースを重ねると、スカートの裾に使った場合張りとボリュームを出すことができます

2007年 化学繊維（チュールレース）の登場

2007 年頃から綿生地の服にチュールレース（化学繊維）を使用するようになります。しかし生地が綿と化学繊維では同じ染料を使っても、完璧に同じ色を出すことはできません。また化学繊維を使って、綿の布では表現しにくいドレッシーな服を作りたいという気持ちから、化学繊維のレースには化学繊維の生地を、綿には綿をという方針ができあがりました。化学繊維は洗濯の後、綿よりアイロンが簡単な点もいいですね。

化学繊維レースだと、スカートの裾に使った場合エレガントになります。こちらはドビーデシン生地にチュールレース合わせ

2023年 異素材合わせへの挑戦

2023 年から遊び心で、綿と化学繊維レースのミックスを始めるようになりました。新しい試みです。

5 種類のレース（綿レース、チュールレース、チュールラメ糸レース、ケミカルレース、トーションレース）を柄や幅違いで飾り付け、合計 11 種類のレースを使ったもの。より華やかでゴージャスに

モチーフを合わせる

2005年からオリジナルプリントを作りやすくなり、生地プリントに合わせてレースも同じモチーフのものをオリジナルで作るようになりました。一つの服の中に使うレースのモチーフがバラバラにならないように選んでいます。

白鳥×白鳥で揃えたもの

2006年 色を合わせる

2006年からレースを服の色に合わせて染めることも始めました。生地によって染料の出方が違うので、ここでも使用するレースの素材合わせをすること（綿なら綿）が大切です。ピンクなどカラー・ブラウスの発表とも合わせ、ロリータ・ブランドでは一番早い取り組みだったかもしれません。

ピンク×ピンクで揃えたもの

ロゴ刺繍

ブランドの名前の頭文字を付けたレースも登場しています

レースだけで作った小物

レースだけで作ったもの（飾りパーツは除く）にはお袖留めがあります

もっと知りたいレースのこと ♡♡♡♡♡

様々なレースの呼称

レースには、その素材や形、作り方ごとに様々な呼称があります。

染められているので「カラーレース」、両サイドに**スカラップ**状の山形が作られているので「両山レース」、はしご状態なので「はしごレース」、刺繍でできているので「エンブロイダリーレース」と呼びます

片サイドに山があるので「片山レース」、綿製なので「綿レース」、ギャザーが寄せられているので「ギャザーフリルレース」、刺繍でできているので「エンブロイダリーレース」と呼びます

リバーレースについて

リバーレースはP34で紹介した日本のメーカー製のものの他には、英国とフランスで作られたもの等があります。

英国製リバーレース

フランス製リバーレース

クリュニーレースとも呼ばれる、フランスのクリュニー地方の技法で作られる、英国製リバーレース

Gothic & Lolita 語

あ〜わ

★ピンク字の部分は
P38 〜 187 に
「語」解説があります

あ行

アーマー・リング

　西欧の甲冑（英語でアーマー）の指部分をヒントに、指輪にしたもの。Vivienne Westwood が発売して日本でも大人気アイテムとなりました。いかつい感じですがゴス、パンク、ロリータ共身に着けます。

アイアン・メイデン

ゴスには西欧中世の拷問や処刑道具に関心がある人も多いですね。その中でも花形的存在なのがアイアン・メイデン（鋼鉄の処女）です。人間がすっぽり入る大きさで、内側に長い鉄の釘が無数にはめ込まれているので、扉を閉めると串刺しになるという仕組み。外観は聖母マリア風の形で作られ、「ニュルンベ

ルクの鉄の処女」「ストラスブルクの涙の花嫁」などのドイツの地方名が付けられています。実際に処刑に使用されていたかは不明なのですが、後世になってから見つかった文献からその存在が話題になりました。現在見られるのは19世紀以降に再現されたものばかりです。日本でも、刑法に関する史料を収集する明治大学博物館で見ることができます。

アイパッチ

　眼帯のこと。海賊装の際には必須のアクセサリーです。また心の痛みを服装で表現する遊びの表現の一つとして、ゴスロリが使用することがあります。フリルを付けたり、ハート型にしたりと可愛いタイプが人気です。手首に巻く包帯とセットで使用されることも。

青い血 【あおいち】

　西欧では昔「貴族には青い血が流れている」と言われていて、本人たちはそれを誇りに思っていました。それは貴族は肉体労働をしないので日焼けせず、静脈が浮き出るほど透き通った、白い肌をしていることが理由だったと言われています。ゴスもロリータも、自分の肌は真っ白で、できたら磁器のようでありたいと思っています。洋服自体、日焼けした健康的な肌より、むしろちょっと病弱な雰囲気を感じさせて白肌のほうが似合いそう

です。ゴスやロリータは、いにしえの貴族生活を目指すしかありません。
（関連→アリストクラット、ノーブル）

青木美沙子 【あおきみさこ】

　千葉県出身、1983年生まれ。2001年に雑誌「ケラ！」で読者モデルデビュー、ロリータ姿で登場して以来絶大な人気を誇り、現在まで日本国内だけでなく世界でも最も有名なロリータモデルとしてトップの座に君臨しています。2009年外務省のポップカルチャー発信使（カワイイ大使）として海外25カ国50都市以上歴訪。2013年日本ロリータ協会会長に任命。中国ではSNS総フォロワー100万人超え。2023年からはファッションセンターしまむらとコラボ「m♡petit by misako」シリーズをスタートさせました。正看護師としても活躍中。
（関連→みどみさニコイチ、ロリィタ短歌）

青文字系雑誌 【あおもじけいざっし】

　毎月23日に発売されているファッション雑誌「JJ」「ViVi」「CanCam」「Ray」（現在一部休刊）。そのタイトルロゴ部分は揃って赤やピンクなので「赤文字系雑誌」と呼ばれます。かつてこれらの雑誌は男性目線を意識したファッションの紹介だったので「モテ系雑誌」と認識されています。それに対抗する形で、男性目線よりまず自分が着たい服を着ることを大事にする、というスタンスの原宿系ファッション雑誌は「非モテ系」として「青文字系雑誌」とジャンル分けされることになったのです。ゴス、ロリータが掲載されている雑誌「ケラ！」もタイトルは赤やピンクが多かったし、「Gothic & Lolita Bible」に至っては金色でしたが、当然青文字系雑誌と呼ばれていました。

あおり型バッグ
【あおりがたばっぐ】

ゴスはかっちりとした形のバッグが好き。中が三つの袋型になっていて、中央の袋はジップや留め金で閉じることができるあおり型バッグは、不変の人気を誇ります。この形に近いものでアンティーク・ドールやテディ・ベアの写真をプリントしたJean Paul GAULTIERのバッグは、大ヒットしました。

赤い靴　【あかいくつ】

ロリータが「1足は持っていたい」と強く心惹かれる、赤い靴。ルーツを探ると、そのオリジナルは女性の靴ではなく、フランス国王ルイ14世（1638〜1715年）の靴にまでさかのぼるようです。当時の富裕層の男性はロングブーツを履くのが一般的でしたが、ルイ14世は美脚の持ち主。バレエも踊ったので、短い丈のパンツに白タイツを穿き、ハイヒールを履くというスタイルを作り、ファッション革命を起こしたのです。この靴が現代の女性のハイヒールの原型とも言われています。そして踵が赤いのは王の靴は赤、と決められていたかららしいです。

リボンも王の好みでよく付けていたとか。

私達もルイ14世の誇りを持って、赤い靴を履きましょうか。

《ルイ14世の肖像》ルーヴル美術館蔵／1701年

バックルやリボン飾り、ヒール、赤色などルイ14世の靴の名残りを留める現代の靴

アガサ・クリスティ

ロリータには英国好き、そして推理小説が好きな人が多いのです。特に30代以上になると英国のアガサ・クリスティ（1890〜1976年）の作品がダントツの人気。ロリータに人気のある英国の日常が、女性目線でわかるという点も魅力の一つなのかもしれませんね。『牧師館の殺人』ではセント・メアリ・ミード村の老嬢ミス・ジェーン・マープルが参加する、アフタヌーンティーのシーンが描かれているので、まだ読んでいない方はぜひご一読を。

axes femme kawaii
【あくしーず ふぁむ かわいい】

「ヨーロピアンヴィンテージの世界観にこだわり、年代・国境を越えてすべての人に愛される」がコンセプトの、ガーリー系ブランドaxes femme。過剰ではないレースやフリルが付いた服が人気で、「学校や会社にも着ていくことができる」とロリータの間で支持され続けています。後にここからロリータを意識して生まれたラインがaxes femme kawaiiです。

`Instagram` axes_femme_kawaii_official/

アクション・グローブ

指を動かしやすくするため、手の甲や指関節部分を切り取った手袋で、もともとはカー・レースやゴルフに使用されるものでした。現在ではファッション用に、スチームパンクやゴスの間でも使用されることがあります。ちょっと素肌が見えるところがお洒落なんですよね。

『悪の華』 【あくのはな】

フランスの詩人ボードレールによる、数少ない詩集（1857年）のタイトルの一つです。当時としてはその内容があまりに露骨でエロティック、反道徳的であると、出版後に起訴されボードレールは有罪になりました。第2版を出版する際削除を求められた「地獄に落ちた女達」「吸血鬼の変身」等6つの詩は後に「禁断詩篇」と呼ばれるように。しかしここからフランスの近代詩、デカダン趣味という言葉や象徴主義運動が生まれアルチュール・ランボー、マラルメ、ヴェルレーヌといった天才詩人達が続きます。『悪の華』というタイトルはBUCK-TICK(1987年〜)の作品名にも使われています。生前米国で評価の低かったエドガー・アラン・ポーの作品を翻訳して、ヨーロッパに広めたのもボードレールです。

悪魔主義 【あくましゅぎ】

キリスト教の間では神を信じず悪魔を崇拝することなどを指します。悪魔崇拝に傾き、逆さペンタグラムや逆さ十字のアクセサリーを好んで持つゴスもいます。しかし文学では耽美主義を突き詰めて怪奇や退廃の方向に進んだり、愛への倒錯を描いたりなどして、倫理観から外れたテーマで作品を描き出す文芸運動のことを言います。フランスでのボードレール（関連→『悪の華』）がその先鞭を付けた他、ユイスマンス『さかしま』（1884年）が有名です。英国ではオスカー・ワイルド、ドイツではホフマン（関連→コッペリア）の『砂男』（1817年）、日本では谷崎潤一郎の『痴人の愛』（1924年）など。作品内に悪魔が出てくるわけではありませんが、ゴスが好きなタイプの文学です。魅力的な悪魔が主役の漫画『悪魔の花嫁(デイモス)』（池田悦子原作＆あしべゆうほ画、1975〜90年)も大ヒットしましたね！

アシメトリー

ゴスの服の特徴の一つに、アシメトリー（左右非対称）デザインがあります。スカートの左右の長さが違っていたり、フロントは短く脚が見えるけれどバックは長い、など。髪も左右非対称にカットするゴスも多いですね。アンバランスの美を大事にしているのかもしれません。※左右対称はシメトリーです。（関連→ゴス・ヘア）

ルな少女の人形、たとえばブライスやプーリ
ップはブライスが着用する服装によります
が、ロリータの間でも人気です。さらにアー
トに深い関心を寄せるゴスロリになると人形
だけでなく、ポップでシュールな頭の大きな
女の子も大好き。外国モノだと米国のマー
ク・ライデンに注目していて、特に2023年
にマテル社のバービーとコラボして発売され
た人形は垂涎の的となりました。サンマリノ
共和国のニコレッタ・チェッコリの描く笑わ
ない少女のイラストタロット・カードも人気
です。

AZZLO 【あずろ】

　海外から本格的なフェティッシュ・グッ
ズを取り寄せ、東京にショップ・オープン
(1988〜2000年)。ボンデージ系ショップの草
分けとなったのが、AZZLO。女性オーナー
水谷友美はVivienne Westwoodの服の愛好
者で、1979年からは画家の金子國義の元で
長らく師事した女性でした。1991〜98年
はミュージシャンのHIDEの演出やスタイ
リングを務めたことも。とびきりクールだっ
たこの伝説の店のオーナーの存在を振り返る
と、音楽、アートとファッションを通して、
ゴスやフェティッシュ系の存在の見え隠れを
感じる気がしますね。

（関連→ピエール・モリニエ）

汗 【あせ】

　ロリータ服を着ている時は人形になってい
るので、どんなに暑くても汗をかきません
（と言う人もいます）。（関連→扇子）

頭の大きな女の子
【あたまのおおきなおんなのこ】

　大きな頭に華奢な体を持つファッショナブ

『アダムス・ファミリー』

　漫画を原作にアニメ、ドラマ、映画(1991
年、1993年)としても制作され人気を呼んだ、
米国のホラー家族のコメディ。黒服の魔女の
妻モーティシア、三つ編みお下げの長女ウェ
ンズデーなどが、ゴスの間でスタイルの参考
にされることも。

圧縮袋 【あっしゅくぶくろ】

　電車にロリータ装で乗る場合気になるの
が、パニエの広がりが人の邪魔にならないか
ということです。機嫌の悪いおじさんに「お
い、そのスカート邪魔なんだよ」なんて言わ
れたくないですものね。そのため昔は椅子に
は座らないロリータもいれば、家から目的地
までは圧縮袋にパニエを入れるロリータもい
ました。今はあまり邪魔扱いされることがな
くなった、と聞きますが、混んでいる電車で
はスカートの両端を脚の下に入れ込み、膨ら
みを抑えて座ります。（関連→近所）

アドーラ・バットブラット

　世界で最も有名なゴス・ウーマンといえ
ば、スウェーデン人のアドーラ・バットブラ

ット（1972年〜）。少女時代からゴス服に夢中になり、以来ずっとゴス装を貫いて生きているそう。2015年に来日した際の様子はテレビ東京の人気TV番組「YOUは何しに日本へ?」で2016年、24年に放映されました。KILL STARなど、西欧では有名なゴスやパンク系ブランドのモデルなどを務めています。

ATELIER PIERROT
【あとりえ ぴえろ】

　1969年「ピエロ」の店名でスタート、1978年ラフォーレ原宿に店舗を移して黒系モード服のセレクトショップに。1993年に「ATELIER PIERROT」に名前をかえ、1997年にいち早く関西のMARBLE、VISIBLEの服を取り寄せて、東京でのゴスロリブームの火付け役となりました。常に新しいものを取り入れていて、現在では海外からの輸入ブランドも。いつまでもゴス、クラシカル系ロリータ達にとってチェックが欠かせない存在であり続けています。オリジナルブランドの代表作はミニコルセットドレス。現デザイナーは芦澤優子。
🅷🅿 https://atelier-pierrot.jp/

Atelier BOZ 【あとりえ ぼず】

　1995年からスタート、19世紀ヴィクトリア時代を思わせるエレガントで美しいラインのコートやジャケットなどが、男女問わずフ

ァンを集めている東京発のブランド。吸血鬼伯爵スタイルをしたい人ならここのロングコートはマストアイテムといえるでしょう。初代デザイナーはX JAPANのYOSHIKIなどミュージシャンの衣装も作っていた柴田孝史と市村恵司で、現在はデザインチームで手がけています。
🅷🅿 https://alpstola.theshop.jp/

穴開き靴下 【あなあきくつした】

　ゴスの好みのタイツには、ドット穴開きタイプがあります。これ1足だけでも穿きますが、さらに目の粗いタイツを引っ掻いて破り、重ねて穿くなどしてアレンジも。穴があると、同じ靴下を穿いても毎日ちょっとずつ違う状態を楽しむことができるのが楽しいところです。

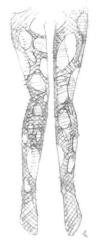

abilletage 【あびえたーじゅ】

　2010年からスタートした、コルセットをメインにおいて服や小物を展開する東京発のブランド＆ショップ。abilletageはフランス語風ですが、デザイナーのbambiが「着飾ってキラキラとした日々を楽しむ」といった意味合いを持たせて、名付けた造語なのだとか。脚そのものをほっそり見せてくれるコルセット柄の総イラストタイツが登場した時は私たちを狂喜させてくれましたね！　ヘアサロンも運営しています。
🅷🅿 https://www.abilletage.com/

アフタヌーンティー

　昔からお茶会が大好きだったロリータですが、時代が追いついたか、いつの間にか一般の女性に向けて日本中あちこちのカフェやホテルで、アフタヌーンティーが提供されるように。このアフタヌーンティーは英国のベッドフォード公爵夫人アンナ・マリア（1783〜1857年）が、夕刻の空腹に耐えかねてバター付きパンと紅茶を所望したことから始まったもの。それが17時だったので当初はファイブ・オクロック・ティーと呼ばれていました。

　富裕層の間で広まり食事内容も豊かになって、ホテルでも振る舞われるようになってからアフタヌーンティーと名付けられたようです。ちなみにアンナ・マリアの肖像画は、ペットボトル飲料「午後の紅茶」のパッケージに描かれていますよ。

（関連→三段スタンド、スコーン）

編み上げパンプス
【あみあげぱんぷす】

　ロリータもゴスも編み上げ靴が大好き。甘ロリだと踵が低いものが選ばれますが、ゴス度が高くなると踵が高いものが、またさらに大人っぽくしたい場合はピンヒールが好まれるといった違いがあります。英語ではクロス・ストラップ・シューズといいます。

網タイツ 【あみたいつ】

　ゴスに最も愛され穿かれる靴下といったら、網タイツです。目の粗いものを選び、爪を引っ掛けて穴をたくさん開けてから穿きま

す。どこかで引っ掛けて穴が増えても使用に問題がないし、どこでも安く購入できるとても大切な存在。服装が黒なら黒、白なら白を選び、全身の色を一つにまとめます。

アメ村 【あめむら】

　大阪アメリカ村の略称で、ゴスロリ服ブランドの生誕地。ゴスロリ服やゴスロリ黎明期の主だったロリータブランドは1990年代中期以降にアメ村やその近辺から生まれました。マリアテレサといったセレクト・ショップや、心斎橋OPA!他のファッションビルが当時のお洒落っこ達の買い物スポットになっていました。

アリストクラット

　ノーブルと共に英語で「貴族」の意味で使われます。Manaが自身のブランドMoi-même-MoitiéでE.G.L（エレガント・ゴシック・ロリータ）、E.G.A（エレガント・ゴシック・アリストクラット）という二つのラインを作ったことでも知られていますね。

アリスとアントワネットの水色
【ありすとあんどわねっとのみずいろ】

　甘ロリの服には、ピンクや赤など暖色系

のイメージがありますが、実は寒色系の水色が大人気なのです。ディズニーアニメ版アリスのワンピースの色だからでしょうか。さらに明るいベビーブルー、くすんだサックスブルーなども人気です。実は王妃マリー・アントワネット（関連→ロココの女王）のお気に入りの色は水色だったんですよ。

アリス・リデル

　物語『不思議の国のアリス』の主人公のモデルは、アリス・リデル（1852〜1934年）という名前の実在の人物です。リデル家と家族ぐるみの付き合いがあるオックスフォード大学の数学者のチャールズ・ドジソン（1832〜98年）が、幼いアリスのために作った話を手製の本にまとめたものが『地下の国のアリス』で、その後ルイス・キャロルというペンネームのもと『不思議の国のアリス』と改題し、出版社に持ち込み自費で出版したのです。

キャロル撮影の7歳と17歳のアリス

「ありのままは、ない」

　映画『アナと雪の女王』に"ありのままの"と歌う曲がありますね。ゴスもロリータもこの曲は大好きですが、「ありのままは、ない」とも思っています。

　たとえば田舎の自然の美しさより、人工的に作られた都会の、建物と緑の調和した状態が好き。小説もたとえば探偵小説なら、田舎が舞台の横溝正史も面白いけれど、都会を舞台に話が繰り広げられる江戸川乱歩に、より惹かれてしまうのです。ゴスやロリータにしてみたら、だらしなく頭をぼりぼり掻く探偵・金田一耕助より、洋装でスタイリッシュなイメージの明智小五郎に憧れを抱くのは当然です。

　そして何も飾っていない自分より、ヘアメイクをして、ゴスやロリータの服を着る自分がありのままの自分より断然好きです。
（関連→人工の楽園）

ALI PROJECT
【あり・ぷろじぇくと】

　宝野アリカと片倉三起也による音楽ユニット。通称「アリプロ」。1992年にメジャーデビュー。代表曲に『聖少女領域』（2005年）、『わが臓たし悪の華』（2008年）など。30周年を経ても毎年オリジナルアルバムをリリースしています。TVアニメのオープニングやエンディングでもよくアリプロの曲が使われていますが、その文学性の高い歌詞などから、アメリカ文学者（慶應義塾ニューヨーク学院学院長の巽孝之）や作家（ミステリ作家の綾辻行人、京極夏彦）、SF＆ファンタジー評論家（小谷真理）、美術史家（明治学院大学教授の山下裕二）などアカデミック方面にマニアックなファンがいることも付け加えておきます。

ALGONQUINS
【あるごんきん】

　黒をメインに、様々な遊びを盛り込みデザインした服が印象的な東京発のブランド。ピンストライプ柄のセットアップや、フリルやギャザーを多用したアシメトリーデザインスカートがたいへんな人気を呼びました。現在は蜘蛛の巣プリントジップパーカやスカルプリントシャツ、サルエルパンツなど、メンズライクでパンキッシュな服が多いようです。

HP http://www.algonquins.jp/

アルチュール・ランボー

　神童、早熟な天才、悪童、異端者などと呼ばれたフランス人の象徴派（関連→象徴主義）で、デカダン趣味に入れられる詩人。15歳から詩を書き始め『酔いどれ船』『イリュミナシオン』といった詩集を著しました。しかし『地獄の季節』を書いた後作品を燃やし、20歳で文芸活動を放棄して放浪。アフリカに渡り武器商人になった後、骨肉腫にかかり死亡。駆け抜けるようにして、また自分の作品をそのまま生きるかのようにして37年の人生を終えました（1854〜91年）。日本では詩人・中原中也が彼の大ファンですし、今でもちょっとスノッブな文学好きの厨二病の人の間でカリスマとして絶対的なポジションを誇っています。男性の友人ヴェルレーヌ（1844〜96年）との関係や彼との共作『尻の穴のソネット』も有名です。（関連→ゴス・ヘア）

アルフォンス・ミュシャ

　アール・ヌーヴォー美術の旗手で、パリで活躍したチェコ人イラストレーター＆画家（1860〜1939年）。ミュシャのポスター画に影響され、その描き方を真似た日本人の漫画家、イラストレーターは多数いますし、様々

に作品を使った商品が見られますね。もしかしたら世界のどこよりも日本人に愛されているかもしれません。実はアール・ヌーヴォー自体、日本の浮世絵が西欧に持ち込まれたことによって、影響されて生まれた美術様式なので、私達は気がつかないままその自国が持つルーツに魅かれているのかもしれません。ミュシャ・プリントの服は Innocent World も発表していたことがあります。

《黄道十二宮》アルフォンス・ミュシャ作／1896〜97年

Angelic Pretty
【あんじぇりっく ぷりてぃ】

　白と黒がメインカラーだった1990年代末のゴスロリ黎明期。2000年代初めに Angelic Pretty がピンクベースでラブリーさ全開のブランドを立ち上げ、当時「ゴシック」より「ラブリー」を選びたかったロリータ達にとってまさに福音となりました。小さい頃夢見たお姫様みたいな服が、プリティによって上質なデザインの服となって登場した、といった感じでしょうか。デザイナー＆イラストレ

ーターmakiによるオリジナル・プリントも大人気で、国外ではパリを含め4店舗の出店を果たしています。

HP https://angelicpretty.com/

Enchantlic Enchantilly
【あんしゃんてりっく あんしゃんてりー】

1999年創設、東京発のロリータ・ブランド。ブランド名は英語やフランス語をミックスした造語で、その意味は秘密なのだとか（ちなみに「アンシャンテ」はフランス語で「初めまして」の意味です）。猫などをモチーフイラストにした可愛くもありエレガントでもあり、かつちょっとだけダークネスな世界観があるプリント物が大人気です。色味はボルドーや菫色（すみれ）などシック系がメイン。

HP https://enchantlic-enchantilly.com/

安全ピン 【あんぜんぴん】

パンクスとゴスにとって、安全ピンはお手軽に使えるアクセサリーの一つ。衣類を破ってからつなぎに使ったり、またピアスになったものを使用したりします。

皮膚にも、服にも……

アンチ・クライスト

キリスト教の『新約聖書』の「ヨハネの黙示録」では世界の終末について書かれていますが、ここから広まった言葉が「アンチ・ク

ライスト」。偽キリスト者、反キリストの意味で解釈されています。黙示録ではここに「獣の数字666」という記述もあるため、悪魔主義に関心があるゴスには、アンチ・クライストも666も好みのワードです。1996年には米国のマリリン・マンソンが『アンチクライスト・スーパースター』をナチスを思わせるイメージで歌い、世界中を震撼させました。

アンドロジナス

「両性具有」のこと。人間を超えることの他に、性を超越することもゴスの関心要素の一つです。ポジパンの時代からそのファッションに男女の差はあまりありませんでした。マリリン・マンソンもCD『メカニカル・アニマルズ』のジャケットでは性別不明のヌードで登場しています。永井豪の漫画『デビルマン』（1972～73年）では美青年、飛鳥了の正体はラストシーンで両性具有の堕天使ルシファーと判明して、ゴスのハートを鷲掴みにしました。作品が死後発見されて世界中で話題を呼んだ米国のヘンリー・ダーガー（1892～1973年）の絵物語集『非現実の王国で』中の、愛らしい少年少女も両性具有です。

衣装 【いしょう】

ロリータが周囲から自分の服に関して言われてとまどう言葉にはコスプレの他に「衣装」があります。衣装とは儀式、祭り、芸能で出演者が着る衣服のことを指すからです。楽屋で着替えロリータ服で舞台に立つ人には衣装ですが、家でロリータ服を着て街に出る者にとっては衣装ではありません。
（関連→ビジネス・ロリータ）

苺モチーフ　【いちごもちーふ】

洋服のプリントでもバッグでも、様々なところで登場するのが、苺モチーフ。甘ロリは苺モチーフが大好きなので、苺プリントの服を着て、さらに苺型のバッグを持つことがあります。苺に関してはかなり欲張りです。

犬　【いぬ】

昭和の頃は、一般的な庶民の出の少女はレトリバーなどの大型犬を飼って散歩できるような、リッチなお嬢さんスタイルに憧れるものでした。そのなかでロリータ心のある女性の間では、パリジェンヌが連れて歩くスタンダードプードルが憧れで、洋服にプリントされたものなどを見て、胸をときめかせていたのです。またアクセサリーモチーフによく見られるテリア犬などにも関心がありました。

現在のロリータは世間一般的な流行に伴いチワワ、トイプードル、フレンチブルドッグ、ミニチュアシュナウザーなどの小型犬を実際目にしてペットにしたり、パリのカフェLaduréeが使うモチーフの影響で、小型犬のイラストの入ったプリントポーチなどを愛用しています。ゴスは大型の狩猟犬を飼うことに憧れています。

チワワ　　　トイプードル

ミニチュアシュナウザー　　フレンチブルドッグ

イノサン

フランス革命前後で活躍した、パリの処刑人一家を描いた漫画『イノサン』シリーズ（坂本眞一著）。描き込み過ぎな程に描き込まれた18世紀フランスの宮廷を背景に、実物以上の豪華さを誇るレース衣装を纏った美貌の人物達。加えて処刑シーンの残酷描写などを、超絶技巧で表現。ゴス達を含む読者達の間で話題になりました。熱狂的なファンの中には中島美嘉（歌手）、DIR EN GREYの薫、京、漫画家の末次由紀などがいます。

（関連→ウィットビー）

『イノサン』5巻 P158 より、処刑人のマリー・サンソン（坂本眞一著／集英社）©坂本眞一／集英社

Innocent World

【いのせんと わーるど】

　1999年に大阪からスタートした、クラシカル系ロリータ服の代表的ブランド。上品で可愛らしいテイストは、少女の心を持った大人の女性に長年愛され続けています。フェストゥーン他、欧州の伝統的なテキスタイルを使ったものや、アルフォンス・ミュシャや金子國義など画家の絵とのコラボもあり、近現代の西欧やアートを取り入れている点でも惹かれます。ブランド創設から現在までのデザイナーは藤原ゆみ。

HP https://innocent-w.jp/

遺髪アクセサリー

【いはつあくせさりー】

　英国など西欧の昔日の服喪装身具にはジェット、ブラックエナメルもの、肖像写真が入ったものなどの他に、亡くなった人の髪を編み込みリボンやフェストゥーン等の形にデザインしたアクセサリーがあります。亡くなった人を偲び、ずっと身に着けることが多かったようです。ゴスはこういったものを骨董屋で見つけたら購入して普段は大事にしまっておき、時々ファッション・アイテムとして使います。

今井キラ 【いまいきら】

　ロリータ界随一のイラストレーターといったら、今井キラ。イラストの中に入って彼女の描く世界の中に生きたい、と思うロリータも多いのではないでしょうか。Angelic Pretty のイメージイラストでもおなじみです。

『ひと匙姫　今井キラ作品集』
（今井キラ画／ステュディオ・パラボリカ）

医療従事ロリータ

【いりょうじゅうじろりーた】

　2007年以降雑誌やTVでリアル・ロリータの職業名が公開された時、皆を驚かせたのが、ロリータには医師、看護師他、医療従事系が圧倒的に多いということでした。現在は様々な職業に分かれているようですが、日本で最も有名なロリータモデルの青木美沙子のもう一つの職業がナースということもあり、現在では彼女に憧れてナースになるロリータも結構いるようです。

インヴァネス

　肩から肘までを覆う、取り外しができるケープが付いた外套のことを「インヴァネス」といいます。19世紀に英国スコットランドの地方インヴァネスで着られていたので、地名がそのまま呼称となりました。雨天時でもスコットランドの伝統楽器バグパイプを演奏できるように生まれたものだそうです。

　その後英国中に広まり、さらに世界へ。シャーロック・ホームズがインヴァネスを着用する姿も挿絵やドラマで見られますね。日本では明治時代から導入され、よく似た「二重回し」「トンビ」などが、男性の和装の上で着用されるように。現在ではゴスやロリータの間でインヴァネスをアレンジしたものがケープ付きコートとして愛用されています。

1910年のファッションプレートより、インヴァネスを着る紳士の様子

ロリータのコートとしてのインヴァネス

ヴァイオリン型バッグ
【ゔぁいおりんがたばっぐ】

　ヴァイオリンはクラシカル・ロリータにとって憧れの楽器。実際演奏することができなくても、バッグとして持つことができたら満足です。大切なのはヴァイオリンのお稽古に行くような、お嬢様気分を味わうことだからです。

VAMP 【ゔぁんぷ】

　ヴァンパイア、つまり吸血鬼（関連→ドラキュラ）のことですが、ヴァンパイヤとの違いは「妖婦」「魔性の女」といった意味も持つ点です。

ヴィヴィエンヌ

　1990年代末から大流行したVivienne Westwoodを愛用する女性を指して、雑誌「ケラ！」では「ヴィヴィエンヌ」と呼んでいました。一方雑誌「Zipper」では「ヴィヴィ子」と名付けていました。

ヴィオロン族
【ゔぃおろんぞく】

　原宿にあった、アンティークな風情の染めレース服の店がヴィオロン。ここの服をタイアップで着ていたという、耽美主義的なバンドNOVELA（1979年〜）はそのレース服と共に伝説になっています。レースガウンやブラウスに極細のパンツを合わせるロックなコーデは、バンドのROGUEに続く日本のお化粧バンド黎明期の衣装だったといえるか

も。彼らの格好を真似してレースの服を着てメタル素材バッグを持ったファン達のことは「ヴィオロン族」と呼びたいところです。また某有名ロリータ・ブランドのオーナーから「僕、実はNOVELAのメンバーだったんです」と聞かされたことがあります。

ヴィクトリア時代
【ゔぃくとりあじだい】

ヴィクトリア女王が英国を統治していた1837〜1901年の間のことで、ヴィクトリア朝ともいいます。世界に先駆け産業革命に成功した英国は、圧倒的な経済力と軍事力で世界に植民地を増やし、世界の覇者ともいうべき存在になり、英国が最も繁栄した時代となりました。

この時代に生まれた英国の文化やファッションこそが、ゴス、ロリータ、スチームパンク文化に大変大きな影響を及ぼしています。今でも英国に行くと、当時世界最新だったゴシック建築等の建物などが普通に立っていて、英国にとってどれだけ偉大な時代だったかを偲ぶことができます。

Victorian maiden
【ゔぃくとりあん めいでん】

1999年創設したブランド。クラシカル・ロリータ系の服と共に、エレガントな棺桶も発売して注目を浴びました。またブランドの広告写真に外国人モデルを起用したのは、ロリータ・ブランドではかなり早かったといえるでしょう。ブランド名の意味はコンセプトも兼ねた「ヴィクトリア朝の乙女」の意味。2023年には秋冬NYコレクションにも参加、新作コレクションに加え、今までのアーカイブを発表して新旧のファンを喜ばせました。
（関連→ランウェイ）

HP https://www.victorianmaiden.com/

ヴィジュアル系ロックバンド
【ゔぃじゅあるけいろっくばんど】

日本では化粧をして演奏をするバンドマン達はお化粧系バンドと呼ばれてきました。化粧するバンドX（現在X JAPAN）が「PSYCHE DELIC VIOLENCE CRIME OF VISUAL SHOCK」をキャッチフレーズにした後、1990年にヴィジュアル系ロック音楽専門誌「SHOXX」が登場。ここから「ヴィジュアル系」というジャンル名が認識され、1997年に「新語・流行語大賞」にノミネートされるまでになりました。

化粧や衣装でのインパクトが強いためイロモノ扱いされやすく、音楽性が認められにくかったのですが、2000年前後くらいからインターネットの力もあり、海外のファンの間で「Visual kei」と表記され世界中に広まっていき、その流れでようやく日本で正当な評価がされるように。バンドマンやファンが着ていたゴスロリ服が、世界で知られるようになった要因の一つにもなっています。
（関連→ビジュロリ）。

ウィッグ

ロリータの間では、縦ロールヘア流行後に、フルウィッグにハーフウィッグ、前髪専用やお団子専用のバンズ（付け毛）など多種あるものを、複数組み合わせて盛り盛りに使用する時代がありました。当時ギャルもウィッグを使っていたので、その波と共に大きな流行になったのでしょう。

その白熱のウィッグ・ブームは、フランスの国王ルイ14世（関連→赤い靴）の時代にもありました。王が薄毛を気にしての着用だったのですが、王に恥を掛かせまいと寵臣も被り始め、やがてロココの時代がくるとシャンデリアに届く程に盛り飾るようになりました。

ウィットビー

英国の北にあるウィットビーは、ブラム・ストーカーが小説『吸血鬼』（関連→ドラキュラ）を執筆した港街。そんな縁があって1994年から年に2回ゴス祭Whitby Goth Weekend®（通称WGW®）が開催されています。期間中は街中のお店が「Welcome to Goth」のポスターを貼り、ヴィクトリア時代の古着を販売するなどして賑わいます。大聖堂の廃墟があり、ゴスにとって最もふさわしい場所とも。

吸血鬼伝説をテーマにした漫画『＃DRCL midnight children』（坂本眞一著／2021年〜）も舞台はウィットビー。実は坂本は主人公に、実際にウィットビーの骨董屋で購入した19世紀の服を着用させているんですよ。

『＃DRCL midnight children』2巻 P212〜213よりウィットビーの様子と、3巻カバー ©坂本眞一／集英社

ウィング・チップ・シューズ

爪先に「W」の文字の形の切り返しが付いている靴のことで、米国での呼び名です。「W」はWing（羽）のこと。ギリーと同じく沼地で生活するアイルランドやスコットランドの民族のための靴だったものが、19世紀に英国貴族がカントリー・ライフを楽しむための靴としてデザインし直され、さらに1920年代に米国に渡ってウィング・チップ・シューズと 呼ばれるようになったそう。クラシカル・ロリータや王子装の際に履くことがあります。

ヴィンテージ

古着屋でロリータ服に近い雰囲気の欧米の服を購入して、クラシカル装を楽しむ人もいます。古着はいろんな言い方をされますが、「ユーズド」は使用されたことのある中古品を指し、「デッドストック」は使用されずに倉庫などに眠っていた商品、「アンティーク」は古くなってなお価値のある骨董品を指します。「ヴィンテージ」も同じ意味合いで使われますが、そこまで古くないものを指します。また「レプリカ」は一度販売されたものを復刻したものを指します。最近のネットでの買い物では、アンティーク風のものがアンティークと書かれていることも多いので、注意したいところです。

ヴィンテージ系ロリータ
【ゔぃんてーじけいろりーた】

欧米から輸入された1950〜80年代くらいの古着を組み合わせて、当時の少女の装いな

どをイメージして着るスタイルをいいます。

ヴェール

　ミステリアスな雰囲気を醸し出すヴェール。西欧では服従・慎ましさ、信仰の象徴として、また高位の女性の飾りとして、儀式や教会でのミサに参列する時に使われてきたものです。ゴスにとっては教会でのミサの敬虔な、ないしは葬儀の荘厳なイメージ、ロリータにとっては花嫁の輝かしいイメージが脳内でふんわりと描かれているのかもしれません。このヴェールは、ゴス、ロリータ用共にヘッドドレスなどにあらかじめ装着された形で販売されています。ヴェール付き帽子は、主に黒だと女性のゴス装に、白だとロリータの盛装の時に使用されます。

ウェディングドレス

　日常的に華やかな装いをしているロリータ。結婚式ではさらにそんな日常を超える、かつロリータらしいドレスを着たい、という人のために、ロリータ専用のウェディングドレス・ブランドが登場しています。Hiroko Tokumine Lolita Wedding、歌手の春奈るなプロデュースの「LUNAMARIA」（いずれも2016年〜）といったブランドがあります。またJuliette et Justine他がウエディングドレスを発表しています。

生まれた時からロリータなの
【うまれたときからろりーたなの】

　1990年代中頃にロリータ服を有名にしたのは、ロリータ・ロビン。私服でも仕事でもMAID LANE REVUEを着用し、ロリータを貫いていた美少女芸能人です。人気テレビ番組「笑っていいとも！」「浅草橋ヤング洋品店」などに登場して、全国で知られるロリータとなりました。「生まれた時からロリータなの」というロリータ史に残る発言でも知られています。名前の由来はテレビドラマ『がんばれ!! ロボコン』の美少女ロボット「ロビンちゃん」に似ていることからだそう。

海【うみ】

　ロリータはインドア派が多いし、白い肌がとても重要なので、夏になってもとりたてて海に行きたいという気持ちはありません。某ロリータブランドでは慰安旅行で、ハワイかグアムに行く話が出ましたが「どちらも行きたくない」という人が多かったそう。ハワイにはアラモアナショッピングセンターもありますが、一般の女性が好きな海外のハイブランドの鞄や靴は、ロリータ圏内のハイブランドではないので関心を持てないようです。

h.NAOTO 【えいちなおと】

　デザイナーは2000年の創設当時から現在まで、廣岡直人。デビュー当時から黒服を着たモデル同士がすれ違いざまに血糊を付け合うステージなどで話題を呼びました。世界で一番知られている日本のゴスブランドです。ミュージシャンとのつながりも深く、2001年の Plastic Tree とのイベントを皮切りに、エヴァネッセンス、GACKT、HYDE、YOSHIKI など多くのアーティストとコラボしたり、衣装提供しています。オリジナルキャラは HANGRY&ANGRY。

HP https://hnaoto.com/

エシェル

　西欧では18世紀に「ストマッカー」という胃を押さえる三角のパーツに、上から順に下に向けて小さくしながら、たくさんのリボンを付けるエシェル（はしご）という飾り付けが流行しました。現代のロリータ服に使われることがあります。

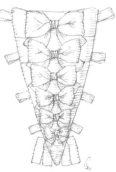

エシャルプ

　皇室の人が長いたすきを斜め掛けにして身に付けている姿を、古い絵や写真などで見ることがありますね。ロリータが姫装をする時も、持っていたい飾りの一つです。こちらは日本語では大綬、肩帯と呼ばれる、勲章の一つ。旧日本陸軍では身分を表すために、懸章という名前で使用されていました。英語では腰の飾り帯タイプの勲章も含めてサッシ

ュ、フランス語ではスカーフ全般を含めてエシャルプと呼ぶこともあります。この勲章を身に着けることを佩用といいます。右肩から掛けるか、左からかはその国などのルールによります。

SM 【えすえむ】

　ディープなゴスの間での趣味嗜好の一つが、SM的な雰囲気（実際プレイに臨みたいというより、覗き見したい、その雰囲気が面白そう、といったライトな感じ）も含みます。実際ゴス服にはSM的なものもあります。そのSとはサディズムの略で、加虐嗜好のこと。『ソドム百二十日あるいは淫蕩学校』という小説を書いた、フランスの18世紀の小説家マルキ・ド・サド（1740 ～ 1814年）の名前から取られて命名された造語なのです。その後オーストリアの小説家マゾッホ（1836 ～ 95年）が『毛皮のヴィーナス』を発表、ここで書かれた被虐嗜好については、彼の名前からマゾヒズムと名付けられ、略してMと呼ばれるようになりました。

エス

　「エス」はSisterから来た造語。女子学生の間で契りを交わす、精神的なお姉さまと妹の疑似恋愛関係を指します。時代は大正～昭和初期のようですが、人気小説家・吉屋信子

（1896〜1973年）が『花物語』、また後のノーベル賞作家・川端康成（1899〜1972年）が『乙女の港』といった、エスを題材にした小説を書き、全国の女子学生たちの胸をときめかせました。当時の女子学校ではエスの関係を持つ人が多かったようですが、実際は髪型をお揃いにしたり、手紙交換するなどのたわいもない交際だったよう。（関連→百合）

エドガー・A・ポー＆江戸川乱歩
【えどがー・あらん・ぽーあんどえどがわらんぽ】

　英国から生まれたゴシック・ロマン小説の流れを汲みつつ、独自のゴシック小説を作り上げ、かつ世界初の推理小説を書いたとも言われるのが米国の小説家エドガー・A・ポー（1809〜49年）です。そのポーから名前を取ってペンネームとしたのが、江戸川乱歩（1894〜1965年）。どちらもゴスが敬愛する作家です。子供時代に乱歩の「少年探偵団」シリーズにハマってその後乱歩の様々な小説を読み耽けるようになった人や、コロナ禍においては、閉鎖された城の中で繰り広げられるポーの『赤死病の仮面』を思い出したゴスもいるのでは。

エドワード・ゴーリー

　米国の作家エドワード・ゴーリー（1925〜2000年）は、線画タッチで描く「全く明るくない」大人向け絵本作家。世界中に彼のマニアックなファンがいて、ゴスも大好きです。

エナメルとPVC服
【えなめるとぴーぶいしーふく】

　西欧のゴスの女性が好んで着ることが多いのが、エナメル塗装服や、PVCと呼ばれるプラスティック素材の服です。色は黒や赤が

多く、ボディラインをくっきり出して女っぽさを強調します。アームも同素材でお揃いで身に着けることが多いようです。

Na+H
【えぬえーぷらすえいち】

　1998年に創設、ゴスロリ黎明期を担った神戸発のブランド。当時から全くぶれることなく黒生地の布を使って、編み上げやベルトなど拘束パーツを多用した服や小物を作り続けています。フェティッシュですが綿を使用したものも多く、街着として着られるコレクションが多数。いつまでたっても古くなることがない、洗練されたモードなゴシック服と小物を発表し続ける揺るぎない姿勢がここにはあります。

HP https://naplush.com

エプロン・スカート

　エプロンに見せかけたスカート。カジュアルなロリータ装いの際に着けられることがあります。（関連→タブリエ）

『エミリー・ザ・ストレンジ』

ぱっつん前髪の黒いロングヘアに黒のワンピース姿で、4匹の猫と暮らす13歳の少女エミリーは、1993年に米国のR・リーガーとアーティスト集団コズミック・デブリスによって誕生したキャラクター。赤、黒、白の3色で構成される作品には、エミリーのミステリアスでユーモラスな発言が詰まっていて、世界的なヒット作品になりました。「ゴスロリ」を意識して作られたキャラクターではないものの、2000年代初頭に日本のゴスロリシーンでアイドルとなりました。

『エミリー・ザ・ストレンジ』
(C・デブリス著・宇多田ヒカル訳／ KADOKAWA)
Emily the Strange and elements are trademarks of Cosmic Debris., Etc. inc.
©1993-2024 Cosmic Debris Etc., Inc. All rights reserved.

エルフ耳【えるふみみ】

エルフは古くはゲルマン神話から生まれた人ならざる者の一種族。英国の小説家トールキンによって書かれたファンタジー小説『指輪物語』では「中つ国」に住む「美しい民」として

登場します。長い耳の他に金髪、色白、碧眼の容姿を持ち魔力を携えています。大人気の漫画『葬送のフリーレン』のフリーレンもエルフですね。そのエルフ風の付け耳をまず欧州のゴス達が付け始め、その後日本のロリータ達も撮影ごっこの際などに使うようになりました。

elements,H【えれめんつ あっしゅ】

2013年に創設された東京発の、ゴス・フレーバーを感じさせるモード＆ロックなブランド。リップマークやヴェネチアンマスクをモチーフにした独自の路線が人気です。舞台用やアーティストの衣装制作も多数、姉妹ラインのelements,H PARTY‼ではアニメやゲームとのコラボなども発表。創設当時からのデザイナーは農本美希、元PEACE NOWのデザイナー、浜元理恵。
HP https://www.elementsh.jp

エロティシズム

ギリシャ神話の愛の神エロスから生まれた言葉で、肉体的な興奮を喚起させる傾向や表現に対して使われます。「色気」を哲学的に捉えた言葉とも。エロティシズムを好むゴスは多いのですが、ロリータはというと、おおよそ二分されています。美学を元にエロティシズムを携えたロリータと、自分自身からエロティシズムを完全に排除したロリータです。ざっくり分けると前者は1960～70年代のフレンチ・ロリータや画家の金子國義が描く女性に惹かれるタイプで、後者は1998年代以降のゴスロリ黎明期以降に見られる、男性を意識しないタイプです。いずれにしてもゴスとロリータのエロティシズムの裏には、ストイシズム（禁欲主義）と強い美意識があることを感じさせられます。

エンジニア・ブーツ

米国で誕生した、技師（エンジニア）が工事現場で履く作業靴。爪先に鉄が入れられていて、物が落ちてきた時に足指が守られるようになっています。バイク乗りやパンクス、ロッカーの間で履かれるようになってから、ゴスの間でも使用されるようになりました。

エンベロープ・バッグ

封筒（エンベロープ）のようなふたが付いているバッグのこと。ロリータのお気に入りバッグで、封筒そのものの形のポシェットなども見かけることがあります。

王冠

君主だけが被ることが許される冠（クラウン）。今でも各国の戴冠式や議会開会式などで、王冠を被った王や女王の様子を見ることができますね。360度ぐるりと回る土台のサークレット部だけがあり中央のクレストに布が貼られていないタイプや、王より下位の者が身に着ける小さな冠は、コロネットと呼ばれます。ロリータ・ブランドでは服のプリントに王冠のイラストを入れるところもありますし、冠形の布製の帽子や、王冠形の指輪なども大人気です。（関連→レガリア）

コロネット形の指輪

クラウン形の帽子

王子ヘア 【おうじへあ】

流行もありますが、王子装のヘアスタイルはセミロングのシャギー・ヘアで、ワックスなどを使用して前髪を垂らすことが多いようです。自分の髪で王子の髪型を形作れない場合は手っとり早くウィッグを使うことも。これにミニハットなどを装着します。

王笏 【おうしゃく】

英国の君主を象徴する宝飾品の一つ。英語ではセプターといいます。英国の戴冠式には「王笏を受けよ、国王の権力と正義の証を！」という式文があります。また英国ではトップにオーブが付いていますが、甘ロリや王子が持つものには王冠飾りが付いています。（関連→レガリア）

オート・ゴス

　オート・ゴスとはフランス語で「オートクチュール（高級仕立ての）ゴス服」という意味ですが、要するにハイブランドが発信するゴス服のこと。フランスのJean Paul GAULTIERを皮切りに、英国のジョン・ガリアーノ（1960年〜）が2006年にDIORでゴス服を発表。John Galliano、ANNA SUI、ANN DEMEULEMEESTER等もゴス寄りのコレクションを見せてくれています。Alexander McQueenは血まみれのゾンビショーを開催して物議を醸したことも……。ゴス服はモード服に適しているのだなあ、とも感じます。最近では顧客一人一人に合わせて作るゴス服を自らオート・ゴスというデザイナーもいます。（参考文献→P189「'Haute Goth'」）

オーブ

　一般的には光の球のことを指しますが、ロリータにとっては宝珠のこと。英国王室が所持するレガリアと呼ばれるものの一つで、これを手中におさめることにより、昔は球（世界、地球）を統治することを意味していたのだとか。また球の上の十字架は神を意味し、世界の上にキリスト教の神の守護があることを意味しているのです。このオーブデザインを1909年に英国王室から許可を得て商標にしたのが、英国のツイード生地ブランド「ハリスツイード」。1987年にハリスツイードとコレクションの仕事を手掛けたVivienne Westwoodもまた、オーブにサテライトと呼ばれる輪っかを付けたものを商標とし、ペンダントなどの

アクセサリーを作っています。

お化粧系バンド
【おけしょうけいばんど】

　男性で最初に濃いめのメイクを施しジェンダーレスな衣装を着て、世界中で「美しい」と賛美された最も有名なロック・ミュージシャンは、デヴィッド・ボウイでしょう。英国では1970年代初頭にボウイやマーク・ボランなどを代表とするグラム・ロック・ムーブメントが起こり、美しく装う男性達が世界中の男女の胸をときめかせました。また同じ頃に米国では、世界初のパンク・バンドと言われ、かつ世界初のお化粧バンドとなるニューヨーク・ドールズが登場。その影響で日本のバンド・シーンでも男性のメイクが始まり、彼らは「お化粧系バンド（略してオケバン）」と呼ばれるようになったのです。そんな彼らは耽美系（関連→耽美派）と呼ばれることも。

　音楽スタイルとしては様々ですが1980年前後プログレ系と位置づけられたNOVELA（関連→ヴィオロン族）が美しく装い、メイクを施したポジパンも登場しました。

　BOØWY（1981〜88年）、X JAPAN（1982年〜）、DEAD END（1984〜90年）、BUCK-TICK（1987年〜）、ASYLUM（1985年〜）（関連→トラギャ）、SOFT BALLET（1989〜2003年）、黒夢（1991年〜）なども登場し、衣装が黒い場合には黒服系とも呼ばれることに。

　1990年代になるとヴィジュアル系ロックバンドという呼称が生まれ、人気を博しテレビにもたびたび出演。化粧するロックバンドの全盛期を迎えます。

おさげ

　耳下あたりから二つ結びにする、おさげ。そのまま三つ編みにすると昭和テイストになってしまうので、編み込み、表編みや裏編み

のフィッシュボーン、そして毛先をゆる巻きにするなどテクニックを駆使。さらにベレー帽、ヘッドドレス、リボン・カチューシャなどで飾ります。クラシカル・ロリータに人気の髪型です。

オジー・オズボーン

メタル系バンド、ブラックサバスのリーダーで英語圏では「プリンス・オブ・ダークネス」、日本では「メタルの帝王」と呼ばれる英国のオジー・オズボーン（1948年～）。ライブでコウモリをかじるなど過激で悪魔チックなパフォーマンスを行い、数々の伝説を生みました。米国ビバリーヒルズに邸宅を構え暮らしていますが、2002年に彼の家庭内のはちゃめちゃな有様を見せるMTV『オズボーンズ』が話題を呼び、オジーは、ゴス界のお笑いキングとなってしまいました。日本では彼がモデルとして出てくる抱腹絶倒の漫画『デトロイト・メタル・シティ』（若杉公徳著／白泉社／2005～10年）も大ヒット、ゴスだけでなく、ロリータにも大人気です。

オスカー・ワイルド

小説『幸福の王子』『ドリアン・グレイの肖像』などで知られる、デカダンス美学（関連→デカダン趣味）の先駆者で、耽美派と言われるアイルランドの作家（1854～1900年）。「人は芸術作品になるか、芸術作品を身に着けるかのどちらかであるべきだ」と語ったとされますが、ワイルドは作品も自身も耽美主義を具現化。派手な服を着て、常に世間からひん

しゅくを買っていたそう。また同性愛者だったことをもって投獄され、さらに恋人に裏切られて不遇のままに亡くなりました（当時の英国では同性愛は犯罪でした）。

著書『サロメ』にはこれまた耽美主義の鬼才と評される英国の画家オーブリー・ビアズリー（1872～98年）がモノクロのペン画で美しい挿絵を描いています。これはビアズリーが22歳の頃の作品ですが、その後結核のために25歳で早逝しています。ワイルドとビアズリーの作品と存在は、ゴスにとって最高の好物です。

1882年のオスカー・ワイルド。ナポレオン・サルニー撮影

1893年にビアズリーがワイルドの『サロメ』のために描いた挿絵

お袖留め　【おそでどめ】

リストバンドのようなもので、レース製。ロリータが食事中に袖口を汚さないために袖に重ねて使う場合もあるし、半袖の服を着た時に、飾りとして手首に着けることも。

お茶会【おちゃかい】

令和時代に大流行中のアフタヌーンティーより以前から熱心に開催されてきたのが、ロリータのお茶会。ブランド主宰の会が多いのですが、1998年頃には関西のmanifesteange metamorphose temps de filleがお茶会を開催しており、関東では2000年にマルイワン新宿が開催するようになりました。深澤翠がモデルになる以前には、ゲストとして呼ばれていた青木美沙子に会いたくてマルイワン新宿のお茶会に参加した、と話しています。当時は憧れのロリータに会ったり、友達を作ることができる絶好のチャンスだったわけです。現在ではAngelic Prettyなどブランドがホテルで開催するファッションショーがらみの大規模なお茶会もあって、はるばる外国からも参加する人が多数います。

お手紙セット　【おてがみせっと】

通信手段はほぼ全てオンラインで済ます時代になっても、ゴスやロリータはクラシカルな物に魅かれて、可愛いレターセットをついつい購入してしまいます。中世の西欧で生まれた封蝋や羽根ペン、羊皮紙の他、ガラスペンなども集めていつか手紙を出す機会を狙っているのです。

ガラスペンは1700年にイタリア・ヴェネチアで開発されたと言われていますが、その後世界に広まった今のような形のガラスペンは、明治35年に日本の風鈴職人・佐々木定次郎が生み出したものだそうです。

おでこ靴【おでこぐつ】

つま先が丸い靴のこと。甘ロリの基本の靴ですが、王子装が皇子装と書かれるようになった頃から皇子装でも履かれるようになりました。ラウンドトゥーともいいます。

大人ガーリー　【おとなガーリー】

ロリータモデルの深澤翠は自著『Doll Siesta』（宝島社）の中で「少女っぽさを忘れたくない自分と、大人っぽくなりたい自分。（中略）ロリータが私にとってのスペシャルなら、大人ガーリーは永遠のスタンダード」と語っています。

大人になったアリス
【おとなになったありす】

1998年スタートの雑誌「ケラ！」や2000年スタートの「Gothic & Lolita Bible」創刊編集長の筆者が、「大人になったアリスは何を着る？」というキャッチで2016年に新しく作った雑誌が「ETERNITA」「Miel」でした。アリスとはもちろん、ロリータ服愛好者

「ETERNITA」（宝島社／2016年）

のことです。その後2021年に「Otona Alice Walk」というSNSメディアも立ち上げています（関連→ロリィタ短歌）。

2018年にはInnocent Worldが「大人になったアリス」シリーズの服を発表。また服とは関係ありませんが、黒色すみれの歌にも『大人になったアリス』（2010年）があります。

さて実際のアリスが、大人になった姿はこちら（→アリス・リデル）を見てください。

オフィーリア

英国のラファエル前派の画家ジョン・エヴァレット・ミレーが描く、シェークスピアの小説『ハムレット』から題材を取った《オフィーリア》（1852年）。英国で最も美しい絵とも称されていますし、ゴスやロリィタにとって最高に憧れの絵でもあります。オフィーリアが恋人ハムレットに振り向かれず気がふれて、持った花輪ごと木から川に落ちて溺れながら歌を口ずさむシーンを描いています。オフィーリアの死は多くのアーティストの創作の泉となり、アルチュール・ランボーが詩にして、さらに日本からは中原中也が訳詩した本も出版されています。

《オフィーリア》
J・E・ミレー作／テート美術館蔵／1851〜2年

オフショルダー・ネックライン

肩を見せる襟のこと。クラシカル・ロリータやゴスの女性に人気の襟の一つです。2013年に一般のファッションで「オフショル」と呼ばれ大流行した服は、肩を覆って腕の一部を出す形を取っていました。オフショルはロリータ服の間でも広まりました。

おもちゃのアクセサリー

ロリータは、ゴージャスなアクセサリーへの憧れがなくはないけれど、目の前にプチプラな子供向けアクセサリー屋さんがあれば、つい立ち寄って買ってしまうもの。こういった商品を販売する雑貨屋のクレアーズ（2021年より元クレアーズのスタッフがアクセブランドminacuteを開始）が閉業してしまった時は、皆がっかりしました。「おもちゃ」といっていい金や銀メッキのティアラ、プラスチックの指輪やネックレスなどは、ロリータの大好物なのです。特に甘ロリファッションとは好相性でよく使われています。

親子リンクコーデ
【おやこりんくこーで】

ロリータ服が好き過ぎて、子供とお揃いで着用したいというママロリータは結構いるもの。女児なら同じワンピースを2着買いして、1着は自分用に、もう1着は子供用に解体して作り直すなどする人も。男児なら自分はロリータ装で、子供には王子装をさせリンクコーデを楽しむ人もいます。その手間と情熱には頭が下がります。

オリーブ少女 【おりーぶしょうじょ】

雑誌「Olive」(マガジンハウス／1982～2003年)愛読者のこと。男性向けファッション雑誌「POPEYE」の妹的存在の雑誌として登場。1983年に「Magazine for Romantic Girls」というキャッチフレーズのもと、リセエンヌ(フランスの女子中高生)をイメージしたファッション雑誌に路線変更。以降熱烈な人気を呼ぶようになり、ロマンチック好きの「オリーブ少女」が育っていきました。モデルは栗尾美恵子(現Mieko)が登場するまではほぼ外国籍の少女ばかりだったためか、特定の人気モデルは輩出されなかったのですが、大森伃佑子他伝説となるスタイリストを生み出すことになりました。嶽本野ばら、四方あゆみ他、現在ロリータファッションや文化に関わっている多くの人が元オリーブ少女。1980年代にロリータ文化の種を蒔いて育てた雑誌といえます。

オリプリ

ロリータ服では薔薇などをメインに、プリント生地が大人気です。この生地にはオリジナル・プリント(通称オリプリ)と呼ばれるブランドのオリジナルの他に、問屋から購入した反物があり、これらはアパレル業界では「通常品」などと呼んでいます。どちらもそれぞれの魅力があります。

女形 【おんながた】

バンギャの間では女装をしてステージに立つバンドマンのことを、歌舞伎の女形(おやま)にヒントを得て「女形(おんながた)」と呼びました。その後一般人男性がロリータ装をする姿も見られるようになり、彼らは「女装子さん」、後に「男の娘(おとこのこ)」と呼ばれるように。

か行

ガーゴイル 【がーごいる】

欧州の大聖堂等の雨樋(あまどい)彫刻、ガーゴイル。ゴス達の人気者です。ゴス建築が始まってからの装飾芸術で、教会を邪悪なものから守るべく作られた怪物の姿なのです(日本の神社でいうと狛犬のような役割でしょうか)。最も有名なパリのノートルダム大聖堂のガーゴイルは、実は19世紀の修復の際に作られたもので、雨樋の機能はない飾り物。なのでガーゴイルと呼べるものではなく正しくはグロテスクといいます。

ガーター

女性のゴス装の飾りや、少年装・王子装のお約束グッズとして、また近年は原宿系や地雷系アイテムとしても使われるガーター。イングランドでは、14世紀からこのガーターを使っていた騎士団にちなんで、「ガーター

勲章」という最高位の勲章が定められています。そしてなんと、明治天皇以降ずっと日本の天皇も叙勲されているのです。この勲章には「Honi soit qui mal y pense（フランスの古語で、悪意を抱く者に災いあれ、の意味）」と書かれています。ガーター姿を笑われたら、この言葉で言い返してやるといいかもしれませんね。

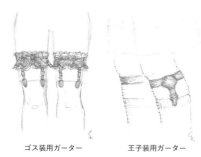

ゴス装用ガーター　　王子装用ガーター

ガーリー

　ガーリーといえば少女らしい、という意味を持ちますが、装飾過剰気味になっているロリータ服はガーリーの最右翼といえるかもしれません。少女の素の愛らしさを生かした服がガーリーなら、ロリータ服は服だけでなく下着、小物、ヘアメイクなど身に着ける全てを駆使し、自身を少女を超えてドールにシフトさせることができる服です。

海外少女小説
【かいがいしょうじょしょうせつ】

　ロリータ服が生まれる前から、可愛い服が好きだった人達（昭和生まれ）は、翻訳された少女小説やそれを原作とした映画やテレビドラマで、欧米の少女への憧憬を募らせていました。著名作品ではカナダのモンゴメリの『赤毛のアン』（1908年）、英国を舞台にした米国バーネットの『小公女』（1905年）、『秘密の花園』（1911年）など。ここからロリータ服に辿り着く人もいます。文学少女が、文学に育てられてロリータになっていくわけですね。

懐古系 【かいこけい】

　2000年代前半くらいの、ロリータ服を使ったコーディネイトを、ロリータの間では懐古系（スタイル）と呼んでいます。わかりやすくいうと、特に人気なのは赤、黒の無地かチェックのワンピースやジャンパースカート。これをベースにヘッドドレス、靴下などを揃えます。揃える際のポイントは、当時流行した白のトーションレースが付いた衣類や小物を選ぶこと。ちなみに当時は現在ほどプリント物を作ることができなかったので、無地が多かったのです。

海賊シャツ 【かいぞくしゃつ】

　17〜18世紀頃の欧州の海賊達が着用していたシャツ（実は下着と兼用）が、20世紀になってイメージし直され映画や挿絵で海賊や剣士が着る服として登場したのが、海賊シャツと呼ばれるもの。開いた胸元に紐をクロスさせ、袖口にはギャザーフリルがあしらわれています。どうやらこの海賊シャツと混同される詩人ブラウスと共に、1980年代初頭の音楽のニュー・ロマンティックや、その後お化粧系バンドのミュージシャン達に「フリルシャツ」として着られていくという経緯があったようです。（関連→パイレーツ・ハット）

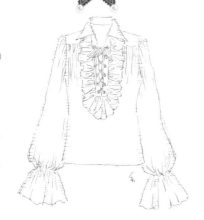

買い物コース【かいものこーす】

　ロリータ同士で「買い物に行こ！」となったら、東京なら原宿と新宿の2カ所を回ることになります。まずラフォーレ原宿のアンダーグラウンドフロアへ、そしてBABY,THE STARS SHINE BRIGHT路面店、竹下通りを回ります。一通り見終わったら、マルイワン新宿、新宿ミロードへ。そこでいったん駅ビルのカフェで休憩を挟むなどして1日を振り返り、「やっぱり買っておくべきだった」という商品を思い出してまたラフォーレ原宿に戻る、というのがフルコースなのです。なかなかハードです。

鏡【かがみ】

　古代では青銅など金属を磨いて鏡としていましたが、1300年頃ヴェネツィアで小さなガラスの鏡が誕生しました。富裕層の女性はネックレスにしたり、ガードルに吊るす

などして使用。男性は刀の柄（つか）にはめ込んで携帯しました。大きな鏡は贅沢品として課税される時代もあったようです。ゴスもロリータももちろん鏡は大好き。特に凝った飾りが付いたものがお気に入りです。

カクテル・ハット

　カクテル・パーティ（飲み物と軽食だけの簡単な立食パーティ）用のドレスと共布で作られた、小さな帽子のこと。皇室の女性が被る様子もよく見られますね。クラシカル・ロリータやゴスのブランドが作るカクテル・ハットという名前の商品は、服と共布で作られているわけではないので、ちょっと気取ったお洒落で小さな帽子、といった感じです。

KAZUKO OGAWA
【かずこ おがわ】

　1989年頃から大阪でテディベア、ロックやロリータテイストの服、着物ドレスなどを作るインディーズブランドとしてスタート。元MALICE MIZERのManaにたびたび服を提供、1998年にその服が「ゴシック・ロリータ」とテーマ付けられることに。ゴスロリシーンはこのブランドから生まれたようです。現在はブランド名を「カズコオガワ」に変更、亡くなった犬を偲ぶ人のために、犬のぬいぐるみを制作しています。

HP http://www.kazukoogawa.com/

ガスマスク

　ゴスの間ではイベントなどの際、ファッション・アイテムとしてガスマスクが使用さ

れることがあります。ゴスと、レトロなミリタリー・アイテムは融和性があります。

型紙【かたがみ】

1990年代後半、原宿系ファッションでは服や小物の手作りが流行していて、雑誌「ケラ！」では頻繁に手作り特集を組み、自作する人を「手作ラー」と呼んでいました。その流れで、「ケラ！」の別冊として2000年にスタートした「Gothic & Lolita Bible」では、1号では作り方のページを、2号からは毎号型紙を付録に付けるようになったのです。当時ゴスやロリータの服は簡単には購入できなかったので、読者はその型紙を使い、ヘッドドレス作りなどに挑戦しました。また欧米のロリータも付録の型紙を使用し、ラグなど小物を製作していたようです。しかし近年ロリータが流行した中国では、基本服の手作りはしないとか。価格帯に幅が出てきて、買いやすくなったからかもしれませんね。

香奈苺舎【かないちごしゃ】

1999年から原宿の路上で頭にツノを付けてパフォーマンスを始め、2000年に歌手デビューして雑誌「ケラ！」「Gothic & Lolita Bible」に出演。初代カリスマロリータとなったのが香奈です。コンセプトがはっきりしていて、誰ともかぶらない彼女の衣装は、全て本人による手作り。彼女のブランド「香奈苺舎」も全て本人による手作りで、うさぎなどのぬいぐるみ作品があります。2002年からツノはなくなり、現在はカナダ・ケベック州でフランス語を操りながら活動を続けています。

金子國義【かねこくによし】

1980年代に画家・金子國義の描く作品が大ブレイク、ファッション雑誌「anan」のカバー絵になったり、ガーリー系ブランドATSUKI ONISHIの広告に使用されたりなどしました。芸術とお洒落に敏感な女性たちはこぞって、金子の作品に出てくるぱっつん前髪・弓眉・赤い唇メイクの少女顔になりました。今ロリータ関係の仕事に携わっている人には、少なからず金子絵に憧れていた女性がいます。

ATSUKI ONISHI
'86 Autumn & Winter
Collection ポスター

金子國義のアリス
【かねこくによしのありす】

金子國義がイタリアのオリベッティ社の依頼で描いた『不思議の国のアリス』も大人気で、こちらは2013年にブランド Innocent World でプリントされ服にもなりました。

『不思議の国のアリス』より「Drink me」（オリベッティ社／1974年）と、そのイラストをテキスタイルに作られたInnocent World の服

カノティエ

　水兵やヴェネチアのゴンドラ漕ぎが被る帽子がルーツ、と聞いています。19世紀にボート遊びでも使われるようになったため、英語でボーター、フランス語でカノティエと呼ばれるようになった帽子です。一般の紳士の夏のセミ・フォーマル用として、また学校の制帽として広く使われるようになり、さらに子供や女性の間でも広まっていきました。20世紀になってからはココ・シャネルが愛用しています。

　日本では明治時代から夏の男性用の帽子として被られるようになり、大正〜昭和初期に大流行。叩くとカンカンと音がするので、「カンカン帽」と呼ばれるようになったそうです。ハットバンドは黒のグログランリボンが正式。夏のロリータ装や少年装で使われることがあります。

がまぐち型バッグ
【がまぐちがたばっぐ】

　クラシカル・ロリータや、女性のゴスが好きな、がまぐち型バッグ。英語だとパウチ・バッグといいます。レトロな雰囲気が醸し出せるので、バッグだけでなく小銭入れも人気です。

カメオ【かめお】

　凸型に彫られた浮き彫り彫刻のことを、カメオといいます。古代の人物の横顔が彫られているので、いつの時代のものなのか不思議に思うことがありますね。実は2000年以上もの間何度もカメオブームがあり、流行したり廃れたりしてきたのです。最初が古代ギリシャ時代で、その後はルネサンス時代のメディチ家が、19世紀には皇帝ナポレオンがカメオ蒐集家となり、ヴィクトリア時代には一般の間にも広く広まっていきました。もちろん優雅な女性が刻まれたこのアクセサリーはクラシカル・ロリータのお気に入りで、ゴスも女性像を髑髏（どくろ）に置き換えたカメオなどを愛用しています。

（参考文献→P188『アクセサリーの歴史事典（上）』）

カラス族【からすぞく】

　1981年にパリコレクションにてデビューした、日本のファッション・ブランド、COMME des GARÇONSと Yohji Yamamoto。その服が当時では考えられない、ひたすら黒ずくめだったことで、ファッション界に衝撃を与えました。しかもぼろぼろで、穴開きのものもあったので「プア・ファッション（貧乏服）」と蔑まれもしたのです。しかし日本の若者はこのハイ・ブ

ライスのプア・ファッション服をこぞって身に着け、「カラス族」と呼ばれていました。当時はファッション関係などモード好きだけが着る服でしたが、ゴス達にとっても憧れの服となっています。

カリオストロの城
【かりおすとろのしろ】

宮崎駿のアニメ『ルパン三世　カリオストロの城』（1979年）に登場する城の礼拝堂はゴシック様式。そして大公はゴート族の末裔で、ゴート札を密造しています。作品中でこんなところにゴスが潜んでいたんだ！と気づいた時は嬉しいですね。※作品中の「ゴート」は山羊（ゴート）とも掛けています。

『カリガリ博士』【かりがりはかせ】

1919年のサイレント映画で、ドイツから生まれた表現主義で最も知られている作品。眠り男チェザーレが連続殺人を行う、というのが大筋ですが、全編歪んだ背景を描いた書き割りを使用、唯一無二の芸術作品として輝きを放ち続けています。また眠り男のスタイリッシュな黒服姿やヘアメイクは、その後のゴス系のバンドマンに影響を与えています。

カルーセル

カルーセルとは、もとはフランスの丸い調馬場のこと。それが18世紀には城に住む人達の鉄輪を使う遊び場となって、フランスの王妃マリー・アントワネットも遊んだことがあるとか。19世紀になると鉄輪に木馬を加えて、蒸気の力で動く今の回転木馬（英語でメリーゴーラウンド）になりました。当時は馬は軍人と貴族しか所有できなかったので、大人が正装して楽しみに来る場所だったそう。その後世界中で作られ、日本でもとしま

えんにあったカルーセル「エルドラド」（1907年、ドイツ製）は、数々のロリータの撮影ロケ地にもなりました。カルーセルはしばしばロリータの服のプリントモチーフになっています。

カルトゥーシュ

「渦巻状の縁飾り」と訳される、細長い紙帯を巻いて作った飾りのこと。古代エジプトで王や神の名前を記すために作られたものですが、17世紀の欧州のバロック時代に大きく装飾過多になり、宮殿内のあちらこちらで使用されるようになりました。当時の王立の図書館等ではこのカルトゥーシュの中に本のジャンルを書いて、何の種類の本かわかるようにして書棚に配置しています。クラシカル・ロリータが大好きなデザインで、シール等でカルトゥーシュ・デザインのものをコレクションしていたりしますね。

（参考文献→P188『一生に一度は行きたい　世界の美しい書店・図書館』）

ガン

スチームパンクが持ちたい小道具の一つがガン。SF世界で戦うイメージです。玩具のガンに着彩などして、近未来感を出しカスタマイズして着用します。小さいものなら、女性はガーターと靴下で留めて携行します。

棺桶バッグ 【かんおけばっぐ】

ゴスが最も好きなモチーフの一つが西洋の棺桶。棺桶型のポシェットや手提げは自室のインテリアや、人形の収納用にも使われています。

棺桶ベッド 【かんおけべっど】

100年程前に棺桶をベッドとして使用していた有名人がいます。女優のサラ・ベルナール（1844〜1923年）です。画家のアルフォンス・ミュシャの作品内でたびたびモデルになっていることでも有名です。サラには様々な伝説がありますが、なんと夜のお相手になる男性も棺桶でお迎えしていたとか。ゴスならいつか寝室に置いて、死んだようにぐっすり眠りたいですね。

（関連→Victorian maiden、危機裸裸商店）

『眼球譚』 【がんきゅうたん】

フランス文学者で思想家のジョルジュ・バタイユが1928年にロード・オーシュ（排便する神、の意味）のペンネームで発表した小説。シモーヌという少女の性的プレイを描いたもので、牛乳の入った皿に尻を浸すところからスタート。その後多くの少年少女を巻き込んでいくといったもの。卵、目玉、放尿、牛の金玉、司祭の陰茎、告解室……。こんな危なげなワードにときめく人は一読してみては。また死とエロス感が漂うバタイユ名義の代表的な小説には、『マダム・エドワルダ』があります。

『初稿 眼球譚』
（生田耕作訳・金子國義画／
奢霸都館）

眼球モチーフ 【がんきゅうもちーふ】

ゴスが好きな物の一つが、義眼や、人形の眼球パーツ。人骨、指など人間の体の一部を模したものが大好きですが、その中でも目玉は特別です。ゴスだけに、なんだかキラキラしたものが好きなカラスみたいですね。ハロウィンの時期になると、雑貨屋で眼球が付いたヘアリボンやキャンディが登場するので、これらを買うのが毎年のお楽しみになっています。

缶バッジ 【かんばっじ】

ロリータ・パンクのチープで可愛いお洒落アイテムといったら、缶バッジ。英国の国旗ユニオンジャックや「PUNK」と描かれたものの他、ニコちゃんマークや、自分の体の症

状を示したものなど様々あり、たくさん付けます。

危機裸裸商店
【ききららしょうてん】

　1点ものの華やかな帽子やコルセット、フラッグチェック柄やダイヤチェック柄の服が人気の、2001年東京発のブランド。帽子は特筆に値するものが多くあり、パリコレクションでハイブランドに使われたことも。また東京都大田区の町工場と組んでインテリアとしての棺桶制作販売なども。デザイナーの後藤キキは美術学校出身のデザイナーだけに、他のブランドとは一線を画した、アート性の高い服と小物作りが特徴です。

🅗 https://www.kikirarashoten.com/

奇想の画家 【きそうのがか】

　昭和ではあまり知られることがなかった江戸の絵師、伊藤若冲(1716～1800年)。今や彼の人気は凄まじいものがありますが、そのきっかけとなったのが、美術史家・辻惟雄の著書『奇想の系譜 又兵衛―国芳』(美術出版社)でした。ここから江戸の「奇想の画家」達、岩佐又兵衛(1578～1650年)や曾我蕭白(1730～81年)等、長くマニアックな美術ファンの間だけで知られていた絵師も脚光を浴びるようになりました。さらに明治時代の絵師、絵金(1812～76年)、河鍋暁斎(1831～89年)、月岡芳年(1839～92年)等も注目されるように。彼らの情念に満ち満ちた血まみれ絵や責め絵、狂女図、髑髏図に釘付けになったゴスは多いでしょう。これらの絵が有名になって、自分だけの楽しみにできなくなったことを悲しみつつ、奇想趣味の絵が好きであってももう変人と思われなくなったことに安堵しているかもしれません。

　またこういったダークな絵画の再発見は世界中の流行のようです。奇妙な動植物を描くオランダのボッシュ(1450年頃～1516年)や、騙し絵で有名なイタリアのアルチンボルド(1526～93年)なども近年ではその人気が一気にピークを迎えました。クラシカル・ロリータ・ブランドからは、ボッシュの絵画《快楽の園》をプリントした服が発売されています。

《浮世柄比翼稲妻 鈴ヶ森》(絵金画／江戸時代末期／団体蔵、土佐赤岡絵金祭りで毎年公開)

『着たい服がある』
【きたいふくがある】

　ロリータ服を着る女性が受ける迫害や、心の葛藤を描いた漫画。ネット「KERA STYLE」と「Dモーニング」のコラボ企画で連載され、後に書籍化されました(常喜寝太郎著／講談社)。主人公が着用する服も、実在するロリータ服で、リアルに丁寧に描き込まれている点にも注目です。

北出菜奈 【きたでなな】

1987年札幌市生まれ。中学生の時にデモテープをSony Music Auditionに送ったことがきっかけで、中学卒業と共に上京、現役女子高生ロッカーとしてメジャーデビュー。2006年シングル「希望のカケラ」から本格的にロリータ路線を打ち出し「ゴスロリの女王」というキャッチフレーズも付けられていました。でも、周りの大人に言われてお仕着せのイメージ像を演じていたのではなく、もとよりの熱烈なロリータ愛好者。常にロックとロリータの間を行き来しながら、その時の自分に相応しい、自分だけのスタイルで音楽とビジュアルを表現しています。

（関連→令和の個人ロリータ・スタイル）

北ロリ 【きたろり】

札幌を基点に、北海道で活躍するロリータ団体の名前。2012年に「sapporo lolita club」として立ち上げ後、2013年に法人化して「北ロリ」に。以降、札幌発ロリータファッションブランドの企画販売とイベントをプロデュースしています。2013～16年国土交通省協賛事業のもとに、「ロリカワ観光ツーリズム事業」、2015年札幌市協賛の「ロリカワサミットin雪まつり」など開催。さらに「Gothic & Lolita体験サロン」も。社会的な信頼が厚く、長く運営を続けています。

（関連→地方伝統工芸）

牙 【きば】

吸血鬼に憧れるゴスにとって、牙は必須。被せるタイプの牙もありますが、自分の歯を研いで牙にしてしまう人もいます。

ギャザーフリル

ロリータはフリルが大好き。ギャザーを寄せて作ったフリルの布を並べた服はロリータを贅沢な気持ちにさせてくれます。

ギャザーフリル・スカート

ロリータ・スカートで最も多く見られるのが、ギャザーフリル・スカート。ウエスト部分の布を縫い縮めてヒダを作り、裾に広がりを持たせたものです。たっぷりのギャザーを寄せて作られたものは、いったい何メートルの布を使って作っているのだろう、と思うほどリッチに作られています。

キャップ

広幅のブリムが全縁に付いていない帽子のことをキャップといいます。西洋では19世紀くらいまで女性が頭をそのまま見せることはなく、外でも中でも帽子を着用していました。富裕層が家庭内で、庶民やメイドが日常でかぶっていたものはイラストのようなキャップです。ケイト・グリーナウェイの絵でも見ら

れますが、18～19世紀は英語ではモブキャップ、フランス語ではボネロンと呼んでいたようです。

（参考文献→P188『名画のコスチューム』）

吸血鬼映画 【きゅうけつきえいが】

ゴシック・ロマン小説から生まれた異形の者達のイメージは20世紀になると映画化され、世界中に鮮烈なヴィジュアル・イメージを植え付けることになるのです。特に吸血鬼ものは人気で、その後のゴス服のイメージの基盤を作ります。坊主頭の気持ちの悪い吸血鬼のドイツ映画『吸血鬼ノスフェラトゥ』（F・W・ムルナウ監督／1922年）、マントを翻す吸血鬼伯爵のイメージを決定づけた米国の『魔人ドラキュラ』（T・ブラウニング監督／1931年）（関連→ベラ・ルゴシ）、『吸血鬼ドラキュラ』（T・フィッシャー監督／1958年）、その美しさで全世界で評判になった米国の『インタビュー・ウィズ・ヴァンパイア』（N・ジョーダン監督／1994年）、『ドラキュラ』（F・コッポラ監督／1992年）、『トワイライト 初恋』（C・ハードウィック監督／2009年）が鉄板中の鉄板ですね。

球体関節人形 【きゅうたいかんせつにんぎょう】

関節部に球体がはめ込まれ、手脚が動かせる人形のこと。ポーランドのシュールレアリスト芸術家ハンス・ベルメールがオペラ『ホフマン物語』（関連→コッペリア）を見て触発され、1934年に写真集『人形』を制作。さらに16世紀の人体模型にヒントを得て、1949年に球体関節人形を作ってバラバラにしては思いつくままにジョイントする、というエロチックな写真集『人形の遊び』を出版します。その存在を知り感銘を受けた澁澤龍彦（関連→澁澤乙女）が1965年に日本で初めてベルメールを紹介しました。

さらに澁澤と交流のあった四谷シモンが球体関節人形を作り、人形学校「エコール・ド・シモン」を開設（1978年～）。ここから日本では独自に球体関節人形の発展の道を歩んでいくことになります。こと痛みを伴った表現がなされた球体関節の美少女人形は、ゴスロリに人気があります。（参考文献→P188『死想の血統 ゴシック・ロリータの系譜学』）

CUTiE 【きゅーてぃ】

1989年に宝島社から発売された、若者向けファッション雑誌。初期はクラブファッション斬りでJean Paul GAULTIERなどを紹介。またどの雑誌よりも早くVivienne Westwoodの服やインタビューも掲載していました。1993年3月号では「ロリータを着こなす。」という大特集を組んでいます。ロリータ服のルーツを垣間見ることのできる、とても貴重な雑誌です。実は1980年代に雑誌「Olive」、90年代に「CUTiE」を読んで、その後ゴスロリシーンを牽引することになった人も多いのです。

（関連→オリーブ少女）

Q-pot.【きゅーぽっと】

2002年にスタート、マカロンやチョコレート等の精巧なスイーツモチーフアクセサリーを販売。一般のお洒落さんの間で話題になり、特にロリータの間ではあっという間に憧れアクセサリーブランドとしてナンバーワンになりました。2009年UNIQLO、2010年『アリス・イン・ワンダーランド』（ティム・バートン監督作品）、2015年『美少女戦士セーラームーン』と多数のコラボを発表しています。デザイナーはワカマツ タダアキ。本店に併設されたカフェのQ-pot CAFE.では、スイーツアクセそっくりのスイーツが人気です。

HP https://www.Q-pot.jp

キュロット

王子装の際に必ず必要なのが、短い丈のキュロット。欧州では男性貴族の穿くパンツは短い丈が多かったのですが、16〜17世紀に流行したかぼちゃ型のパンツが有名ですね。その後には膝までの長さで、脚に密着するキュロットと呼ばれるパンツが「貴族の象徴」となりました。

フランス革命の時にはサン・キュロット派（キュロットを持てない人達）が、キュロットを穿くにっくき貴族を狙って粛清を謀ったとか。王子装のキュロットは、かぼちゃパンツとキュロットの中間くらいで、ゆるやかに穿くことができるパンツです。ハーフパンツ、クロップドパンツなどとも呼ばれます。

協会【きょうかい】

国内でゴスや、ロリータに関する「協会」が作られていたことがあります。まずは2001年に雑誌「ケラ！」の広告部が中心となり、ゴス、ロリータブランドやアーティストに声を掛けて「ゴシック＆ロリータ協会」を発足。2002年にラフォーレ原宿ミュージアムにて「Gothic & Lolita万博」などのイベントを開催、シーンを盛り上げました。2013年には福岡の大村美容ファッション専門学校から「日本ロリータ協会」が発足、会長をロリータモデルの青木美沙子が務めています。

ギリー

スコットランドで舞踏などに使用される民族靴ギリーは、甲の編み上げ部分の下の舌部分がありません。それは雨の多い土地なので、水を被った際を考え乾きやすくしたため。また足首にも紐があるのは泥にはまった際、足から靴が脱げないようにしたためです。

この靴をファッショナブルにデザインし直したものがVivienne Westwoodのエレベイテッド・ギリーです。踵の高さが21cmもあるため、1993年ランウェイでモデルのナオミ・キャンベルがこの靴を履いてキャットウォークした際に転倒。しかし彼女はあまりのことでステージで笑い出してしまったので会場は大喝采。結果、伝説の靴となりました。今はロンドンのヴィクトリア＆アルバート美術館（関連→ミュージアム・ピース）に買い取られ展示されています。

近所【きんじょ】

　最近はあまり聞かなくなりましたが、ロリータ装をすると目立って、近所の人の目が気になると言う人がいました。家族から「近所の人にいろいろ言われると恥ずかしいから、家の周囲では着用しないで欲しい」と言われる人も。そういうロリータ達の中には仕方なく家にタクシーを呼び、駅まで乗って行く人もいました。またかつてビジュロリには、現地についてからトイレで丸ごとロリータ服に着替える人もいたようです。

禁断の香りする文学
【きんだんのかおりするぶんがく】

　文学好きが多いゴスやロリータ。男性同士の恋愛物語にも関心があります。中井英夫（1922〜93年）の短歌や小説、塚本邦雄（1922〜2005年）の短歌、高橋睦郎（1937年〜）の詩と散文や三島由紀夫（1925〜70年）の小説等。自分が分け入ることができない世界や古代ギリシャ感を覗かせた、時に傲慢で、ちょっと高尚かつ美しい文章にときめくばかりに。昭和には「禁断の香りする文学」とも言っていたかもしれませんね。

クールジャパン戦略
【くーるじゃぱんせんりゃく】

　2009年に世界に向けてポップカルチャー発信使（カワイイ大使）を選定した外務省に続き、経済産業省は2013年に文化経済政策「クールジャパン戦略」を立ち上げ遂行。日本の伝統的な文化に加え、ロリータを含むファッション、アニメ、漫画などポップカルチャーを世界に向けて紹介しました。ここでもまた青木美沙子が大使として選ばれ、様々な国に派遣されて日本のロリータ文化を伝えました。

楠本まき【くすもとまき】

　1984年に漫画家としてデビュー、まもなく漫画界のゴスの女王と呼ばれるようになった楠本まき。ロリータ好みの可愛らしさも混ざった代表作といえば『KISSxxxx』（1988〜91年）があります。バンドのボーカル「カノン」と、不思議少女「かめの」の恋愛、ほんわかした日常を描いた少女漫画です。毎回読切のショートストーリーながらお話作りの巧みさ、気の利いたセリフに加え、繊細なタッチ、ファッショナブルさや美意識で、多くのファンを摑みました。カノンはゴシックバンドマンに相応しいスタイル、また、かめのは現在のロリータ装に通じるものがあり、当時のリアルなファッションを学ぶのにもいい作品です。

（関連→トラギャ）

『KISSxxxx 愛蔵版』1巻 P26 より（楠本まき著／小学館クリエイティブ）。ドイツ語で「1、2、3、4」とカノンが歌い出すシーン　©Maki Kusumoto

『クトゥルフ神話』
【くとぅるふしんわ】

　ギリシャ神話や北欧神話など、神話が好きなゴスは多いようです。神話の中で異色の存在としてマニアに注目されているのが米国の怪奇・幻想小説家ラヴクラフト（1890〜1937年）が友人達と共に創作した『クトゥルフ神話』。邪悪なイメージがある神様達ですが、近年可愛いぬいぐるみにもなっていて小説と共に愛されているようです。

クラーケン

　北欧伝説で知られる、海に住む幻獣。天地創造の際に生まれ、この世の終わりまで生き続けると言われています。全長1.6kmで、タコに近い姿で描かれることが多いのですが、モデルはダイオウイカではないかという説が。空想の冒険を好むスチームパンクスにとって最も愛着のある動物です。洋服のプリントにしたり、ぬいぐるみとして持ち歩いたり、クラーケン型ヒップパッドを作って身に着ける人などもいます。

クラーケン。モンフォール画、1802年

クラバット

　フランス語のクラバットとは、ネクタイのこと。元はスカーフのような形でしたが、19世紀後半、現在のスーツのおおよその型ができた英国で、今のような形のネクタイが登場しました。ゴスやパンクスはネクタイを使うことが好きですね。
（関連→ジャボ、ボウ・カラー）

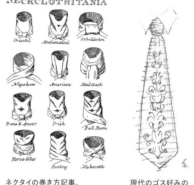

ネクタイの巻き方記事。
1818年

現代のゴス好みの
模様を入れたタイ

クラブ・ワルプルギス

　1982年にロンドンでバットケイブというポジパンたちのクラブイベントが運営されていましたが、東京では1984年にマダム・エドワルダのボーカルZIN等が新宿で「クラブ・ワルプルギス」をスタートさせました。イメージはもちろんサバト（魔女の集会）です。（関連→ポジパン、ワルプルギスの夜）

写真提供／ CLUB WALPURGIS　hiro

グラン・ギニョール

ゴス系のイベントなどによく使われる名前、グラン・ギニョール。これはフランス語で、直訳すると「大きな指人形芝居」という意味です。もともとは19世紀末のパリに登場した、見世物小屋的な芝居の劇場を指しました。殺人、伝染病、ギロチンなどダークサイドネタ満載で、演出に血糊も使われていたそうです。日本では1983年に東京グランギニョルという劇団が誕生、漫画家の丸尾末広(1956年〜)がポスターを手がけ、嶋田久作(1955年〜)がここから俳優としてデビュー。1985年には後にゴスの間でも伝説となった演劇『ライチ光クラブ』を上演しています。

(関連→ファンタスマゴリ)

クリスチャン・グッズ

ロリータが好きな、クリスチャングッズ。聖母が描かれた丸いメダイや、十字架はアクセサリーとしてよく使われます。十字架にもいくつか種類がありますが、十字の形しかないものはプロテスタント、キリストの姿が彫られたものはカトリック、八端十字架といった正教会のものもあります。しかし悪魔主義者でゴスなら、逆さ十字にして使います。

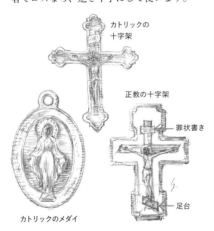

カトリックの十字架

正教の十字架

罪状書き

足台

カトリックのメダイ

クリノリン

欧州の富裕層の女性の間ではたびたび大きく広がるボリューミーなスカートが流行していますが、19世紀にはスカートを膨らませるために、クリノリン・ペティコートと呼ばれる下着が登場しました。これは素材に使われる馬毛(フランス語でcrin)と麻(lin)を合わせて作った造語。その後は布がなく軽量化した金属の骨組みだけで作った釣鐘フレームのものも登場しました。この下着の登場で、スカートの下に何枚もアンダースカートを穿かなくてもボリュームを出せるようになるわけです。

現代のゴスの女性の間でクリノリンは垂涎の的。しかし下着としてではなく、脚を見せるオーバースカートとして着用します。Vivienne Westwoodが1985年に発表したミニクリニもまた伝説となっています。

(関連→バレリーナ衣装)

現代のクリノリンと、クリノリンに布を貼ったもの

グリム童話 【ぐりむどうわ】

ドイツのグリム家の兄弟が民間伝承を収集して、編纂したメルヒェン（口伝えの小さなお話）集のこと。1812年に「子供と家庭のメルヒェン集」という書名で初版が出版されました。しかしかなり残酷な内容だったことから批判も受けました。たびたび書き改められ最終稿は第7版（1857年）となり世界中に広まります。私達も幼少時はこの第7版の訳本を読んでいるはず。ここではハッピーエンドが多く、「伝承」ではなく伝承を元にしたグリムの創作話になっています。大人になった私達ゴスとしては、初版で読んでみたいものですね。

フランスでは C・ペローがマザーグースやグリムより以前の1697年に昔話を編纂して発表、これが欧州で初の児童文学出版だったとも言われています。「赤ずきん」等グリムと似通った話もあるので、併せて読むのも楽しいかもしれません。

グル～ミ～

飼い主のピティーくんを襲う、無邪気で凶暴なピンクのくま「いたずらぐまのグル～ミ～」。2000年代初頭にグッズ化されるなり、ゴスやロリータの間で大人気になりました。現在はUFOキャッチャーのプライズなどで手に入れることができます。黒いゴス達が持つ、ピンクのアイドルキャラです。作者は森チャック（1973年～）。

グロテスク

ゴス達の間ではひっそり「グロい」ものを好む傾向がありますが、このグロとは「洞窟（グロット）」から生まれた言葉です。ルネサンス期のイタリアで、1世紀の皇帝ネロの黄金宮殿が洞窟から発見され、その壁に描かれていた奇妙な動植物などの絵が注目されました。

その絵を16世紀に画家ラファエロ（関連→ラファエロの天使ちゃん）がヴァチカン宮殿の壁画等で描き入れるようになり、そこからこの美術様式は「グロテスク」と呼ばれるようになったのです。奇妙でありながら大変エレガントなデザインです。日本人が使う「グロ」と、当時のイタリアの「グロテスク」ではどちらも奇妙さがベースですが、だいぶ温度差がありますね。（関連→ガーゴイル）

1550年のグロテスク画より一部掲載
（メトロポリタン美術館所蔵）

黒服 【くろふく】

耽美系（関連→耽美派）、お化粧系バンドと呼ばれるバンドマンやライブハウスに通う人は黒い服が多く、単に「黒服」と呼ばれていました。1990年代バンドマン達に人気の黒服は Yohji Yamamoto、Jean Paul

GAULTIER、LUNA MATTINOのものだったようです。後にこの黒服愛好者の間からゴスロリ服愛好者が誕生します。※昔のディスコや現在のキャバクラのドアマンの黒服装とは、関係がありません。

ケイト・グリーナウェイ

　ケイトは19世紀の英国で人気を博したイラストレーター（1846～1901年）。当時流行していた盛り盛りのヴィクトリアン服を描くことを好まず、ケイトにとってヴィクトリア時代初頭の「おばあちゃんの時代」のシンプルな服を着た少年少女達を描きました。そのデザインが話題を呼び、「グリーナウェイ・スタイル」として商品化され、ブームを起こしました。現在のクラシカル・ロリータ達が気にしている服装でもあります。

『ケイト・グリーナウェイ　ヴィクトリア朝を描いた作家』
（川端有子編／河出書房新社）

黒ロリ 【くろろり】

　ゴスロリ黎明期からしばらく、ゴス度のないロリータも全て「ゴスロリ」と括られ、甘ロリなどは憤慨していました。今はゴスやロリータ内ではきちんと識別されて、甘ロリや

クラシカル系のロリータをゴスロリとは呼びません。紛らわしいのは黒ずくめの甘ロリですが、その見分け方はこうです。目の周りやリップが黒。ぬいぐるみを逆さまに持つ。あるいは包帯や安全ピンなどが付けられている。以上やその他のゴス要素があれば「ゴスロリ」。化粧にも黒のゴス要素がなく、ぬいぐるみも天地を逆さまにせず、普通に持っていれば甘ロリ系の「黒ロリ」となります。

黒ロリ　　　　　　　ゴスロリ

芸能人のロリータ私服
【げいのうじんのろりーたしふく】

　芸能人が仕事上でふりふりのロリータ服も着ている様を見ることがありますが、実際プライベートで着ていた人には誰がいるのでしょうか。女優で歌手の故・神田沙也加（リリィ）。声優の田村ゆかり、上坂すみれ。歌手の春奈るな。アイドルグループではAKB48のメンバーだった佐藤すみれなどなど。タレントの千秋はゴスロリ黎明期以前から、ロリータ装が好きだったようです。ロリータはビジネス・ロリータの存在は気に障りがちなのですが、リアル・ロリータの芸能人のことはとても嬉しく思っています。

ケープ

　肩に掛けて着用する、袖なしの上着のこと。日本には16世紀に南蛮人からもたらされ、ポルトガル語のカパが語源となったため「合羽（かっぱ）」と名付けられました。現在の日本では冬用の厚手の生地で作られた丈の長いものをマント、素材が薄手で丈が短いものをケープと呼んで分けることが多いようです。クラシカル・ロリータや甘ロリが好んで使用します。

化粧【けしょう】

ゴス

　血の気を感じさせない青白い肌をベースに、目の周りを黒く囲むのがゴスたちの基本のメイク。シャドーなどで、彫りを丁寧に作ります。眉はいろいろですが、三日月型眉、釣り上げタイプ、眉なしがよく見られます。リップは赤、黒、青、肌色など。イベントではひび割れや、流血した感じで描き表すこともあります。

ロリータ

　ビスクドールのような白肌を目指し、チークの位置は流行に

より変化しながらも目の際などにピンクや赤系で入れます。眉は前髪で覆われているので特にこだわっていない人が多いようです。

けもみみ

　けもみみとは、獣の耳のこと。ロリータ・ブランドからはウサギ、クマ、猫の耳が取り付けられたフーディー、ベレー帽、カチューシャ、ヘッドドレスなどが長年にわたって商品化されています。

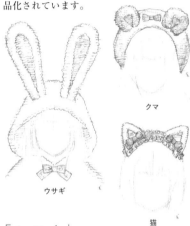

クマ

ウサギ

猫

「ケラ！」

「ケラ！」1号（バウハウス／1998年）

原宿系ストリート・ファッション雑誌で、初期の隔月刊の際は「ケラ！」「KEROUAC」のダブルネームで表記。KEROUACとは小説『路上』を書いたアメリカ人の作家 J ・ KEROUAC の名前から取ったものです。それは路上のスナップからスタートした雑誌だから。1999年の月刊創刊後に「ケラ！」「KERA」と改めました。その読者は「ケラ！っこ」と呼ばれました。1号からたびたびゴシックファッションを取り上げ、世界で初めて「ゴスロリ」というワードと服を紹介した雑誌でもあります。(1998 〜 2017年)
(→関連「Gothic & Lolita Bible」)

「KERAマニアックス」
【けら　まにあっくす】

雑誌「ケラ！」の別冊で、ケラ！の得意とした原宿系ゴス、パンク、ロリータファッションと文化に特化して舞台を世界に広げて紹介。特にゴスに関してはドイツ、英国を中心にスナップ。また安珠、イリナ・イオネスコ、ケイティ・ジェーン、ディタ・フォン・ティース、花代、フローリア・シジスモンディ、ヤン・シュヴァンクマイエルなどのインタビュー記事や恋月姫人形を澁澤龍彦(関連→渋澤乙女)邸で撮影した特集などもあり、その名の通りマニアックなファンを掴み、伝説の雑誌となりました(2003 〜 9年)。

検定 【けんてい】

2000年代に日本で「検定ブーム」が起こった際、ロリータ界にも検定が登場しました。青木美沙子が会長を務める形で発足した日本ロリータ協会の「ロリータ検定」と、雑誌「Gothic & Lolita Bible」36号(2010年)で掲載された「ゴシック&ロリータ検定」の二つです。今では使われていませんが、当時の試験用紙を見て、自分のゴス、ロリータ度を試してみたいですね！

香水 【こうすい】

西欧で今のようなアルコールを使った香水が生まれたのは16世紀頃で、長らく贅沢品として富裕層達に愛用されてきました。当時のフランス人はめったにお風呂に入らなかったし、居住区内の排泄システムも雑だったので、臭いを消すためにも香水は絶対必要なものだったようです。

1882年フランスから初の合成の香水が誕生して、自然界には実在しない香りを作ることに成功しました。これが今私達が使用するタイプのものになります。現代のゴスやロリータにとっても香水は胸がときめく存在。人工の香りがダメだという人も、凝ったデザインの小さな香水瓶を集めて眺めるだけでも、幸福な気持ちになります。

拘束アクセサリー
【こうそくあくせさりー】

牢獄、あるいは塔に囚われる囚人のイメージを楽しむことがあるゴス。拘束グッズをファッションに取り入れることがあります。リングチョーカーに腕輪をつないだタイプも人気で、一人で使用する場合もあれば、同伴者とシェアする場合も。

コウモリ

古城に巣くって生きるイメージを持つコウモリは、ゴスにとってペットにしたいくらいの可愛い生き物。実際飼うことは難しいですが、コウモリ型のピアスなどアクセサリーは大人気。ハロウィンの時期になると、コウモリの翼形襟のシャツも登場します。

ゴーグル

スチームパンクにとって最も大事な小道具の一つが、ゴーグル。パラレルワールドを飛び回るレトロフューチャーの航空士をイメージして、19世紀のトップハットや20世紀前半の革の飛行帽に掛けて、あるいは首に掛けて使います。単眼ものもあります。

ゴート族 【ごーとぞく】

古代ゲルマン系の民族のこと。ゲルマン民族の大移動(375年)で古代ローマに攻め入り、古代ローマ文化を破壊。その後イタリアでは何世紀も「ゴート人は野蛮な民族」とい

うイメージを持たれ続けました。そのイメージからゴシック建築という建築様式名が生まれるのです。

五月祭 【ごがつさい】

ワルプルギスの夜の翌日の5月1日に開催される、夏至の到来を祝う祭。この日「豊穣」を意味する木(メイポール)の周りに、村の女性たちが長い紐を持って集まり、輪になってメイポール・ダンスを踊ります。日本ではカルトなホラー映画『ミッドサマー』(A・アスター監督／2019年)でこの祭を知ったゴスやロリータが多く、作品中で花冠に白い衣装を身に着けた女性達が、輪舞する姿に釘付けになりました。この日はあらかじめ選ばれたメイクイーンが開会宣言しますが、実はじゃがいものメイクイーンも、この祭から名前を取られた英国が原産のいもなのですよ。

国際スチームパンクデー

【こくさいすちーむぱんくでー】

6月14日。

国際ロリータデー

【こくさいろりーたでー】

6月、12月の第1土曜日。

黒色すみれ　【こくしょくすみれ】

2004年に『ぜんまい少女箱人形』でCDデビューした、ゆか（歌、ピアノ、アコーディオン）とさち（ヴァイオリン）のデュオ。クラシック音楽に、日本やフランスの歌曲の雰囲気などをミックスさせたノスタルジックな楽曲を作り続けています。2006年から13年まで新宿ゴールデン街で喫茶「すみれの天窓」をオープン、ゴスやロリータの間でも人気でしたが映画監督のティム・バートンも来日の際必ず訪れる伝説の店となりました。

またさちはカウンターテナーの歌手、湯澤幸一郎と共にユニットCaccinicaで、ヴァイオリン演奏もしています。

コサージュ　【こさーじゅ】

洋服などに付ける花飾りのことを、フランス語でコサージュといいます。西欧では中世には生花を、18世紀頃には富裕層が絹製の「ブートニエール」と呼ばれる花飾りを服に着けるようになりました。

19世紀には女性の帽子に付けることが大流行して、今ではロリータ達が再現しています。ゴスは生花では絶対手に入らない黒いバラの造花で胸元を飾るのが好きです。

「Gothic & Lolita Bible」

【ごしっくあんどろりーたばいぶる】

2000年に繊維、ファッション業界紙の繊研新聞にて、「今ゴスロリ服だけが売れている」といった内容の記事が掲載。この記事が後押しする形になり、2000年12月にゴスとロリータの専門雑誌「Gothic & Lolita Bible」が出版されました。内容は母体になっていた月刊誌「ケラ！」のゴスロリ関連特集の再掲載をベースにしたものでしたが、発売と同時に売り切れ店が続出して、ムック雑誌としてはめずらしく刷りを重ねることになりました。売り切れの原因の一つには、ヴィジュアル系ロックバンドRaphaelのボーカル華月が、突然亡くなる8日前に撮影したモデル写真が掲載されたことが考えられています。続刊決定後は、63号（2017年）まで刊行され、英語版も出版されました。

「Gothic&Lolita Bible」1号（バウハウス／2000年）

ゴシック建築【ごしっくけんちく】

「尖頭型アーチ」「飛び梁」「リブ・ヴォールト」。この３つを主たる工学的要素とする建築物を、ゴシック建築と呼びます。この13世紀にフランスから生まれたゴシック建築の形は当時「現代様式」、フランス以外の国では「フランス様式」と呼ばれていました。

その後ルネサンス時代の後期（15～16世紀）になってから、この建築は都市フィレンツェのイタリア人によって「ゴシック建築」と名付けられました。「野蛮なゴート族の建築」という意味です。

フィレンツェのライバルの都市ミラノではルネサンス時代になっても旧式のゴシック建築の教会を建造中だったので、ミラネーゼを嘲笑いたかったから付けた名前なのですね。ミラノを代表するゴシック建築の教会ドゥオーモは完成までに500年掛かっています。

ゴシック建築が建てられた時代にはゴート族はとっくに滅びていますし、ゴート族とは全く関係のない建物です。でも「ゴート族の住む森林地帯のような建築」という意味もあるようです。

（参考文献
→P188
『ゴシックとは
何か　大聖堂の
精神史』）

ゴシック体【ごしっくたい】

日本では西洋版書道とも呼ばれる、カリグラフィー。最近はカリグラフィー専用サインペンを使い、モダンカリグラフィーを簡単に楽しめるようになっていますね。欧州では写本を記す手書き文字として、また後に世界初の活字印刷で作られたグーテンベルクの聖書でも使われていたのは、ゴシック建築より少し前、12世紀のフランスから広まったゴシック体をベースにしたものだったのです。羽根ペンとインク、羊皮紙を使いゴシック体で文字を書くトラディショナル・カリグラフィーは、ゴスやロリータがたしなんでみたい趣味の一つです。（関連→ドイツ語）

※日本で使用する
ゴシックフォント
とは別物です

《グーテンベルクの
42行聖書》一部。
テキサス大学所蔵

ゴシックの青【ごしっくのあお】

ゴシックはとにかく「闇」の色である黒が好き。そこに「血」の色の赤、「純潔」の白を入れるのも好き。というのは一般的にも周知だと思われますが、日本のゴスのカリスマ、Manaがゴス服やメイクの中に青を差し色として入れるようになり、洋服に黒×青の組み合わせが生まれ、リップにも青が使われるようになりました。また青い薔薇の花言葉は「不可能を可能にする」だとか。ゴスの青には、そんな意味合いがあるのでしょうか。

『ゴシックの本質』
【ごしっくのほんしつ】

近頃は100円ショップでも見かける、英国人ウィリアム・モリス（1834～96年）の「苺泥棒」などのテキスタイル・グッズ。モリスは1853年に発表されたラスキンの書籍『ゴ

シックの本質』に、序文と挿絵を残していま
す。そこにあるのは工業化が進む当時と、中

世ゴシック時代の職人
達のもの作りの差異に
ついての話です。中世
主義者とも呼ばれたモ
リスもゴスも好きな人
は一読を。

『ゴシックの本質』
（ジョン・ラスキン著）

ゴシック・マテリアル

　ゴス服は黒が基本なだけに、マテリアル
（素材）にはいろいろなものがあって着る側が
楽しめるようになっています。まずはうっす
ら素肌が透けるメッシュ、ガーゼ、チュー
ル、レース類。毛羽立って光沢を放つベロア
（関連→ベルベット）素材なら、ストレッチ系
やクラッシュ系なども。また夜のイベントに
はエナメル、ラバーなど光り物なども。黒色
の衣類だけしか持たない人は、「黒の組み合
わせは無限だから」と言いますが、それはこ
んなふうにマテリアルでの遊びがあるからか
もしれませんね。

ゴシック・リバイバル

　ロンドンに行くと国会議事堂等、荘厳な建
物群、特にゴシック建築に圧倒されます。で
もこれは実は中世に建てられたゴシック建築
ではなく、ゴシック・リバイバル運動が起こ
った近代19世紀に建てられたものが多いの
です。ブームのきっかけはフランスのV・
ユゴーが1831年に発表したゴシック・ロマ
ン小説『ノートルダムのせむし男』が大ヒッ
トしてゴシック建築に注目が集まったから、
と言われています。建築でのゴシック・リバ
イバルは英国から飛び火して大陸も飛び越
え、ブラジルなど世界中に広まり各地でオリ

ジナリティのある建築物を残していきます。

ゴシック・ロック

　1980年前後に誕生した、ヴィジュアルや
音楽にゴス・イメージ要素を持ったロック音
楽のこと。英国では「ベラ・ルゴシの死」で
デビューしたバウハウス他、ザ・キュアー、
スージー＆ザ・バンシーズ、エコー＆ザ・バ
ニーメン、ジョイ・ディヴィジョンなどが有
名です。米国のクリスチャン・デスは衣装の
華やかさも人気でした。ゴシック・ロックは
大小の波はありながら、現在まで何度も新し
いムーブメントが生まれています。一時期、
一部がポジティブ・パンク（ポジパン）と称さ
れていたこともあります。そしてこのゴシッ
ク・ロックこそが現在につながるゴシック・
ファッションを誕生させるのです。

ゴシック・ロマン

　17～19世紀初頭の英国の貴族の子息は学
業修了時に、グランドツアーという欧州（主
にフランス＆イタリア）を回って学ぶ、個人
の卒業旅行のような遊学を体験しました。そ
の旅先で出会った荒涼とした景色や、古びた
ゴシック建築などにとてつもない魅力を感じ
たことからか、ゴシック建築の廃墟を描い
た絵画や廃墟造りが流行（関連→廃墟ブーム）。
その流れでイタリアの中世の城に思いを馳せ
小説にしたのが英国の貴族ホレス・ウォルポ
ールです。自分の館に各地のゴシック建築廃
墟からパーツを持ち込み、中世のゴシック建
築をイメージして「ストロベリー・ヒル・ハ
ウス」と命名。そしてそこで古城を舞台にし
た幻想的な小説『オトラント城奇譚』（1764
年）を執筆し発表しました。この小説がゴシ
ック・ロマン、ゴシック小説の始まりで、怪
奇小説、幻想小説、探偵小説の誕生や発達に
大きな影響を与えました。

『オトラント城奇譚』
（ホレス・ウォルポール著・
井口濃訳／講談社）

ゴス好みのゲーム
【ごすごのみのげーむ】

　ゴス・ゲームが大好きなMana（P30参照）から、3本のおすすめ作品。『邪聖剣ネクロマンサー』（1988年）、『Dの食卓』（1995年）。『悪魔城ドラキュラ-キャッスルヴァニアー』（2003年）では作曲も担当しているそう。

コスプレ

　ロリータの悩みの一つは、ロリータ装がコスプレと思われること。この言葉が生まれたのは、1980年代。同人誌の即売会にて漫画やアニメなどの登場人物のスタイルをそのまま再現する人たちが現れ、和製英語で「コスチュームプレイ」（略称コスプレ）と呼ぶようになったところから始まります。基本は著名な誰かの姿をコピーすること。さらに対象範囲は広くなり、今ではイベント等で看護師やキャビンアテンダントなどの制服を着用することもコスプレと呼ばれるようになっています。

　誰の模倣でもなく、制服でもないロリータ服を（しかもイベント会場でなく日常に着る服を）、コスプレと呼ばれるのは承服しがたいですね。ロリータ服を愛しているコスプレイヤーも、この状況は嫌だと思っています。
（関連→衣装）

ゴス・ヘア　【ごす・へあ】

　ロリータと比較すると、ゴスの髪型は様々。

　その中の主だったものを見てみましょう。

アシメトリー・ロング

　男女共に、日本のゴスで最も多く見られる髪型は、左右非対称のロングヘア。前髪は少々残すこともありますが、サイドの髪を長く、一方は刈り上げを見せるようにカットします。もちろんストレートが基本。

前髪なし　　　　　　前髪あり

刈り上げショートヘア

　ゴスの男性の間では潔い刈り上げが人気。ただし全剃りの人はレアで、一部髪を残します。このイラストのような髪型だと、髪の分け目位置を変えれば、剃った部分を隠して、何食わぬ顔をして職場にも行けると好評のようです。

スパイクヘア

　ゴシック・ヘアの元になったパンクスのスパイクヘア（バックコムドヘア）。NYパンクのヘルは文学が好きでアルチュール・ランボーの寝癖のような髪型を真似したこ

初期ゴシック・ヘア

とから、また英国のセックス・ピストルズの
シドはボウイに憧れていたことからこの髪型
を始めたのでは、という説があります(参考文
献→P188『教養としてのパンク・ロック』)。漫画
『TO-Y』のカイエ、『KISSxxxx』(関連→楠本
まき)のカノンもこの髪型です。自由の女神像
の冠に寄せた、とげとげ度の際立ったスパイ
クヘアは「リバティ・スパイク」といいます。

リチャード・ヘル

アルチュール・ランボー
(Étienne Carjat, c. 1872.)

シド・ヴィシャス　　　　デヴィッド・ボウイ

センターパーツのストレート

　オジー・オズボーンやスネイプ先生(関連
→『ハリー・ポッター』)のような、センター
パーツのロングヘアはゴスにとって楽ちんな
髪型だといえるでしょう。黒髪が基本なの
で、日本人にとっては有利ですね。

ダブル・コーン・ヘア

　映画やイラストに出てくる魔女のような、
ダブル・コーン・ヘアはゴスの女性の憧れの
スタイル。なかなか思ったようにスタンドし
ないのが辛いところ。土台を紙などで作って

装着します。古くは14世紀のゴシック時代、
貴族の女性が被り物を着けて一筋の髪も見せ
ないよう隠していた頃、エスコフィオンとい
う当時のボンネットでダブル・コーン頭のお
洒落を楽しんでいました(関連→中世の服)。

ハーフ・ツインテール

　ハーフ・ツインテールはロリータだけで
なく、ゴスの女性の間でも人気です。日本
ではサイドの毛を少し残した漫画『DEATH
NOTE』の弥 海砂のようなタイプで、化粧も
可愛く仕上げます。西洋ではこのイラストの
ようなかなり短く切りそろえた前髪に、サイ
ドヘアを垂ら
し、そしてバッ
クは刈り上げと
いったようなハ
ードな印象の髪
型にするので、
化粧もきつめに
仕上げます。

ポニーテール

　真っ黒のストレート・
ロング・ヘアを一つ結び
にしたスタイルは、西洋
のゴスの男性の間で人
気。トップを高く盛って
から結びます。刈り上げ
部分を全部見せる形にな
りますが、サイドに少々
髪を残しておくところが
ゴスらしさ
のポイントに。

モヒカン

パンクスと共に、西欧のゴスの間で男女共に人気があるのはモヒカン。パンクスとの違いはかなりロング・ヘアで、「デスホーク」と呼ばれます。またサイドの髪を耳元から垂らします。英語圏では「モホック」と呼んでいます。トロイの兵士の兜のように見えるので「トロージャンヘア」とも。アレンジで、ダブルモヒカンにすることもあります。

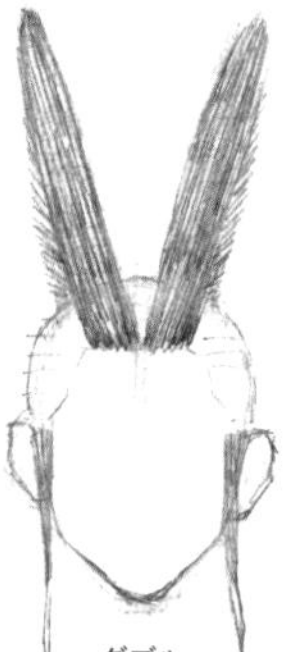
ダブル
モヒカン

シングル
モヒカン

コスロリ

ドン・キホーテなどで、格安で販売されているコスプレ用のロリータ服を着ている人は、ゴスロリの間では「コスロリ」と呼ばれているようです。でもゴスロリとコスロリの違いを瞬時に見分けることは、こと服に関心がない男性には難しく、リアル・ロリータにしかできないかもしれませんね。洋服の金額もクオリティも1桁違っているのですが。

「ゴスロリ」

「ゴスロリ」というワードが初めてメディアに登場したのは、雑誌「ケラ！」4号(バウハウス／1998年)です。読者のおたよりページに寄せられたイラスト入りハガキで「ゴスロリって知っていますか？」と書かれていたのです。また同号では当時MALICE MIZERのManaが自分のファッションに「ゴシック・ロリータ」という言葉を入れています。私達が知る「ゴスロリ」「ゴシック・ロリータ」は、ここからスタートしたのです。
(関連→P30～33)

『ゴスロリ幻想劇場』

【ごすろりげんそうげきじょう】

雑誌「Gothic & Lolita Bible」で連載された、大槻ケンヂによる短編小説集。大槻お得意のバンドもの他、ファンタジー系の可愛い短編も読むことができます。その中の一つ『ゴスロリ専門風俗店の七曲町子』と、大槻の別著『ロッキン・ホース・バレリーナ』にはどちらも「七曲町子」という「ゴスロリ娘」が登場するので、「あれ？ 同じ人なのかな」と考えながらどちらも読んでみてください。2作とも現在は単行本とはカバーを刷新して角川文庫から出版。文庫版『ゴシック＆ロリータ幻想劇場』のカバーはイラストレーターの妖(関連→Rouge Ligne)が、『ロッキン・ホース・バレリーナ』のカバーは漫画家の浅田弘幸が手がけています。

ゴスロリ博物館

【ごすろりはくぶつかん】

クラウドファンディングが注目され始めた

頃、2018年にこのシステムを活用して資金を集め、東京・大阪・福岡の3都市で期間限定イベント「ゴスロリ博物館」が開催されました。開催したのは、当時会社員だった一般のロリータ、瑠璃。ロリータの間では「なにかロリータに関することをやってみたい」と一念発起する人が多いのですが、最も大きな事例の一つだったかもしれません。

『コッペリア』

バレエ『コッペリア』はその愛らしい自動人形の姿から、ロリータ達の間で大変人気がある作品です。でもこの原作になっている小説『砂男』はドイツの怪奇幻想系小説の先駆けと呼ばれるドイツの作家E・T・Aホフマン（1776～1822年）によるもので、狂気に満ちた気味の悪い作品なのです。また原作では自動人形の名前はコッペリアではなくオリンピア。バレエでの人形師の名前はコッペリウス。オペラ『ホフマン物語』でもこれらの登場人物が現れます。ややこしいけれど、ゴスやロリータ関連の作品の中で、これらの名前を見かけたことがある人も多いでしょう。

ホフマンの有名な作品には『くるみ割り人形』があり、こちらもバレエ作品になっています。こちらは子供のために書かれたものでハッピーエンド・ストーリーですが、よく考えてみたら、ラストは8歳で人形の国の人になるなんて、現世から断ち切られる怖いお話だなということに気づきます（ゴスロリにとっては最高に素敵な結末です）。ホフマンは様々な作家に多大な影響を及ぼしています。特にゴスには敬愛されるべき作家です。

（関連→エドガー・ア

ラン・ポー、球体関節人形）

子供の不思議な角笛
【こどものふしぎなつのぶえ】

英国の「マザーグース」に匹敵する、ドイツのわらべうた。収集後1806～08年に詩集として出版され、その後多くの作曲家によってあらためて曲が付けられました。その中で最も有名なものはオーストリアの作曲家G・マーラー（1860～1911年）によるもので、歌曲集『子供の不思議な角笛』として発表されています。曲名には『無駄な骨折り』『死んだ鼓手』『塔の中の囚人の歌』など。暗いタイトルがそそりますね。マーラーの交響曲第2・3・4番にも取り入れられています。ロマン派（関連→ロマン主義）が好きなゴスやロリータのお好みの詩であり、曲です。

琥珀糖 【こはくとう】

ロリータの間では、アクセサリーや服のプリントにスイーツ・モチーフを使ったものは大人気。そのスイーツの多くは西洋が発祥のものですが、日本がオリジナルでありながら、外国生まれと思われているものが一つあります。それは琥珀糖。江戸時代に寒天を作り出した美濃屋太郎左衛門が、寒天に当時高級品だった砂糖を使って創作したお菓子です。当時の名前は「金玉糖」でしたが、くちなしの実で琥珀色に染めるようになってから琥珀糖とも呼ばれるようになりました。

自分で作って鉱石のようにして箱に詰め合わせ、ロリータ友達へのギフトにする人も。

ゴブラン織【ごぶらんおり】

「つづれ織」とも呼ばれるゴブラン織。本来17世紀に建てられたフランス王立ゴブラン工場で作られる織物のことを指し、当時は毛、麻、金などを使用して、城の装飾に欠かせないタペストリー等のために作られた、まさに「美術品」でした。時代が移り変わり、ゴブラン風の織物は昭和の日本ではミシンの上の掛布、カーテン等でお馴染みになりました。

平成・令和の現代では軽いポリエステル等の素材を使い、女性の冬服用生地として登場。ゴブラン織風の掛布時代しか知らなかった昭和生まれの人を驚かせました。ゴスもロリータも、重厚な雰囲気を醸し出すゴブラン織風のコートが大好きです。よく似た織物でジャカード織があります。ゴブランは経糸と緯糸が規則的に織られているので、裏返してみるとジャカードとの判別がつきます。

表　　　　　　　裏

コラソン

コラソンとは、スペイン語で心臓のこと。スペインの聖母マリアの像や絵などに、心臓に七つの剣が突き刺さって光り輝く表現が見られます。このコラソンは、聖母マリアの御心を表現したものなのです。ゴスやロリータの服のモチーフやアクセとして愛されています。またこの心臓に棘が巻き付いたものがありますが、それはイエス・キリストの御心を

表します。（関連→クリスチャン・グッズ）

コルセット

1980年代にはJean Paul GAULTIERの影響で、また1990年代後半からはゴス・ブームが沸き起こり、全世界的にも復活した下着がコルセットです。拘束感を良しとするゴスや、ロココ時代に憧れるロリータにとってコルセットは必須アイテムでもあります。ところが正しい着用方法がわかりにくく、初めて手にする人は、前後・上下さえわからないかもしれません。ジップやバスクが付いている方が前、紐を通す編み上げの穴が並んでいる方が後ろです。ゴスロリ黎明期、雑誌の撮影ではスタイリストや編集ライターでも勘違いして、結果、撮影をし直す事態に陥ったこともありました。またコルセットに似せた形の柔らかい服「ビスチエ」も流行しました。

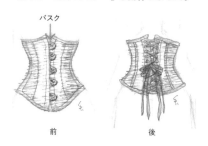

バスク

前　　　　　　　　後

コルセット靴 【こるせっとぐつ】

足首のストラップ部分を、コルセット風編み上げにデザインした靴のこと。ゴスの女性に好んで履かれる靴です。

コルセット・トレーニング

少しずつコルセットで体を慣らしていき、理想の体型に変えていくことを「コルセット・トレーニング」といいます。コルセットの目的は「内臓を正しい位置に導くように」で、健康に良いとされてきました。が、より細く美しく見せようと締め過ぎて内臓や肋骨を圧迫してしまうことが多く、結果、不健康グッズになりがちなようです。女性下着研究家のアルマン・シルヴェストは「最も幸福な牢獄」「優美な拷問道具」と言っています。

（参考文献→P188『図説ドレスの下の歴史』）

コルセット風ベルト 【こるせっとふうべると】

本格的なコルセットを身に着けるにはちょっとした気合いが必要ですが、コルセット風

の編み上げベルトなら気軽に使用することができます。クラシカル・ロリータ、スチームパンク、ゴスが使用することがあります。

コルセティエール 【こるせてぃえーる】

1990年代後半に起こったゴシック・ファッションの流行に乗って、東京では個人でブランドを起こし、コルセットをメインに服を作るデザイナー達が現れるようになりました。後藤キキ（危機裸裸商店）、bambi（abilletage）、緑川ミラノ（Baby Doll Tokyo）、Lim Asafuji（pays des fées）などで、女性の活躍が目につきます。欧州ではコルセットは男性が作るものだったそうですが、女性が参入することになって以降、着け心地の良いものに変わっていったとか。

この東京のコルセット・デザイナーたちも多くの顧客を掴み、コルセット以外の服も作って店舗を展開しています。コルセット作りは昔から、女性を成功に導いてくれる仕事なのかもしれません。コルセット職人はフランス語でコルセティエ（男）、コルセティエール（女）といいます。

ゴルフ・シューズ

ゴルフ用の靴が革製だった時代は、ギリーが使われ、泥除け目的でフリンジ状にカットした革「キルティー・タン（キルトの舌）」が付いていました。キルトと共にゴルフ発祥の地である英国スコットランドの民族衣装から生まれたものですが、20世紀初めにウィンザー公（エドワード8世）が履くようになって一般に広く知られることに。「プリンス・オブ・ウェールズ」スタイルの靴とも呼ばれています。ロリータや王子スタイルの人達の間では、ファッション用にしたゴルフ・シューズの厚底タイプが人気です。

さ行

これこそ私の服
【これこそわたしのふく】

お金を貯めてやっとロリータ服の店に行って試着し、鏡を見た時、サイズ問題さえなければ多くのロリータが「これこそ私の服！」と思うようです。贅沢にあしらわれたレースやフリル、ボタン、たくさんのリボンなどに包まれて、本来こうありたかったという自分自身のイメージと合致し、自身に誇りを持つことができるのでしょうか。

サーカス

ゴスもロリータも、サーカスという非日常のエンタテイメント空間のイメージが大好き。火の輪くぐり、玉乗りなどで演技するライオンや象、綱渡りや空中ブランコで飛び回るパフォーマー達。ピエロやテント。これらのレトロなタイプのモチーフが洋服のプリントに使われることが多いようです。18世紀英国で円の形をした劇場で今のスタイルの曲馬ショーが始まったことから、サーカスと呼ばれるようになったとか。時々目にするフ

コンバット・ブーツ

欧米のゴスが履いている姿がよく見られる、戦闘用の深靴をベースにしたブーツ。ファッションとして使われるので編み上げ部分をベルトなどで覆ったり、さらに金属を付けたり、厚底にしたりなど遊びが見られます。

ランス語では「シルク」と呼ばれます。

最期のロリータ装
【さいごのろりーたそう】

　2011年の東日本大震災後、震災地にいたロリータが「このまま死ぬのは嫌だと思いました。だってこの時私は、ロリータ服を着ていなかったから。いつか突然やってくる死を考えて、いつもちゃんとロリータ服を着ていなければ、と思いました」と書いた手紙を読みました。自分の最期は美しい姿でありたいし、その服がゴスやロリータ服でありたい、と考えている人は多いかもしれません。

　2024年に映画化もされた小説『ハピネス』（嶽本野ばら著／小学館）で、主人公の男性がロリータの恋人の死に際に、きちんとロリータ服を着せてあげる、というくだりがあり、読者を涙ぐませました。

在日外国人ロリータ団体
【ざいにちがいこくじんろりーただんたい】

　日本には、日本に住む外国人だけで構成されるロリータ団体があります。2012年からスタートしていて、関東は Tokyo International Lolitas、関西は Kansai International Lolitas というグループ名です。会話は英語がメインで、遊びに行ったりフリーマーケットなどを開催。彼女たちは外国に住むロリータ達から「今度日本に行くからいろいろ案内して欲しい」としょっちゅう連絡を受け、それなりに大変だそうです。

サイハイ・ブーツ

　腿（英語でサイ）の上まで覆うブーツのこと。よく間違われますが、ニーハイ・ブーツは膝までの長さになります。真っ黒なサイハイ・ブーツはゴスに愛用されています。

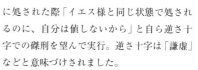

逆さ十字
【さかさじゅうじ】

　アンチ・クライストを気取りたいゴスは、上下の長さが逆になった、逆さ十字を身に着けます。実は最初に逆さ十字の形で磔刑されたのは、イエス・キリスト（紀元前4〜紀元後33年）の十二使徒の一人ペトロ（?〜67年?）。キリストに続いて磔刑に処された際「イエス様と同じ状態で処されるのに、自分は値しないから」と自ら逆さ十字での磔刑を望んで実行。逆さ十字は「謙虚」などと意味づけされました。

　それから2世紀近く経った後に英国のオカルティスト、アレイスター・クロウリー（1875〜1947年）が逆さ十字は「神の恩寵への反駁（はんぱく）の象徴」とし、ペトロとは全く関係のないものになってしまったのです。その流れでヘヴィメタルのロッカーやファン、悪魔主義の人、一部のゴスの間で大きな逆さ十字のペンダントが使われるようになりました。西洋ではティーンズも着けているので、もはや悪い子ぶっての表現の一つで、ただのファッションといえますね。

サッチェル

　英国の学校で使われる学生鞄のこと。後にこの形に近い、小さめの旅行鞄やビジネスマン用の鞄のことも指すようになりました。映画『ハリー・ポッター』で主人公が使っていたような、背負うことができるタイプもあります。

（関連→スクール・バッグ、リセ・サック）

サドル・オックス
フォード・シューズ

一般の男性が履く紐結びの短靴は、17世紀の英国オックスフォード大学から生まれたと言われています。そこからオックスフォード・シューズと呼ばれるようになったのですが、この靴に馬の鞍（サドル）型の別色の革をあしらったものは、サドル・オックスフォード・シューズと呼ばれています。コンビネーション靴とも呼ばれ、日本では略して「サドル・シューズ」「コンビ靴」が聞き慣れている名前でしょうか。クラシカル・ロリータ装や王子装の際に履かれることがあります。

《The First Kiss》

【ざ ふぁーすと きす】

ロリータはキューピッド（英語名）の絵が大好き。なかでも最も人気の絵は《アムールとプシュケー、子供達》、通称《The First Kiss》。キューピッドは左のアムール（フランス語で愛の意味）と記された、白い羽を持つ方。ギリシャ神話ではエロス（ギリシャ語）、ローマ神話ではクピド（ラテン語）と呼ばれます。

よく天使と混同されますが、神話画ならキ

ューピッド、宗教画なら天使、と識別すれば良いでしょう。キューピッドは子供の姿で描かれることが多く、天使が子供の姿で描かれるようになったのはルネサンス以降からです。（関連→セラフィム、ラファエロの天使ちゃん）

《アムールとプシュケー、子供達》
W・A・ブグロー画／1890年

サンダル

人類最古の靴と言われるサンダル。足をのせる台とストラップでできている靴のことです。ロリータも夏はサンダルを履きますが、通常のパンプスがベースで、サイドの一部がないだけ、というものが多いようです。素足で履くこともあまりありません。サンダル履きですら露出を好まないのがロリータです。

三段スタンド

【さんだんすたんど】

ロリータが何度でも行きたいと思っている

のが、ホテルでのアフタヌーンティー。思い切りおめかしをして素敵なスイーツを前に優雅に過ごせる、最高のシチュエーションといえるでしょう。このアフタヌーンティーの象徴ともされている三段スタンドですが、貴族の家から始まったアフタヌーンティーが、20世紀になってホテルでも提供されるようになった際、全部の皿をテーブルに置ききれないために生まれたものでした。一番下の皿はサンドイッチ、中段はあたたかなスコーン、上段はスイーツ系が基本で、一番下から取っていきま

す。また食べきれない程の贅沢を味わうことが前提なので、残してもいいとされています（最近はフードロス問題に注目が集まっているので、変化していくかもしれませんが）。

椎名林檎 【しいなりんご】

　ゴスロリブームが沸き起こった頃、ゴスやゴスロリの間で人気だった女性ミュージシャンは、椎名林檎です。椎名はゴス系アーティストではありませんが、音楽性はもちろんのこと、デビュー曲『幸福論』（1998年）のセーラー服姿から始まり、『本能』（1999年）の看護師服姿でガラスを破る様や、『罪と罰』（2000年）の目の周りを真っ黒にしたメイクで真っ赤なエナメルのボンデージ服を着た姿に、ゴスロリ好みの要素を感じてときめかされ続けました。また椎名の歌詞での旧仮名遣いの多用も、影響を与えています。

（関連→ロリィタ、ロリヰタ）

ジュニア服 【じゅにあふく】

　西欧でロリータの名前を使ったブランドには1984年にスタートしたフランスのagnès b. LOLITAがありました。また1973年には英国の伝説のファッションビルBig BIBAのジュニア服売り場が、LOLITAと名付けられていました。どちらもとびきりお洒落なブランドが、ジュニア服に対して洒落く名付けた名前といっていいでしょうね。

ジーンズ

　ロリータは、王子装以外ではめったにパンツを穿きません。そもそもジーンズですら買ったことがない、という人が多いようです。某ロリータブランドからは、年末の大掃除の際パンツを穿いてくるように指示されて、そのためにわざわざ購入してその後すぐ「必要ないから」と捨てた、というロリータ装スタッフの話も聞いたことがあります。

　ゴスはブラックデニムならジーンズも穿きます。もちろんクラッシュさせ、ゴス服らしく、ひと手間加えたものです。

Sheglit 【しぇぐりっと】

　伝説のブランドBLACK PEACE NOW（BPN）のデザイナー今井里美が、2013年にスタートさせた東京発のブランド。黒ベースのエレガントなコレクションには、さりげなく着られる服が多数並びます。「日常にほんの少しゴス・テイストのある服を着ていたい」というファンにも熱く愛されています。ブランド名は造語で、「自分は自分らしく、いつまでも凛とし輝き続ける」という気持ちを込めて付けたそう。

HP https://sheglit-midiom.com/

ジェット

　葬儀の際に身に着ける宝石といえば、日本では真珠が定番ですね。英国では服喪に使用するアクセサリーはモーニングジュエリー（服喪装身具）といい、真珠の他にはジェットも使います。古代に堆積した石炭層の中から見つかる化石化した木のことで、ダイヤモンドと同じく炭素が主な成分になっています。ヴィクトリア女王が1861年に夫・アルバート公を亡くした後死ぬまでの40年間ずっと身に着けていたため、19世紀の英国で大流行しました。欧米のゴス達は、ジェットやジェットによく似たネックレスをアクセサリーとして使用しています。英国での名産地はウィットビー。和名は「黒玉（こくぎょく）」。実は日本の皇室でも使用されています。

（関連→遺髪アクセサリー）

ジェットパック

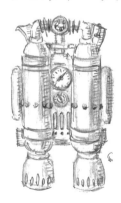

　時空を超えて空を飛ぶスチームパンクが是非持ちたいと思っているのがジェットパック。手作りが基本で、作り手の頑張り次第で蒸気が出たり電気が点滅したりなども。

日本では独自に発達して、明治・大正・昭和初期時代の日本をイメージしての和箪笥など家具の形で作る人もいて、傑作品をスチームパンク系イベントで披露しています。

四方あゆみ　【しかたあゆみ】

　ロリータ系ブランド Angelic Pretty やガーリー系ブランド MILK などの広告写真を手がけるカメラマン、四方あゆみ。写真集『THE ANOTHER STORY』（トランスワールドジャパン）では相沢梨紗（でんぱ組 .inc）他 7 名のモデルがメルヘンな世界を紡ぎ出し、ロリータ達のハートを震わせました。

刺繍　【ししゅう】

　刺繍はその昔、西欧の貴族が嗜む楽しい手仕事の一つでした。女性は好きな男性に渡す付け襟に刺繍を入れたりもし、17世紀にはフランスの宮廷を中心に「フランス刺繍」が広まっていきました。男性ですがルイ17世は自分でも刺繍をやっていたようです。マリー・アントワネットがタンプル塔に幽閉されていた時には、刺繍をして時間を潰していたとか。自分のイニシャル「MA」や薔薇を刺繍して美しく仕上げた椅子が、今もパリの博物館で見られるようですよ。

　以下にいくつかの刺繍の種類をご紹介します。

プチポワン

　18世紀にオーストリアから生まれた刺繍で、1㎠のマス目の中に、50から300のステッチを刺します。ことお膝元であるハプスブルク家の人に愛されたようです。

スモッキング刺繍

英国から生まれた刺繍で、布にひだを取って糸でかがり模様を作っていくもの。17世紀くらいから西欧全体に広まり、農民達が作業用の上っぱり（スモック）に、体の線にフィットするようにこの刺繍を施したのだとか。1880年になると子供服や幼児服用に使われるように。現在でも時々英国のロイヤル・ファミリーの子供が着せられている姿を見ることがあります。

コード刺繍

紐を用いた刺繍のこと。元は欧州で身分の高い人の階級を表すために、衣類の裾に用いられていたそう。またキリスト教の高位の聖職者の祭服などでも多用されました。現在では一般の女性のために、特にスカートの裾などに使われることがあります。クラシカル・ロリータが大好きな刺繍飾りの一つです。

リボン刺繍

リボンを使う刺繍のこと。日本には大正時代に、フランス人宣教師から伝えられたとのこと。ロリータの間では「巻

き薔薇」と呼ばれるリボン刺繍の付いた服が大人気。ストロー・バッグなどの小物に、リボン刺繍されたものにも胸をときめかせます。

詩人ブラウス 【しじんぶらうす】

ポエット（詩人）・シャツ、バイロン・シャツともいいます。胸元飾りや袖口のひらひらのフリルが特徴のブラウスで、19世紀に英国の男爵バイロン他、詩人が着用していたらしい、ということで名付けられました。海賊シャツから紐を抜いたものと考えてください。またバイロンは1819年に英国人J・ポリドリが書いた小説『吸血鬼』の原案者であり、小説内の吸血鬼のモデルでもあったとか。

1813年のバイロン卿

執事 【しつじ】

ロリータ愛好者なら雇ってみたい、と憧れを持っているのが19世紀英国風の執事。家事使用人の上位に立つバトラーのことです。主の乗る馬車の側で走る従僕はフットマンと呼ばれ、容姿の良い人が選ばれ、後にバトラーになることを夢見ているようです。見目麗しい執事の卵達が走る19世紀のロンドンに、タイムマシンで行ってみたいですね。

執事カフェ 【しつじかふぇ】

2006年に池袋に執事喫茶スワロウテイルが誕生して後、執事カフェブームが起きました。メイド喫茶のメインの客は男性という点に対し、こちらは女性客がメイン。ですから室内のインテリア、お茶やケーキのクオリティなどにもこだわりがあります。「お帰りなさいませ、お嬢様」と迎えられるシチュエーションからして、ロリータにとってはドンピシャにハマるカフェだといえるでしょう。

ジップ＆チェーン 【じっぷ あんど ちゅーん】

ゴスやパンクが好きな、重要な飾りはジップ＆チェーン。ネクタイや上着、パンツ等にジップ＆チェーンの飾りが付いたものを好んで着用します。

しっぽ付きの服 【しっぽつきのふく】

けもみみと併せて愛用されるのが、しっぽ飾り。2004年頃ゴシック・パンク系のアメリカ人が手作りのしっぽ付きフラップを着けていましたが、その後日本では雑誌「KERAマニアックス」とブランド HELLCATPUNKS

ウサギ　　　　　　猫

のコラボでしっぽの付いた服を発売、大ヒット。まもなく各メーカーで作られるようになり、原宿系パンク、ロリータの間で愛用されるようになりました。

シド・チェーン

南京錠のネックレスは、セックス・ピストルズのカリスマ・ベーシスト、シド（1957～79年）（関連→ゴス・ヘア）がいつも身につけていたことから「シド・チェーン」と呼ばれるようになりました。以降ベタなパンクス達のアクセサリーとなっているのですが、ロリータ・パンクも身に着けることがあります。間違えられやすいのですが、「R」の刻印はRABBIT社で作られたものだからです（ROCKの意味ではありません）。またこのネックレスをシドにプレゼントしたのはザ・プリテンダーズのC・ハインドです（映画『シド・アンド・ナンシー』ではシドの恋人ナンシーからもらったことになっています）。

澁澤乙女 【しぶさわおとめ】

作家、フランス文学者の澁澤龍彦（1928～87年）の著書を愛読する女性のこと。澁澤は1959年にサド（関連→SM）の『悪徳の栄え』を翻訳して出版したもののその猥褻表現から発禁処分を受け、「サド裁判」で有名になった作家です。サドだけではなく史実のダークサイド部分、特にエロティシズム系や、当時まだ知られていなかったフランス文学者に光

を当て紹介し続け、ファンに熱狂的に愛されました。「秘密結社の手帖」「異端の肖像」「人形愛序説」など数多くの著作がありますが、当時はこういったテーマのものは澁澤の本でしか読むことができなかったのです。

　澁澤逝去の後いったんブームが落ち着きますが、2000年代になってから雑誌「ケラ！」「Gothic & Lolita Bible」「KERAマニアックス」で澁澤文学を紹介するように。後に澁澤の妻・龍子が「誌面で紹介してもらってから読者が若い人にかわった」と教えてくれました。そこからなのかゴスロリをメインに読者達は「澁澤乙女」と呼ばれるようになったようです。

『下妻物語 ヤンキーちゃんとロリータちゃん』
【しもつまものがたり やんきーちゃんとろりーたちゃん】

　小説家・嶽本野ばらの代表作(小学館)。茨城県下妻市の田んぼが広がる田舎に住みながら、ロリータ服を熱愛し、心をロココ時代に置いて誇り高く生きる孤高の女子高生・竜ヶ崎桃子が主人公。彼女と、暴走族の一員で特攻服を愛用する白百合イチゴの、生き様と友情をコメディタッチで描いた小説です。2004年に『下妻物語』のタイトルで映画化され大ヒット、嶽本の出世作に。海外7ヵ国でも『Kamikaze Girls』のタイトルで上映され、当時「ゴス・ロリ」ジャンルの服として認識され盛り上がっていたロリータ服の人気を、全世界に広めることになりました。作品中のロリータ服は全編を通してBABY,THE STARS SHINE BRIGHTが使用され深田恭子と土屋アンナが着用しています。

『シャイニング』

　ゴスとホラーの世界観は親和性が高く、ホラー映画が大好きな人が結構います。もちろん、そうでない人もいます。でもそんなことは関係なく大人気なのが、『シャイニング』(1980年)。特に人気のシーンは、水色のワンピースを着た双子の少女がホテルの廊下に現れるシーン。彼女達の「私達と一緒に遊びましょう」というセリフに、痺れたのです。あまり知られていませんが、この双子のイメ

ージソースは米国のカメラマン、ダイアン・アーバスが撮影した双子の写真。そして映画監督は『ロリータ』と同じくS・キューブリックです。

ジャカード織 【じゃかーどおり】

　1801年にフランス人ジャカールが作った、史上初のオートメーション織機をジャカード織機といいます。この織機から作られる織物をジャカード織と呼びます。ゴブラン織とよく似ていますが、ジャカード織は裏を返してみた時に、経糸と緯糸が不規則に織られているのがわかります。

　贅沢な気分を味わえるのでゴスやロリータの間でも大好きな布地になっていますね。こちらとよく似た人気のドイツのフェイラーのハンカチなどはシュニール(いも虫)織機というまた別の機械で織られています。

表　　　裏

「シャギーを入れないで」
【しゃぎーをいれないで】

　ロリータにとって、サロン選びは重要な問題です。前髪も姫カット部分も全て同じ長さの毛先で揃えることが大切なのですが、通常のヘアサロンでは理解されず、スキバサミを入れられてしまうから。いつも担当してくれる美容師さんが店を辞めてしまうと、次はどこに頼めばいいのか、路頭に迷います。

爵位　【しゃくい】

　ゴシック服の名前や、服の紹介、またイベント関連などで、貴族の爵位名が使われていることが時々あります。では爵位はどんな順番になっているかというと……、かつての日本での爵位は身分の高いものから公爵（デューク）、侯爵（マーキス）、伯爵（アール）、子爵（ヴィスカウント）、男爵（バロン）となります。英国だとさらにこの下に準男爵（バロネット）、騎士（ナイト）と続きます。また女性なら公爵夫人（ダチェス）、侯爵夫人（マーキース）、伯爵夫人（カウンテス）、子爵夫人（ヴィスカウンテス）、男爵夫人（バロネス）。覚えておくと、ちょっと気取って使えそうですね。ロリータが大好きなALI PROJECTの片倉三起也は、武将・片倉小十郎(1557〜1615年)の子孫で、男爵家の末裔だそうですよ。

シャコー

　ロリータ服としては、ブランデンブルク飾りのジャケットに合わせる帽子です。元々はハンガリー騎兵の軍帽でしたが、気に入ったナポレオン軍が真似て1801年に採用。髪のサイドを三つ編みにして着用していました。その後シャコーは各地に広まり、日本でも旧日本陸軍の下士・兵卒の帽子として使用される時期がありました。現代でも大学の応援団や吹奏楽部のマーチ演奏の際に、使用しているところがあります。

ジャスト・ウエスト・カーディガン

　ロリータが着るカーディガンは、丈が長いものは好まれません。それはスカートが膨らんでいるため、長いと全身の形がきれいに出ないから。ジャストウエスト・タイプで、胸元に紋章やブランドロゴなどワン・ポイントが付いたものを着用することが多いようです。

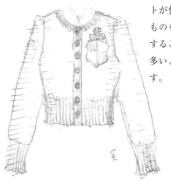

Jabberwocky　【じゃばうぉっきー】

　ゴスやストレンジ系のサイトなどで目にするワード、「Jabberwocky」。なんだろうコレ？　と思ったことはありませんか。これ

は小説『鏡の国のアリス』に出てくる、意味不明な鏡の国の言葉。ここから名前を取って、2017年にh.NAOTOがウェブマガジン「Jabberwocky Magazine」を発信しています。国内外のゴスとロリータのスナップや、様々なブランドのデザイナー紹介の他、オランダの「聖像リサイクルアート展」など国内外のエッジを利かせたアートなども取り上げファッション＆カルチャーマガジンとして話題を呼びました。

1号のちらし。モデルは深澤翠

Japan EXPO 【じゃぱん えきすぽ】

　日本好きのフランス人によって、フランスで始まった若者向けの日本文化紹介イベント「Japan EXPO」。当初はアニメや漫画などを紹介してきたのですが、2006年からファッションシーンも、とギャル系のファッションショーを展開。しかし「ギャルではなくロリータ服のショーを開催して欲しい」という現地の客からの熱い要望が多く、2007年からロリータにスイッチすることに。2007年からラフォーレ原宿とタッグを組み、ゴス、ロリータブランドのショーを開催。このショーは大好評で、2009年まで続いたのです。

ジャボ

　18世紀の西欧の男性の間で流行した、首元のレース飾りがジャボ。その後クラバットが主流になってからは、男性はジャボを使わなくなりました。現代では伝統スタイルを守る英国の法定弁護士等の他、ミュージシャンやゴス、王子スタイルの中で見ることができます。
（関連一付け襟）

シャンデリア

　ゴスもロリータも、自分の部屋にシャンデリアを入れていたり、あるいはいつか入れたいなあと思っています。西欧ではシャンデリア台は木製で十字型、それから金属製で王冠型、車輪型と素材と形が変わっていった歴史があります。華やかで贅沢なガラス製のものが使われるようになったのは、18世紀。ヴェルサイユ宮殿の鏡の間が有名ですね！

ジャンパースカート

ロリータ服でいうジャンパースカートとは、一般に「サマードレス」と呼ばれる服に似た、肩紐部分が太めの、袖なしワンピースのこと。省略してJSKと表すことも。この下にブラウスを着用するのがノーマルな着方で、鎖骨や腕は出しません。二の腕は見せたくない、という気持ちが働くのでしょうか？実際ジャンパースカートを素肌に着るモデル写真を雑誌やブランドが公開していましたが、ユーザーの間で広まることはありませんでした。映画『下妻物語』でも主人公が自宅でジャンパースカートを素肌に着用するシーンがあったのですが、ロリータの間で「あれはロリータ・スタイルとしては違うのでは？」と疑問の声が上がりました。

shampoo 【しゃんぷー】

英国の女性2人アイドルデュオ。ツインテール髪＆ミニスカート姿に、ナボコフの小説『ロリータ』を思わせるサングラスとロリポップを持って登場。1994年に日本でも大ヒットした『TROUBLE』は、2009年に日本のバンド、VAMPSがカバーしています。

十字架ワンピース
【じゅうじかわんぴーす】

2000年くらいに日本のゴスロリシーンに誕生して、大変な人気を呼んだのが胸元に大きな十字架をプリント、あるいはレースを十字架状に縫い付けたワンピースでした。小さな十字架をたくさんプリントした服も人気です。

「10代の頃 ロリータやってん」
【じゅうだいのころろりーたやってん】

2015年3月3日にミュージシャンのaikoがSNSで、「10代の頃ロリータやってん」と、またレースやフリフリが好きだということを呟いていました。彼女のぱっつん前髪を思い浮かべると「なるほど」と納得できますね。

週末ロリータ
【しゅうまつろりーた】

会社がお休みの土日だけ、ロリータ服を着用する生活スタイルを指します。「休日ロリータ」とも。こういう人は平日もちょっとフリルなどが入った、甘めなガーリー系の服などを着て通勤することが多いようです。平日と週末の服に差が出ても、結局は可愛い服ばかり選ぶようです。

淑女 【しゅくじょ】

ゴスロリ・ブームが到来するまでは、嶽本野ばらはロリータ少女たちを「乙女」、宝野アリカは「少女」「聖少女」と呼んでいました。

2000年に発行された雑誌「Gothic & Lolita Bible」では読者を「淑女」などとも表記していました。最近では皆ロリータのことは、ロリータと言いますね。

縮毛矯正【しゅくもうきょうせい】

時代にもよりますがゴス、ロリータには、まっすぐなストレートヘアの人が多く見受けられます。が、実際は天然のストレートではなく本来は癖っ毛で、何度も縮毛矯正をしている人も多いのです。縮毛矯正代は最低でも1回15000円以上掛かりますが、3カ月に1回は通わないと癖が出てしまうので、美容院代はかなりの金額に。「こんな髪になったのは、親から受け継いだ遺伝子のせい」などと言って、親にクレームを付けて縮毛矯正代をフォローしてもらう人もいるようです。

Juliette et Justine
【じゅりえっと え じゅすてぃーぬ】

Victorian maiden の初代デザイナー、中村真理が独立後の2001年に立ち上げたクラシカル系ロリータブランド。ブランド名はフランス語の女性の名前ですが、Julietteはロマンティックさと情熱、Justineは正義と公正さを表す、と考えているのだそう。商品名もフランス語が多用されていることが特徴です。西洋絵画調のコラージュプリントをゴス、ロリータ界で最初に始めたブランドでもあり、テキスタイルとパターンの間にズレがなく一体化している技術はアパレル業界でも注目されています。

HP https://juliette-et-justine.com/

少女貴族【しょうじょきぞく】

ALI PROJECT の宝野アリカによるロリータ小物ブランドの名前。ゴスロリ・ブームが到来するより以前から、少女の聖性を歌を通し表現していた宝野が、デザインして髪飾りなどを販売していました。

少女漫画【しょうじょまんが】

小学生の頃に読んだ漫画がきっかけでロリータ服に憧れるようになった、という人もたくさんいます。例えば、1980年代生まれなら『カードキャプターさくら』（CLAMP ／講談社）。魔法少女の話ですが、たくさんのフリルやギャザーで彩られた服も描かれていて、小学生の読者達に夢を与えました。成長してからロリータ服に出会って、購入するというケースはままあるようです。

象徴主義【しょうちょうしゅぎ】

詩人のボードレール（関連→『悪の華』）が起源とされる文化・美術運動。神秘的なもの、目に見えないものを芸術によって格調高く表現します。絵画ではギュスターヴ・モロー（1826 〜 98年）、ルドン（1840 〜 1916年）、クリムト（1862 〜 1918年）、ムンク（1863 〜 1944年）等が有名です。エロスや死の匂いが漂う作品も多く、ゴス達のお好みにかなっているのではないでしょうか。

ジョーイ・ジョーディソン

メンバー全員が不気味なマスクを着けて演奏する米国のメタル系バンド、スリップノットのドラマー、ジョーイ（1975 〜 2021年）。パワフルでありながらまるで機械みたいな冷たい正確なドラミングワークでリスナーを圧倒、ゴスの間では最も「推し」のメンバーでした。一時自分が主宰となったマーダードールズというバンドではマスクを脱ぎ、こってりの白塗り顔でギターを演奏。46歳で難病にかかり急逝、ファンを悲しませました。

抒情画【じょじょうが】

『花嫁人形』の作詞家としても知られる挿絵画家、詩人の蕗谷虹児(1898〜1979年)が考案した言葉。個人の内面感情や感傷を作品に表した絵のことをいいます。明治時代末〜大正〜昭和初期に「少女の友」(1908〜55年)、「令女界」(1922〜50年)等たくさんの少女向け雑誌が出版されていました。カラー写真はまだ印刷しにくかったこともあり、文学をメインに文章に添えられるのは美少女イラストでした。

そこからフランス帰りでモダンな絵を描く蕗谷他、竹久夢二、高畠華宵等多くの抒情画のスター的イラストレーターが輩出されていきました(彼らには併せて詩を書く人が多かった点にも注目です)。

戦後になると中原淳一が自ら女性のための生活とファッションの雑誌「それいゆ」を立ち上げます。彼は人形を作り、女性のための服のデザインもしました。

その後高橋真琴(関連→MACOTOグッズ)等と続き、ポスト抒情画家としての新しいシーンを切り開いていきます。抒情系イラストレーターはほぼ男性だという点に注目ですね。男性は女性が考えるよりロマンチストかもしれません。

The cover illustration of Fujin Graph, April 1926 APL FOOL

書籍モチーフ
【しょせきもちーふ】

クラシカル・ロリータや、王子スタイルのお出かけの際に使われる頻度が高いのが、「書籍」形バッグ。雑誌「KERAマニアックス」12号(インデックス・コミュニケーションズ／2009年)の一般からのデザイン募集で選ばれSHIN&COMPANYが商品化した「魔術書の鞄」が最初で、その後様々なブランドが作り始めました。近年ではロリータ界以外でも製品化されていますね。

また2008年に英国の「ザ・ガーディアン」紙が「世界で最も美しい書店」を特集して世界的に書店や書棚、書籍の美しさに注目が集まるようになっ

てきたこともあり、2012年にJuliette et Jusitineが書棚をプリントした服を発表。今は様々なブランドから発売されています。

地雷【じらい】

2010年代後半から新宿に現れた「量産系女子」と並んで注目される黒服の女の子たちのこと。目の周りを赤くして、ちょっと気に障ることがあると落ちて泣いてしまうからと「地雷ちゃん」「ぴえん」と呼ばれました。ヘッドドレスも着用するのでゴスロリと似ているファッションと

いえますが、着用ブランドも出自も全く違っています。

神宮橋【じんぐうばし】

2000年前後、週末には原宿駅に隣接する神宮橋に、多くのバンギャが集う姿が見掛けられました。そこでの花形は推しのバンドマンのコスプレ装をする人と、ビジュロリ。この様子は世界に知られることになり、彼女達の周囲にカメラを抱えた外国から来た観光客が群がる様子が、また話題になりました。雑誌「ケラ!」2001年8月号にその噂を聞きつけたバンドマンが自ら橋に乗り込み、皆さんと記念撮影をした伝説の写真が掲載されていますよ。

シングル・カフス

折り返しのないカフスのこと。折り返しがあるものは「ダブル・カフス」といい、よりきちんとした印象を与えます。

人工の楽園【じんこうのらくえん】

ゴスもロリータも、千葉や東京、大阪などにあるテーマパークは大好きです。だって、そもそもロリータは服やらヘアメイクやらで自分で創り上げた「人工の美少女」ゆえに、「人工の楽園」が嫌いなわけがありません。

さらにゴスなら、文学の中だけの怪しげなテーマパークにも強い憧れを抱いています。それはゴスが敬愛する作家・江戸川乱歩の小説『パノラマ島綺譚』（雑誌「新青年」連載／博文館／1926〜27年）の作中に登場する地上の楽園。こちらは『血とばらの悪魔』（雑誌「なかよし」連載／講談社／1971年）というタイトルで高階良子が漫画化、当時の読者であるティーンに素敵な悪夢を見せてくれました。その後には丸尾末広が漫画化（エンターブレイン／2007〜8年）、猟奇感と美意識がたっぷりで、いずれもゴスのマニア蔵書に入れられています。

新宿の伝説のカフェ
【しんじゅくのでんせつのかふぇ】

新宿には今も伝説として語り継がれている2つのカフェがありました。一つは豪華な内装の名曲喫茶「新宿スカラ座」（1954〜2002年）。重厚なクラシカル感があり、黒色すみれもここで働いていました。もう一つはキリスト教会をイメージした「キリストン・カフェ」。高い吹き抜けの中に巨大なシャンデリアの明かりが灯り、キリスト教園から輸入した聖像が並び、その荘厳な様子を好むゴスやロリータたちが集まり、お茶会などのイベントにもよく使われていました。

崇高と美の観念の起原
【すうこうとびのかんねんのきげん】

ゴシック建築の建物を見上げた時、説明のつかない怖さを感じたり、たとえようもない崇高なものの前に立った気分になって萎縮したとしたら……。それはまさにゴシック建築が持つ神秘的な何かに捉えられてしまったということ。英国の哲学者エドマンド・バーク（1729〜97年）は著書『崇高と美の観念の起原』で、崇高という意識と美について語りました。ここでゴスの美意識や感覚の説明ができるとも言われています。今でいうところの「尊い〜！」ですね。

「ズームイン!!サタデー」

日テレ系番組「ズームイン!!サタデー」（略称：ズムサタ）では2008年にミニ企画「渋谷・原宿 トレンド調査隊」がきっかけで、2009年からは「原宿 最新ファッションのすべて」としてシリーズ化し、1年に1～2回のペースで放映。この特集を見れば、最新のリアル・ロリータや原宿系お洒落っ子が何を着て、何を考えているかよくわかる、と皆に注目されているのです。この番組の名物ディレクター安立佳優は、ロリータが主役の漫画『着たい服がある』に実名で登場しているんですよ。

スカート・オン・スカート

スカートの上にもう一枚スカートを被せるスタイルのこと。ロリータ服に時々見られる形で、上のスカートのことはオーバースカートといいます。スカート・オン・スカート風に見えますが、縫い合わせられているものが多いようです。その場合は「切り替えスカート」といいます。

スカラップ

英語でホタテ貝を意味するスカラップ。服飾系では、ホタテの貝殻を連続して並べたような縁飾りを指します。ロリータの靴や服の裾飾りでよく見られます。

スカルリング

シルバーのしゃれこうべの形の指輪は、ゴスやパンクスの必須アイテム。常に身に着けて「メメントモリ（死を思え）」の気持ちを忘れずにいよう、ということでしょうか。

スクール・バッグ

ロリータ装や少年装の際に使われる、可愛いプリント付きアレンジのスクール・バッグ。日本では明治26年に初めて西洋風のスクール・バッグが作られたようです。それまでは風呂敷が使われていました。

（関連→サッチェル、リセ・サック）

スクエア・カラー

襟ぐりを四角く見せた襟のこと。ロリータ服で見られることがありますが、ラウンド・カラーより顔をすっきり、かつ小さく見せられる効果があるという点で人気のようです。

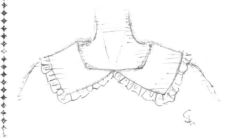

スコーン

　英国推しが多いロリータにとって、たとえ地味な外見であっても、憧れの英国のお菓子は伝統あるスコーンといっていいでしょう。このスコーン、ナイフで縦に切ってはいけない、ということをご存知でしょうか？　もともとは英国スコーン城の歴代国王の戴冠式に使用される石「The stone of Scone」を模倣したという説があるのですが、その石は当然神聖なもの。だからナイフを入れることは許されないのです。正しくは手で横半分に割って食べます。（関連→三段スタンド）

スティグマータ

　ラテン語や英語で、聖痕（せいこん）のこと。キリストが磔刑に処された時手首と足に打たれた釘の跡や、兵士ロンギヌスによって腹に刺された槍の跡を指します。後にキリスト教の中では、熱心な僧侶や信者の皮膚にスティグマータが現れるという怪現象がたびたび起きました。イタリアの聖人フランチェスコなどが有名です。

　ゴスはこのワードが好きで、洋服のプリントに入れることがありますし、ブランド名でも使われていました。また絵画ではキリストの手のひらに聖痕が描かれますが、実際キリ

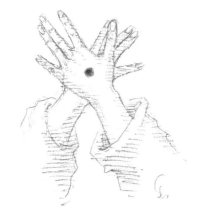

ストが釘を打たれたのは手首です。手のひらだと、ちぎれて十字架から落ちてしまうからです。

ステッキ

　古来、歩行補助具として、護身具として、また権力の象徴として使われてきたステッキ。西欧では16世紀には細い剣を忍ばせた「仕込み杖」が、17世紀には富裕層の男性が絶対持つべきアクセサリーとして宝石をあしらった贅沢なものが愛用されました。19世紀になるとカメラの三脚になる杖等様々なタイプが登場。

　このように歴史を作ってきたステッキですが、新聞や荷物を小脇に抱える時代になると所持する人は激減してしまいました。現在ファッションとしてステッキを愛用するのは、ゴスやスチームパンクだけかもしれません。

（参考文献→P188『アクセサリーの歴史事典（下）』）

ストリート・スナップ

　90年代後半からファッション雑誌ではストリート・スナップが盛んに行われ、特にラフォーレ原宿そばの交差点は聖地となり、休日の表参道には出版社の雑誌の撮影隊がずらりと並んでいました。青木美沙子は「原宿を歩いていればスナップされるかもしれないよ、と友達から聞いて、行ってみたら本当にスナップされたんです」と語っています。スナップ掲載後は青木のように読者モデルとしてデビュー、スター・モデルになる人も多々いました。深澤翠は表参道でのヘアサロンのモデルスカウトがきっかけで、雑誌「ケラ！」にモデルデビューしています。

ストラップ・シューズ

　ストラップが付いた靴を、日本ではストラップ・シューズと呼びますが、米国や英国では起源が修道士（モンク）が履いていた靴なので「モンク・シューズ」と呼び、その後「メリー・ジェーン」の呼称が一般的になりました。1902年に米国の新聞の連載漫画『バスター・ブラウン』の中で登場人物メリー・ジェーンが履き、靴のメーカーとタイアップして大ヒットしたからです。

　ワンストラップや多重ストラップは一般の女性でも履きますが、ロリータを意識したブランドではリボンやスカラップ・レースを付け、さらに踵も少女向けらしく太めに仕上げるか、ペタンコないしは厚底で作ります。

『ストリート・オブ・クロコダイル』

　英国の双子の監督クエイ兄弟による、1986年発表のクレイアニメ。鉄錆とほこりの中で動き回る、頭の一部が欠けたままの人

形達の姿が奇妙でありながらとても美しく、マニアックな人気を呼びました。チェコのヤン・シュヴァンクマイエル作品に並ぶ、ゴスに人気のシュールレアリスム映画作品です。

Street Fashion Europe
【すとりーと ふぁっしょん ゆーろっぷ】

　欧米のロリータの大規模なお茶会は、日本と違って企業ではなく有志達の手で開催されます。日本からロリータブランドのデザイナーやモデルを呼び、300人以上の客を集めることも。代表的な有志のコミュニティは、英国のロリータを対象に2007年から主催していたTea Party Club。2014年からはStreet Fashion Europeという団体名になり、欧米中の都市でお茶会を開催するように。主宰の英国人女性キラは、自ら開催したお茶会で、手伝いに来ていた彼氏に突然プロポーズされ、その場にゲストとして居合わせたJuliette et Justineのデザイナーから、ウェディングドレス提供の話をプレゼントされた、というエピソードがあったんですよ。

ストロー・バッグ

　籐かご鞄のこと。欧州では日曜の市場に行く時は、おじさんだってストロー・バッグを持ちます。生活の中に馴染んでいるのですね。そんなことは知らないけれど、ロリータはこのヨーロッパを感じさせるストロー・バッグが好き。自分でレースで飾ったり、冬でも毛皮をあしらって使うことがあります。

ストロベリー・
スイッチブレイド

　1998年に「ゴスロリ」という言葉が生まれる前に、元祖ゴスロリがいたとしたら？　それはヴィジュアル面でいえば、英国の女性2人組デュオ、ストロベリー・スイッチブレイド（1982～86年）かもしれません。大きな水玉模様プリントのフリフリ衣装を着てアイドル風情だったものの、初代ゴスの女王とも呼ばれたスージー・スー風の黒髪に黒い囲み目メイクでした。1985年に初来日、テレビCMでも楽曲が使用され、日本でも一般の間で話題になりました。

スパッターダッシェズ

　クラシカル・ロリータは、昔から西洋人が履いている靴の形が大好き。服自体が古い服にヒントを得て作られたものなので、昔の靴と相性が良いというわけですね。このスパッターダッシェズと呼ばれる靴は、17世紀から登場した男性用の泥除け用すね当てで、靴の上に被せて履いたもの。現在ではそれを靴と合体させたものが商品化されていて、クラシカル・ロリータに愛用されているのです。

スラッシュ

　ゴス服の大事なカスタム手段が、スラッシュ。ざくざくに切って素肌を見せて着用します。ゴス初心者が、普通の黒Tシャツを買ってきてゴス服に変えることができる、とても簡単な方法ですね！　パンクスの服にも見られますが、1980年代初頭にCOMME des

GARÇONSなどが穴開き服を発表、次第に若者達のストリート服に取り入れられていきます。

スワロウテイル・スカート

　フロントに較べ、バックが長い燕の尾のようなスカートのこと。ゴスの女性が好むスカートの形の一つです。フロントは思い切り短くして、脚線美や美しいタイツの柄を見せます。

政治家ロリータ、
政治活動家ロリータ
【せいじかろりーた、せいじかつどうかろりーた】

　ロリータと政治は、全然結びつかないイメージですが、ロリータ装をしていた政治家、政治活動をしていた女性は数名います。自分の半生を書いて『ロリータ少女、政治家になる。』という著書も出版した国会議員の田中美絵子。経産省運営のクールジャパン戦略で自称「ゴスロリ」装になり、パリのイベントに出た国会議員の稲田朋美。そして「ゴスロリ作家」と呼ばれていた政治活動家の雨宮処凛です。

『聖少女』【せいしょうじょ】

1965年に発表された、倉橋由美子による小説。裕福な家庭環境に育ち、奔放に自由気ままに生きる美少女の物語で、実父との禁断の愛や、主人公が作った完全ゴス趣味のカフェについて語られたりなど、時代を経た今も読む人に衝撃を与えています。

『聖少女領域』
【せいしょうじょりょういき】

2005年 ALI PROJECT の宝野アリカが作詞を担当して発表されたシングル曲『聖少女領域』(1984年)。同年この曲はTBS系アニメ『ローゼンメイデントロイメント』オープニングソングになり、人形が主役の作品と、人形のような姿の宝野がリンクする形で多くのファンが生まれました。後に宝野は、このタイトルは倉橋由美子の『聖少女』へのオマージュであることを語っています。

精神ロリータ 【せいしんろりーた】

かつて雑誌「Gothic & Lolita Bible」や、嶽本野ばらなどの随筆などの中で「ロリータとはこうあるべき」といった啓蒙的な文章がよく見られたせいでしょうか。ロリータには精神性が伴う、と考えられるようになり、服だけを愛するロリータを若干苦しめました。ロリータ服には様式美があるためか、ロリータ服に深く向き合う人は、ついロリータ服の着方やロリータとしてのふるまいについて、熱く語る傾向があります。

セーラー服

セーラー服は1857年に英国海軍の水兵の制服としてデザインされたもの。1846年にヴィクトリア女王がエドワード皇太子を船に乗せる際にクルーと同じ制服を作らせ、着用させたために、その愛らしい姿が評判になって一般の男児の間でも着られるようになりました。その後まもなく女児のためのセーラー服も登場、1901年には学校の制服としても採用され、様々な国の学校に広まっていきました。1920年に日本で初めてセーラー服を制服として取り入れた学校は、ミッション系ハイスクールの現・平安女学院です。ロリータ服にもブラウスタイプのセーラーがありますが、なぜだかゴス・ロリ黎明期以降は、Tシャツ素材でできた着やすいものが多いようです。

世界ゴスの日 (World Goth Day)
【せかいごすのひ】

5月22日。2010年に英国からスタート。

絶対領域 【ぜったいりょういき】

「絶対領域」とは、スカートからニーハイ(膝上まである靴下)の間の、腿の露出部分のことを指します。漫画『新世紀エヴァンゲリオン』のセリフや言葉をファンの間でアレンジして生まれた「萌え用語」です。2005年くらいから一般に広まっていきました。ロリータは健康的な膝を出すのが好きだ

けれど、ニーハイが登場してからは絶対領域だけをチラ見せするする人も増えました。ちょっぴりだけ、少女が大人になった、という感じでしょうか。

セラフィム

　頭から直接6つの翼が生えている、最高位の天使のこと。熾天使（してんし）ともいいます。第2位の天使はケルビム（智天使）（ち）で人、獅子、雄牛、鷲の顔と4枚の翼で描かれることが。第3位はスローンズ（座天使）（ざ）で、顔はなく車輪だけで表現されます。いずれも羽や輪などに複数の目が描かれます。通常よく見られる天使絵の優しいイメージからはほど遠い感じですね。天使は心優しい、というイメージは甘かったかもしれません。どうやら感情もないようです。

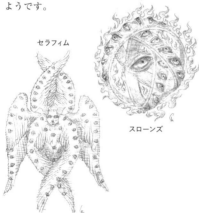

セラフィム

スローンズ

セレクト・ショップ

　ゴスロリ、ゴス・ロリというワードのもとにブランドが誕生する直前の1990年代末は、ゴスっぽい黒服や甘いロリータテイストの服は、東京ではラフォーレ原宿地下1.5階のセレクト・ショップで購入されていました。「ライブに行くための黒い服を買いたいんだけれど、どこで買えばいいのかな？」という質問があれば、ライブ仲間は「ラフォーレ原宿の地下に行くといい」と答えていたようです。ワンブランドだけの店より肩肘を張らずに店に入ることができて、しかもいろんな服を見ることができるので、今でもマルイワン新宿のKERAショップ他、セレクト・ショップの人気は落ちることがないようです。（関連→アメ村）

全国理美容学校「kawaii」選手権大会
【ぜんこくりびようがっこう「かわいい」せんしゅけんたいかい】

　2014年から全国の理美容専門学校の生徒が参加する形で開催されているのが、「kawaii」選手権大会。日本の「かわいい」をテーマに選手（学生）が、ヘアメイクや自作衣装を競い合うイベントです。主だった作品はロリータスタイルで自作、さらに電飾も入れたりなど、毎年ふつうのロリータが見ても想像を超える程の、華やかなステージを展開しています。

扇子　【せんす】

　扇は紀元前から世界のあちこちで使われていたそう。最初にうちわを作ったのは中国、そして折りたためる扇子を作ったのは8世紀の日本です。木簡と呼ばれる薄くて細い木片に、宮中での作法を書き紐でつなぎアンチョコとして使用したことが始まりでした。

　扇子はその後16世紀の南蛮貿易時代に欧州に伝わり、フランスなどで貴婦人の持ち物として広まっていったようです。共通しているのはどこの国でも高貴な人しか使用が許されていなかったことです。

　現在の夏のゴスやクラシカル・ロリータは、電池で稼動する小型ファンを持ち運ぶ時代になっても、扇子を持って優雅に振る舞うのが好きです。

うか。ロリータ服のフリルは甘くて強い、女
子のための甲冑そのものと感じ取れるのかも
しれません。（関連→芸能人のロリータ私服）

総イラストタイツ
【そういらすとたいつ】

　昇華転写印刷というプリント手法が登場し
て、少数ロットから布地に印刷できる時代が
やってきたのが2012年頃。ゴスやロリータ
ブランドはこの手法を用い、こぞって総イラ
ストタイツを販売しました。スカートを穿く
と見えない、そけい部までびっしりと絵が入
ったタイツはたちまち人気に。平均して4000
円くらいと若干高値ですが、次々に発売さ
れ、飛ぶように売れていったのです。脚を包
むコルセットのように見えるコルセットタイ
ツ（関連→abilletage）、手描きで作った人形の
脚のように見える球体関節ストッキング（関連
→タブロヲ）など、当時発売されて今に至るま
でロングヒットを続ける名品もあります。

戦闘服 【せんとうふく】

　ロリータ服を「戦闘服」と最初に言い出し
たのは嶽本野ばら。雑誌「Gothic & Lolita
Bible」2号（2001年）の巻頭文にて服に込める
思いを寄せています。

　またロリータモデルの青木美沙子は書籍
『見た目が気になる　「からだ」の悩みを解き
ほぐす26のヒント』（河出書房新社）で、「私に
とって、ロリータと共に歩んできた人生は普
通とのたたかいであり、ロリータファッショ
ンは『戦闘服』でもあります」と語っていま
す。青木は世間に闘いを挑むアグレッシブな
意識でロリータ服を選んだわけではないと思
われますが、叩かれがちなロリータ服と共に
生きる意思を、自分自身に刻んだ言葉だと考
えられるでしょう。

装甲 【そうこう】

　櫻井孝昌との共著『世界でいちばんユニー
クなニッポンだからできること　僕らの文化
外交宣言』（PARCO出版）で、ロリータ服を着
ることを「装甲」と発言したのは、歌手＆声
優の上坂すみれ（1991年〜）。素のままでは自
信が持てない自分を、服の力で盛り上げても
らい、戦場ともいえる外の世界、芸能界に押
し出してもらっている、といった感じでしょ

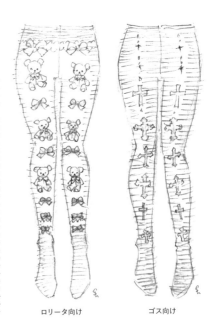

ロリータ向け　　　ゴス向け

た行

タータン

　ブリティッシュ系ロリータ服や、ロリータ・パンク服によく使われるのが、チェック生地。中でもタータンと呼ばれるものは、英国北部スコットランドの伝統的な「織物」です。法律により、スコットランド政府の登記局に登録・保存されているものだけがタータンと称することが認められているため、未登録のもの、織物でないものはただのチェックと呼ばれます。私たちの知るタータンでは、バーバリー・チェックや、Vivienne Westwoodのものなどが有名ですね。ちなみにタータン自体にチェックという意味が含まれているので、タータン・チェックという言い方は和製英語だそうですよ。

（参考文献→P188『タータン・チェックの歴史』）

ダウンヘア・スタイル

　ツインテールと並ぶ、人気のロリータヘアスタイルで、髪を全て下ろしたもの。ただしヘッドドレスやリボンカチューシャ、ボンネットなどを着用して華やかに飾ります。軽く髪に巻きを入れる人も。

高嶺ヒナ【たかねひな】

　コスプレイヤー＆HIDOLATRAL THEO DOL（イドラタール　テオ　ドール）プロデューサー＆デザイナー。1mを超える真っ黒な地毛と姫カット、170cm弱の長身でメイクや写真レタッチを含め理想を突き詰めた、自身の写真をSNSに投稿、世間に衝撃を与えた高嶺ヒナ。その姿は平成時代にいったん収束したゴスロリスタイルが、令和になってバージョンアップした形でした。昔を知るロリータの間で「令和の新ゴスロリ」という評価を受けています。

宝野アリカ【たからのありか】

　ALI PROJECTのボーカルで作詞家の、宝野アリカ。幼少時から自分と名前が似ている『不思議の国のアリス』が好きだったそう。また可愛い服も好きで、画家である父からは「ロリータちゃん」と、また十代の頃は自作でアリスのような服を作って着用しバイト先で「リボンちゃん」と呼ばれていたとか。自身の一部を語ったとも取れる誇り高き少女の生き方や、文学性を感じさせる歌詞が印象的です。雑誌「KERAマニアックス」7号（2006年）に初登場、以降同誌と「Gothic & Lolita Bible」の常連出演者になり、一気にゴスとロリータのファンを増やして「ゴスロリの女王」と呼ばれるまでになりました。

（関連→『聖少女領域』、ロリータ文学者）

『蜜薔薇、棘薔薇』
（宝野アリカ著／インデックス・コミュニケーションズ）

宅ロリ 【たくろり】

　2020年からコロナ禍の影響で緊急事態宣言が発令され、外出がままならなくなった時代に生まれた言葉が「宅ロリ」。在宅状態でロリータ姿を楽しもうということで、ロリータ装をしてセルフポートレートを撮影し、SNSに投稿してロリータ生活を継続しました。(関連→リモ茶)

嶽本野ばら 【たけもとのばら】

　ロリータ以外の一般人にも最も知られ、かつロリータ界を牽引してきた人物といえば、小説家・嶽本野ばら(1968年〜)といって間違いないでしょう。1990年に大阪の雑貨屋「SHOPへなちょこ」の店長を務め、1992年前後からフリーペーパー「花形文化通信」の編集に参加。ここで連載していたエッセイ『それいぬ 正しい乙女になるために』が1998年に書籍化。続いて2000年に『ミシン』(小学館)で小説家デビューし、2002年には『下妻物語 ヤンキーちゃんとロリータちゃん』(小学館)で大ブレイクしました。みずからもロリータ服を愛用して、ロリータたちの気持ちを代弁するだけではありません。各メゾンについても詳細に語り、笑いも欠かさない独自の小説スタイルが一般の女性の間でも熱狂的に受け入れられ、「乙女のカリスマ」と呼ばれる唯一無二の存在になっています。(関連→ロリータ文学者)

タッセル

　中世の西欧では、王侯貴族達の上着といえばマント(関連→ケープ)でした。まだボタンはなかったので、マントの左右をつなぐのは、絹や金の糸で作られ、時には宝石を取り付けた贅沢な作りのタッセルでした。(参考文献→P188『アクセサリーの歴史事典(下)』)

胸元に垂れ下がるので、大きなネックレスのような役目だったのかもしれませんね。現代のゴス、クラシカル・ロリータはタッセルが大好き。私室でタッセル付きのカーテンやカーテン留めなどを使っていにしえの時代のゴージャス感を味わったり、イヤリングなどアクサセリーも愛用しています。

縦ロールヘア 【たてろーるへあ】

　ゴス・ロリ黎明期に、ゴスロリの髪型で理想とされたのは縦ロールでした。ゴスロリの先鋒者であるManaの縦ロールヘアは女性はもちろん、女形(おんながた)のバンドマンの憧れでもあり、どうにかして地毛で作れないかと苦心したようです。Manaの縦ロールを作っていたヘアメイクの小竹珠代に聞いたところ、ごく薄く髪を取って巻いていくとボリューミーで理想的な縦ロールを作ることができるのだそう。やがてゴス・ロリを意識した縦ロールのウィッグも発売されるようになり、ゴス・ロリは髪を巻く苦労から解放されました。

棚買い 【たながい】

　ゴスロリが世界的にもブームになった頃、マリリン・マンソンは来日の際ゴス系ブランドショップで棚買い(陳列棚にある商品を全部購入すること)した、とブランド・スタッフから聞いています。また棚買いという表現ではありませんでしたが、コートニー・ラブ

のスタイリストはロリータ服のプレスまで訪れてたくさんの服を購入した、という話も聞きました。レディ・ガガは「日本でしかゴスロリ服は買えない」と Moi-même-Moitié に来店していますし、エイミー（エヴァネッセンス）は来日の際、「昨日竹下通りで買ったゴスロリ服を着てきたわ」と話してくれました。アメリカ人のミュージシャンにも大人気だった日本のゴス、ロリータ服。「日本に行ったらたくさん買わなくては！」と決意していたのでしょうね。（関連→ラック買い）

タブリエ

『不思議の国のアリス』のアリスが着ているようなエプロンは、19世紀の西欧の子供たちの必須アイテムでした。日本でも大正時代から華族の子女が通う女学校併設の幼稚園では、園児達の着用が義務づけられていたそうです。その際の名前はフランス語で「タブリエ」でした。英語ではピナフォーといいます。服を汚さないためのものでしたが、私達が着るロリータ服には、ファッション・アイテムとして取り入れられていますね。服もタブリエも絶対に汚したくはありません……。

（関連→エプロン・スカート）

ダブル・カラー

2枚の襟を重ねること。より華やかにブラウスを見せるために作られることがありま

す。こんな風にそっと置かれる贅沢な作りが、ロリータの心を満たしてくれます。

タブロヲ（tableauxxx）
【たぶろを】

2009年創設のブランド。球体関節をエアブラシで描いたストッキング生地のレッグウェアや、手袋などを発表して話題に。ブランド名は中村宏（画家）の「タブロオ機械論」に強く感化を受けたデザイナー上野航が、「着る絵画（フランス語でタブロー）を表現しよう」と名付けたものだそう。2016年にデビューして世間を騒がせた橋本ルルもタブロヲのレッグウェアを着用していました。
Ⓧ https://twitter.com/tableauxxx

たま

少女主義的水彩画家の、たま（1977年〜）。ロリータ服を着た幼女を描くイラストレーター。高い画力で可愛さ、イノセンスさにグロさを強烈にミックスした絵は、一目見たら忘れられません。本人もロリータ服を愛用、Royal Princess Alice などからコラボでイラストプリント服を発表しています。

『Nighty night 〜少女主義的水彩画集Ⅷ〜』
（たま著／アトリエサード）

田村セツコ 【たむらせつこ】

ロリータは年齢を重ねてもずっとロリータでいられるのでしょうか？ ロリータ服が生まれるより以前から現在まで少女の装いや感性を貫きつつ、素敵な大人になった女性には、イラストレーターの田村セツコ(1938年〜)がいます。1958年雑誌「少女クラブ」でデビュー、以降たくさんのメディアで少女をメインにイラストを描き活躍。本人もイラストそのままのスタイルで、毎日住まいのある原宿を闊歩しています。赤塚不二夫の漫画『ひみつのアッコちゃん』のモデルだという噂も。

ダメージド服 【だめーじどふく】

通常、服がどうしようもなく汚れてしまったら、捨ててしまうものです。ところが汚しを入れる、傷を付ける、穴を開けるなどしてダメージを与えることで、服に表情を加えることを「よし」とするのがパンクスやゴス。ゴスは開けた穴からは素肌を見せることもあれば、ネット服と重ねてレイヤードを楽しむことも。

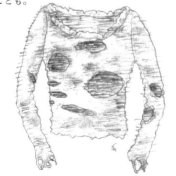

ダンジョン

中世では城の要塞(ドンジョン)を指していましたが、現在は地下牢のこと。長年ゴス小説や映画の中ではラビリンスと共に重要な舞台の一つとして扱われてきました。現在のロールプレイングゲームではラビリンスと共にダンジョンが登場しますが、この二つこそがゴス文化が一般社会の遊びに一番影響を及ぼしたものかもしれません。

耽美派 【たんびは】

美を至高の価値とする人々のこと。19世紀末に生まれた耽美派文学にはボードレール(関連→『悪の華』)、エドガー・アラン・ポー、オスカー・ワイルド等の作品があります。デカダン趣味、悪魔主義ともつながっています。さて日本では1970年代に映画『ベニスに死す』や漫画『風と木の詩』(竹宮恵子著／小学館)で描き出される少年の同性愛に加え、ジェンダーレス化粧のデヴィッド・ボウイなど(関連→お化粧系バンド)が登場。女性達の間で美しい少年や青年に耽溺する傾向が現れ、1975年に美少年や青年を愛でる雑誌「Comic Jun(後に「JUNE」と改題)」が「耽美派」と銘打ち出版され、コアな読者層を掴みました。雑誌は今でいうBL系で、読者は腐女子の先駆け達です。

またゴシック愛好者でもある漫画家楠本まきが、生活の中に耽美主義を取り入れることを提唱した『耽美生活百科』(集英社)を1996年から連載、2000年に単行本化しています。

チーキー

手作りのアンティークベアを見ると国によって違いがあり、ドイツ製はお腹を押すとうなったりしてリアルな様相。また英国製は揺らすと鈴の音が聞こえるなど愛らしさをたたえています。

1957年に生まれた英国メリーソート社のテディベア、チーキーは英国の伝統を感じさせる抜群に可愛らしい顔つきをしていて、テディファンを熱狂させました。今では現代のテディ作りの模範のお顔になっていますね。

もちろん英国推しのロリータにとっても最も愛すべきテディです。

トラディショナルチーキー
（Dear Bear 目黒店 TEL03-5789-7766）

チカちゃん

　ゴスとロリータブランドが並ぶ、ラフォーレ原宿アンダーグラウンドフロア。ここに買い物に来る客は、誰からともなく「チカ（地下）ちゃん」と可愛い呼び名を付けられていたそう。またそのチカちゃんの中には、米国・英国・フランス他西欧のメゾンのデザイナー、映画制作のスタイリストなど関係者、大物ミュージシャン本人やそのスタッフ等が時々見受けられるようです。来日の際に、仕事のための視察として、あるいは仕事用の衣装探し、そして個人的な買い物にと使われているようです。

『地下の国のアリス』
【ちかのくにのありす】

　ルイス・キャロルの『不思議の国のアリス』の前身となった物語。もともと彼の幼い

友達アリス・リデルにせがまれて作った話でしたが、その後自分で挿絵まで描き添え一冊の本にして、キャロル31歳の時に、12歳のアリスにプレゼントしました。今は大英博物館コレクションとなっ

ていますが、日本の出版社から発売されていた複製本も中古などで手に入れることができます。キャロル直筆の文字と絵はとてもユニーク。ぜひ探してみてください。

全てキャロルの直筆による『地下の国のアリス』のカバー（左下）と中頁（上）。1864年／大英博物館蔵

地方伝統工芸
【ちほうでんとうこうげい】

　地方伝統工芸に結び付いたロリータ服があることを、皆様ご存知でしょうか。2011年に立命館大学（京都）の細井浩一・映像学部教授のゼミ学生らが「京ロリ」デザインコンテストを全国に向けて開催、京都の伝統工芸品の「西陣織」で制作。2014年には石川テレビ放送、加賀刺繍協同組合などが集まって「加賀ロリプロジェクト」を始動、石川県伝統工芸「加賀友禅」「加賀繍」を掛け合わせてファッション・コンテストを開催しました。ロリータ服は質が高いものが多いので、丁寧に作られた地方伝統工芸品とは相性がいいかもしれません。

中世【ちゅうせい】

「ロリータ服は中世ロココ時代の服がベースになっている」などとよく言われますね。これは間違い。諸説ありますが欧州ではだいたいの時代区分は《古代》古代ギリシャ、ローマ時代。《中世》476年の西ローマ帝国の滅亡から。《近世》15世紀中頃の東ローマ帝国の滅亡、ルネサンス時代の到来、大航海時代の始まり、宗教改革の時代から。テューダー朝、バロック、ロココはここ。《近代》18世紀のフランス革命、イギリスの産業革命から。ヴィクトリア時代はここ。《現代》1914年の第1次大戦からが目安になります。中世繋がりといえるのは、13〜15世紀頃に作られたゴシック建築とその時代の服（関連→中世の服）だけです。

中世の服【ちゅうせいのふく】

中世の服はロリータに影響を与えていません。が、ゴスにはイメージに関わりがあります。14世紀には「ダッキング」というのこぎり刃デザインの袖口が付いた服「ウプランド」が流行しました。「エスコフィオン」とい

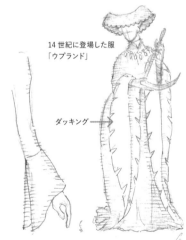

14世紀に登場した服
「ウプランド」

ダッキング →

現代のゴスの服のウィンドカフス

14世紀に流行した、2本のツノ型の「エスコフィオン」
（関連→ゴス・ヘア）

14〜15世紀に流行した「プーレーヌ」

うツノが二つあるようなタイプの被り物や、「プーレーヌ（船首）」という細長い靴も人気でした。ゴシック建築の尖塔さながらに、どこまでも高く長く、という美意識の表れがあったのでしょうね。

（参考文献→P188『おしゃれの文化史 PART II』）

チュチュ

バレリーナが舞台で使用している、フリルのたくさん入ったスカート衣装のこと。ロリータ専用のパニエが普及していなかった1990年代では、チュチュをスカートにしたアイドルやロリータ風少女たちの姿がよく見かけられました。当時は主にアメリカ系の古着屋で購入していたようですが、今は需要が

増えたためレインボーカラーなどカラーバリエーションも増えて新品として、原宿・竹下通りの店などで売られていることも。現在着ているのはデコラなどです。

超ハイヒール 【ちょうはいひーる】

ゴスの女性にとって大事なのはスタイリッシュであること。洋服を美しく見せるにはハイヒール靴は欠かせません。踵だけでなく爪先も高さがある超ハイ・ヒールが好まれています。ボンデージ装とつながりがあるゴスですが、靴での違いは、ボンデージ装では踵が尖ったピン・ヒールが選ばれますが、ゴスでは太めの踵も良しとされています。日本製ではあまり見掛けないので、アメリカなどからの輸入品で探します。（関連→ギリー）

チョーカー

首回りにフィットする首飾りをチョーカーといいます。ゴスの間では特に愛用されていて、ベルベット風リボンのフロントに飾りを付けたシンプルなタイプの他、ジェット飾りを模した黒や白、赤のパーツを無数に取り付けて煌めかせたゴージャスなタイプが人気です。ロリータも装いを華やかにしたい時は、パールのチョーカーを身に着けます。

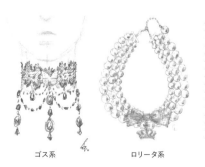

ゴス系　　　　ロリータ系

チョーカー付きトップス
【ちょーかーつきとっぷす】

ゴス服には、襟ぐりが大きく開いたものがたくさんあります。そこにチョーカーを合わせるのが定番のコーディネイトなのですが、チョーカーにあたるホルターをあらかじめ付けてしまったファッショナブルな服もあります。ロリータ服でチョーカー付きトップスに相当するものとしては、ホルターネックの服があります。

チョコレート

ゴスやロリータが大好きなお菓子、チョコレート。ロリータ服や小物のテキスタイルにもよく使用されていますね。そこで最近のお洒落なチョコレートについて、いくつか説明を。

Aボンボンショコラ。一口サイズのチョコレート菓子のことで、さらに粉砂糖やココアをまぶしたものはトリュフに似ているため、トリュフチョコレートと呼ばれます。B生チョコ。口に入れた瞬間とろけるチョコレート。1988年、日本の洋菓子店シスルマリアから誕生。Cチョコレートバー。ロリータ服や小物のイラストに最も使用されています。Dカレ・ド・ショコラ。薄い四角のチョコレートのこと。コンビニなどで買えるチョコレートの名前にもありますね。

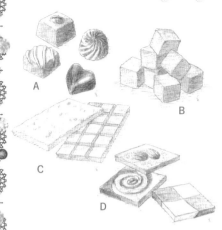

ツインテール

略称は「ツインテ」。甘ロリ、ゴスロリの間で最もポップな髪型。髪を二つに分けて、耳の上の高い位置で結び、ぱっちん留めの髪飾りなどを着けます。10〜20代のロリータを中心に、人気です。日本では2012年から2月2日が「ツインテールの日」とされましたが、365日ツインテにしているロリータにとっては特別な日ではないようです。

（関連→おさげ）

2WAY袖【つーうぇいそで】

2000年前後からロリータ・ブランドの服のみで頻繁に見られるようになった、取り外しができる袖。パフスリーブの下に長袖が付いていて、ボタンで着脱できるようになっています。「このブラウス1枚あれば、年中ロリータ装が楽しめる」と大ヒットしました。

つぎはぎ服【つぎはぎふく】

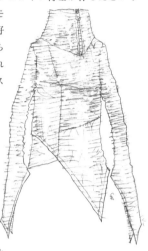

ゴスの服には、つぎはぎの服があります。フランケンシュタイン博士が作ったというつぎはぎのモンスターも好きなゴスならではかもしれません。ゴス服はほとんど黒地なので、こうした遊びで変化を付けて楽しむのです。

付け襟【つけえり】

プリーツタイプ、レース製、フェイクファー製……。様々なタイプの付け襟はロリータにとってのコレクション・アイテムの一つ。ロリータ服には元から襟が縫い付けられていることが多いので、活躍の場が少ないのですが、店で見ることがあれば可愛さのあまりつい購入してしまうのです。カフスとセットになっていることもあります。またファータイプは現代ではティペットとも呼ばれています。

さて欧州では昔からレースの付け襟は富裕層の間で着用されていました。「エリザベス・カラー」とも

《エリザベス1世の肖像》※一部。W・シーガー作。
1585年頃、ハットフィールドハウスコレクション

呼ばれる襟「ラフ」もその一つです。

現代の付け襟

ツノ

　山羊、羊、鹿などの角を装着することはドイツのゴスから流行が始まったようです。その後日本でも軽い素材を使ってツノ付きカチューシャを作り、クラシカル・ロリータ装などで使用する人が現れました。ファンタジーやメルヘンの世界を表現できる小物は、ゴスやロリータの服とは相性が大変良いのです。

（関連
→エルフ耳）

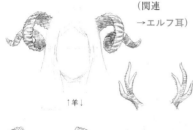

↑羊↓

鹿

ティアード

　ギャザーフリルを何段にも重ねて作る形のこと。女性のスカートではよく見られますね。男性でもマンボの衣装でティアード・スリーブを使用することがあります。よく似た形で、ロリータの女性が使用する姫袖があります。

ティアラ

　女性が着ける冠の一つ。王冠と違って、360度ぐるりと飾りが付いていません。半円状やコーム付きになっているので、髪の中に差し込んで使います。現在一般では皇室の女性の他に、結婚式の花嫁が使っている姿がよく見られます。ロリータの間では、盛り髪にした姫ロリの間でよく使われていました。

Ｔストラップ・シューズ

【てぃーすとらっぷ・しゅーず】

　ワン・ストラップ（関連→ストラップ・シューズ）より、少しだけ大人っぽさが出るＴストラップシューズ。1920年代に登場し、今でも英国では定番の靴としてよく見られますが、日本ではその時々のブームにより店先に登場。一部のクラシカル・ロリータに愛されている靴です。

despair 【でぃすぺあ】

　2000年スタートの、和、ゴス、ロリータをミックスしたコレクションブランド。ブランド名の意味は英語で「絶望」ですが、それは「ゼロの状態から始めたい。絶望から、徐々に希望を見いだせるように」という思いでデザイナー紫苑が付けたのだとか。着物ドレス、ロング着物、作り帯（花魁帯）などがロングヒット商品。ライブ衣装もたくさん制作しています。

Ⓧ @xxxxdespairxxxx

DJ SiSeN【でぃーじぇーしせん】

2011年から17年までベルリンを本拠地にして、世界中のゴス系クラブを渡り歩いた日本人ゴスDJ。日本ではTokyo Decadance、デカバー他でDJを務めています。

（関連→夜のゴス・イベント）

ティム・ウォーカー

ティム・ウォーカー（1970年〜）のファッション写真作品は、幻想的で奇妙で可愛くてゴージャス、そしてゴシック要素もあるという、ゴスやロリータにとって魅力でしかありません。ハイ・アート系カメラマンの写真集をコレクションすることも、ゴスの楽しみの一つです。

ティム・バートン

全世界のゴス達に愛される、本人も心からゴスが好きなポップな映画監督といったらティム・バートン（1958年〜）ですね。ディズニーのアニメーターとしてデビューした後、映画監督に。1988年『ビートルジュース』、1989年『バットマン』、1990年『シザーハンズ』、1983年『ナイトメアー・ビフォア・クリスマス』、2005年『チャーリーとチョコレート工場』他、世界的に有名な作品を発表し続けています。日本のゴス系文化も大好きで、来日の際人形師の恋月姫に会いに行ったり、米国ツアー中の黒色すみれをハリウッドの撮影現場に招くなどしています。

デカダン趣味【でかだんしゅみ】

デカダンとはフランス語で「退廃」の意味。文学史上ではボードレール（関連→『悪の華』）やアルチュール・ランボー、ヴェルレーヌなどの象徴派詩人（関連→象徴主義）などが、敵対する文学人たちにデカダン派と呼ばれ、世界中に知られていきました。衰退に向かう状況であっても、享楽的に生きていく美しさ、愚かさ、切なさなどを讃えたものです。ゴスにとっては間違いなく美学の一つですね。英語読みだと「デカダンス」になります。

デカワンコ

2008年に雑誌「YOU」（講談社）で連載開始された漫画『デカワンコ』（森本梢子著）。やたら利く鼻を持ち、ロリータ服を着て新米刑事として働く花森一子（通称ワンコ）が主人公。2011年にTVドラマ化、このドラマでAngelic Pretty、PUTUMAYOなどを着こなすワンコ役の女優、多部未華子を知り、多部ファンになるロリータが急増しました。

デコラ

ポップな服装がベースで、アクセサリーを無数に着けまくる、デコラティブな原宿スタイルの女性のこと。そのルーツは1995年に芸能界デビューした頃の篠原ともえ（1979年〜）です。彼女の真似をしたキッズは「シノラー」と呼ばれましたが、彼女の服装が落ち着いた後にその流れを汲むファッションは「デコラ」と呼ばれるようになりました。全盛時代を過ぎていますが、毎年なぜか春になると原宿で、彼女達が集っている様子が見られます。広がるチュチュなどを履いた場合は、デコラ・ロリータと呼ばれますが、デコロリ(P13)とは別の部類になるので注意。プチプラの服や子供雑貨などを使っていますが、とにかくその数が膨大なので、フルコーディネイトの総額は計り知れません。

DEATH NOTE
【です のーと】

2003年から「週刊少年ジャンプ」で連載され話題を呼んだ『DEATH NOTE』(大場つぐみ原作、小畑 健 作画／集英社)の主要人物ミサミサこと、弥 海砂。彼女はハーフツインテ髪にゴス装で、まさにゴスロリ風。通常男性目線で描かれる漫画作品中のゴスロリは、リアル・ロリータのハートにヒットしないのですが、この作品はロリータ達にも非常に愛される作品となりました。ミサミサだけでなく夜神月やエル、死神のリュークなど魅力的で、ゴス的な雰囲気を醸し出すキャラクター設定が起因しているのでしょう。名前を書かれた人間が死ぬ、という「デスノート」を再現したものを、ネタとして持つ人もいました。

哲学【てつがく】

ゴスやゴスロリたちには文学好きが多く、哲学書や思想書を読んだり、大学では哲学科に進む人が、ちらほらいるようです。彼女達が尊敬している女性には、やはり哲学科で学んだCOMME des GARÇONSのデザイナー、川久保 玲(慶應義塾大学文学部哲学科卒業)、漫画家の楠本まき(お茶の水女子大学哲学科)などがいます。

鉄錆色【てつさびいろ】

ゴシックカラーといえば黒、赤、白が基本ですが、90年代には腐食し錆が入った鉄の色や風合いがゴス服や鞄のデザインでよく使用されていました。複数の色が混ざりくすんだ赤、茶、緑や、経年劣化を感じさせるインダストリアルな雰囲気を醸し出したテキスタイルは、ゴスの好物です。個人的にはちょっと感傷的な気分に浸って、沈没したまま腐食して崩れていくタイタニック号を思い浮かべるのがゴス的でロマンチックかな、と思っています。

テディベア

ロリータはぬいぐるみが大好き。中でも人気なのはクマです。1902年にドイツのシュタイフ社がリアルさを求めてジョイント部分を工夫し、頭と手足を動かせるという、当時としては画期的なクマのぬいぐるみを初めて商品化しました。

同年に米国の大統領セオドア・ルーズベルト(愛称テディ)が狩猟に出かけた際老クマを助けたことが、いたいけな子グマを助けた、という美談として新聞に掲載。そこからテディという名前のクマのぬいぐるみが登場し、その波に乗って様々な会社から熊のぬいぐるみが「テディベア」として発売されるようになったそうです。そんなことから長らくクマのぬいぐるみの市場はドイツ製と米国製がシェアを占めていました。(関連→チーキー)

手袋【てぶくろ】

中世の西欧では、手袋は王と高位の聖職者だけが持つものでした。やがて上流階級にも使われるようになり、その後「真実の愛のしるし」として恋人に渡す愛の贈り物にもなります。また毒薬を染み込ませて殺人のために使われたことも……。

時代の流れの中で様々な愛と死のロマンを紡いできた手袋ですが、クラシカル・ロリータやゴスはエレガントなレースの手袋を着けたがるし、スイート・ロリータは幼少時代を思わせるようなミトン(指が分かれていないもの)が大好きです。(関連→ミット)

ミトン　　レース手袋

出戻リータ 【でもどりーた】

　ロリータ装をしていた人が、いったん休みを経てまた戻ってくること。お勤めや友達・彼など人間関係の変化、持っていた服への飽き、流行の影響、年齢と共に似合わなくなってきたかもしれない、という気持ち……。そしてかさばる服の置き場所がなくなってきたという現実。こういったことが原因で、ロリータ服を手放した人は多数います。しかしロリータ服が好きだった人は、やっぱりロリータ服を着たい気持ちになって戻ってくることがあるのです。こういう人は「出戻リータ」と呼ばれます。そして「結局好きなものは変わらない」ということに気がつくのです。

テューダー朝 【てゅーだーちょう】

　英国で薔薇戦争が終わった1485年から、エリザベス1世の逝去の1603年までの間の王朝のこと。絶対王政の極盛期で、海賊船を使ってスペインから海での覇権を奪い、英国が最も栄える時期ともなりました。自分の再婚のために英国からカトリック教会を追い出し、自分が統率するイギリス国教会を創設したヘンリー8世、プロテスタント信者300人を処刑してブラディ・マリーの異名を持つメアリー1世など、傲慢をかます色濃い君主を出していることでも有名です。

　この時期を経て英国が再度繁栄期を迎えるのは、ヴィクトリア時代になります。どちらもゴスにと

《即位前のメアリー1世》1544年

って関心のある時代です。欧米のゴス女性はこの時代をベースにイベント用の衣装を自作することもあります。球体関節人形で知られる恋月姫人形の衣装にも、テューダー朝の雰囲気が感じられるものが多くあります。

寺山修司 【てらやましゅうじ】

　ゴスが敬愛する歌人で劇作家、前衛的な演劇実験室「天井桟敷」主宰の寺山修司(1935～83年)。日本人で初めてシュールレアリスムを文学や舞台劇に持ちこんだ人と言われています。オリジナルの視覚上の和ゴスエッセンスも見る者を驚かせ、寺山氏が逝去した後も全く古びることなく、上演され続けています。

TERRITORY 【てりとりー】

　大阪のオカルト・ショップ(1996年～)の名前。全国のゴスに知られる店で、ゴスなら関西方面に出向いた際は必ず立ち寄るものでした。現在はオンラインにて対応。オーナーの故・TAIKIは口内に牙を入れ、店内ではカラスやコウモリをペットに飼っていました。
(関連→夜のゴス・イベント)

天蓋付きベッド
【てんがいつきべっど】

　ゴス、ロリータ共に、自分の部屋に一番欲しい家具、それは天蓋付きベッドです。しかし本格的なものは天井から布を吊ることが必要なため、家の作りの事情で叶わないケースが多々。購入したものの結局天井につかえてちゃんと使用できなかった、という悲しい話も。フラットな布を天部分に張ったものや、それも無理ならベッドヘッドが可愛い形のものを選ぶ人が多いようです。

のプリントや、音楽関係でよく使われるドイツ語を挙げておきます。Allergie（アレルギー）、Gips（ギプス）、Röntgen（レントゲン）。医療関係の用語が多いですね！
（関連→フランス語）

東京カワイイ★TV 【とうきょうかわいい てぃーヴぃー】

2008年からNHK（総合・関東圏内）で番組「東京カワイイ★TV」をスタート、渋谷や原宿など若者に人気のお洒落で「カワイイ」カルチャーを取り上げました。もちろん、ロリータファッションもたびたび紹介されました。ロリータモデルの青木美沙子が外務省のポップカルチャー発信使（カワイイ大使）に選出されたのも、この番組と、雑誌「Gothic & Lolita Bible」が関与しています。また2008年頃には外国の視聴者に向けて発信する番組「NHKワールド」でも、ロリータを紹介しています。日本ではEテレで視聴できました。

同シリーズ フルセット購入 【どうしりーずふるせっとこうにゅう】

ロリータ服は、シリーズ名を付けて展開されているものが多くあります。ロリータ服全盛期の2000年代後半、オリプリ物が大人気になり、シリーズ名はプリント柄に合わせて名付けられました。特に甘ロリ服ではメインになるワンピースなどのプリントに合わせて、靴下などを同シリーズで販売するようになり、学生などロリータ初心者たちの切なる夢は、これらをフルセットで購入することでした。ロリータ達は働いて金銭的に余裕ができるようになると、迷わず全て購入しました。

展示即売会 【てんじそくばいかい】

ゴス、ロリータ系のブランドは、個人制作が非常に多いため、展示即売会がたびたび開催されています。過去・現在を含め名の通った即売会には、アラモードマーケット（通称アラモ）、Romantic A La Mode（通称ロマアラ）、Brilliant Starデコレーションズ（通称ブリデコ）、ロリータ＆ガールズマルシェ、Gothic and Lolita Market（通称ゴスロリマーケット）等があります。クオリティの高いハンドメイド作品も多くお手軽なプライスで買えるということで、早くから楽しみにして遠方から来る人も多いようです。

ドイツ語 【どいつご】

ゴスにとって最もクールに思える言語は、ドイツ語です。ゴス服にデザインされている文字は、ゴシック体で綴られたドイツ語が圧倒的に多いのです。いかめしくて重厚な感じがいいのですが、ゴスというのはゴート族という古代ゲルマン系の民族で、ドイツともつながりがある人たちを指すところから始まった言葉なので、不思議なものですね。ゴス服

動物の頭蓋骨
【どうぶつのずがいこつ】

　本物の動物の頭部やツノ、骨などを使ったアクセサリーは、ドイツのゴスの間から広まって、現在は日本のクラシカル・ロリータの間でも使用されることがあります。日本のものはヘッドドレスを土台にしてコサージュやリボンも取り付け、可愛くアレンジされていることが多いようです。（関連→牙）

TO-Y 【とーい】

　上條淳士による漫画作品（「週刊少年サンデー」連載／小学館／1985〜87年）。パンクバンドのボーカルが主人公の漫画で、パンクスの間では金字塔となっている作品です。しかもアイドルや当時のファッションシーンも丁寧に描かれ、とびきり洗練されたファッショナブルでスタイリッシュな漫画として連載当

時から話題をさらっていました。ゴス・バンド、ペニシリン・ショックの「カイエ」や、現在のロリータに近い服を着た「ニヤちゃん」が登場するシーンがあり、ゴスやロリータ愛好者の間でもずっと語り継がれる作品になっています。

『To-y 30th Anniversary Edition』第1巻（P187、325）より。
左下／ポジパン装のカイエ。上／ボンネットを被ったニヤ
（上條淳士著／小学館クリエイティブ）
©Atsushi Kamijo/SC

トーチャー・ガーデン

　世界で最も有名なフェティッシュ系パーティ「トーチャー・ガーデン（拷問の庭）」は1990年英国から始まりました。ここからの影響で、SMショーが組み込まれるゴス・イベントが日本でも開催されているようです。

トート・バッグ

　トートはアメリカの俗語で「運ぶ」「背負う」の意味。元はキャンプ用の氷を運ぶための、丈夫な布地で作られた横型のバッグの

ことを指していま
した。現在では薄い
布で作られた縦型の
バッグもトート・バ
ッグと呼ばれていま
す。ロリータのバッ
グはものが十分に入
らない物が多いの
で、サブ・バッグと
して併用されること
が多いようです。

戸川純 【とがわじゅん】

1980年代から女優、歌手として活躍。愛らしい声、ファッショナブルな衣装、エキセントリックな発言や行動で、ずっと変わることなくカリスマ的存在でいるのが戸川純。私生活では愛らしい服を好んで着用、ライブでもフリルいっぱいかつパンキッシュな下着姿などを見せてくれています。近年は黒と白のゴスロリ服を、ライブで着用することもあるようです。そんな彼女には「元祖ゴス・ロリなのでは？」という声も。

（関連→『ロリータ18号』、『ロリータ108号』）

読者モデル 【どくしゃもでる】

かつてファッション雑誌のモデルは、もっぱら事務所に所属するプロモデルが務めるものでした。しかし1990年代から、路上スナップで声を掛けられた人や、読者もモデルとして起用されるようになり、彼女達は「読者モデル」、略して「読モ」と呼ばれるようになりました。私服姿で登場したり、そのライフスタイルを公表することも多かったため共感を得やすく、プロモデルよりも熱烈に読者の支持を得たのです。ゴスやロリータ服のモデルはそういう読者モデルが多かったのです。

ちなみにケラ！編集部に送られてくる雑誌のアンケートでは、「読書モデル」と誤表記されていることがたびたびありました。

トップハット

1797年にロンドンの帽子屋J・ヘザリントンが考案し、その後欧州中に広まった紳士用の帽子です。当初は表面がシルクのように輝くビーバーの毛皮で作られていましたが、後に素材がシルクに代わったので、シルクハットとも呼ばれるようになったそうです。

今でもロンドンのタクシーに乗ると、100年前のトップハットの影響を見てとることができます。トップハットはとてもクラウンが高いので、タクシーは頭がつっかえないようにと、座席が低く屋根が高いタイプになっているのです。今でもその作りはあまり変わっていません。

トラギャ

一説に「元祖ゴスロリ」とも言われているのが、1980年代後半に現れたトランス・ギャル、略して「トラギャ」です。ポジパンや前衛系音楽に強いインディーズレーベル「トランス・レコード」に所属するバンドYBO^2、Z.O.Aなどのファン達を指し、髪も服も全身真っ黒で固めた女性が多かったのです。当時トランス・レコード界隈と交流のあった漫画家楠本まきは、雑誌「ケラ！」2号（バウハウス／1998年）でトラギャについて記述しています。トラギャにとって一番憧れのブランドはCOMME des GARÇONSだったらしいので、モード系の黒服ですね。

ドランスギャル図解

トランスギャル、通称トラギャ。
YBO²、でのA、ASYLUM等に
代表されるトランスギャルと呼ばれる
ダークノイジーなバンドの
コテコテファンギャル達の総称。
'80年代、渋谷はMAMA位にいた
所に棲息していた前謝組。

来情、あまりない。
口紅もルーズ。

'80年代には たしかに
変しかった。
最近なぜかその頃の
友達と10年ぶりくらいの
再会をすることがよくあって、
個人的にもうそこ
'80年代がリバイバル である。

当時日本インディーズ界
くところで今、インディーズって
あるのかな？には
陽か三ヴゴに陽か トラギャ、
という2大 レーベルが
左右にあり、私は
トランスとまん中より ちょっと
は左右に出てきたそういう人種の
ライヴによく願を歌して
いたものである。
なつかし──。

髪、真い、明色、脚きも。

オールヴンエ、
黒明菜風。

肌、病的に白く、
限ぴど黒すぎて。

ライヴ中不動。

髪々ルーズ。

「ケラ!」2号（バウハウス／1998年）より
©Maki Kusumoto

ドラキュラ

　ゴスの間で最重要なイメージの一つが「吸血鬼」。1872年にアイルランドのレ・ファニュが、地元の吸血鬼伝承を元に小説『カーミラ』を発表。美しき女性の吸血鬼カーミラと、令嬢ローラの間で繰り広げられる甘美な、少しだけ同性愛を仄めかす世界を描きました。

　1897年には同じくアイルランドのブラム・ストーカーが、15世紀のルーマニアに実在した「ドラクル」の息子で、串刺し刑を好んで実行していたという君主ヴラド・ツェペシュをモデルにして小説『ドラキュラ』を発表。この小説は大ヒットし、個人名「ドラキュラ」は以降「吸血鬼」の別称として勘違

いされるほどになります。また同時に「吸血鬼といえば伯爵」というイメージを世界に広めることになりました。（関連→VAMP、ウィットビー、ベラ・ルゴシ）

ドラゴン

　西欧では原始宗教や伝説等で、不死の象徴とされたドラゴン。しかしキリスト教では『ヨハネの黙示録』によって悪の象徴とされることに。聖ゲオルギウスや大天使ミカエルに捕らえられる姿がよく描かれ、彼らは「龍殺しの戦士（ドラゴンスレーヤー）」とされています。

　ゴス達はドラゴンを「不死の象徴」と捉えているのか「悪の象徴」と捉えているのかわかりませんが、とにかくドラゴンが大好き。特に1990年代から2000年代前半まで、Jean Paul GAULTIERのドラゴンがプリントされたバッグは、垂涎の的でした。

鳥籠【とりかご】

　ゴスもロリータも大好きなモチーフ、鳥籠。鳥を飼いたい、という気持ちの表れではなく、自由より束縛を好む気持ちの表れなのかもしれません。1991年のCHANELの広告でヴァネッサ・パラディが鳥籠の鳥になる

映像は衝撃的で、彼女はこの広告から次世代フレンチ・ロリータの範疇に入れられるようになりました。小さな鳥籠のペンダントは人気のアクセサリーとして、不動のポジションを誇っています。

トリコーン

17世紀の西欧では、富裕層の男性は帽子のブリムに羽根飾りをつけていました。それがどんどん過剰に大きくなっていったため、飾りを支えきれなくなったので、ブリムを折って使うようになったのです。そして一辺、また一辺と折るようになって、ついに上から見た時三角に見える「トリコーン（三角帽）」が誕生、18世紀に大流行しました。ロココ調ドレスや王子装にも似合います。パイレーツ・ハットも同じ形です。

（参考文献→P188『アクセサリーの歴史事典（上）』）

Triple*fortune

【とりぷる ふぉーちゅん】

ヴィクトリア時代、続くエドワード時代を彷彿させるドレスや、華やかなオリプリが印象的なクラシカル系ロリータ・ブランド。ブランド名は「着る人、見る人、作る人の3者皆が幸せでいられるように」と名付けたものだそう。創設当時からのデザイナー、カイエはフランスのオートクチュール部門を持つ老舗ブランド出身。かつ映画のコスチューム制作に関わっていたキャリアを活かしながら

の服作りで、その技術は確かなもの。とりわけボンネットのクオリティはロリータ系ブランドの中ではトップではないでしょうか。

X @triple4tune

トレーン

裳裾（もすそ）のこと。床を引き摺ることから、英語では電車もtrainという同じ単語を使います。トレーン付きのスカートは欧州では宮廷でのみ着用が許され、身分によって長さが決められていたといいます。19世紀末には花嫁衣装として一般の間でも使用されるようになりました。

ゴスの女性もロリータもトレーン付きのスカートに憧れを持っていて、イベントの時は着用することもあります。その場合ゴスは前面は短いスカートを穿き美脚を見せます。

トレッフェン

世界のゴスが憧れる最大のゴス祭は、ドイツのライプチヒで1992年からスタートし、以降毎年初夏に開催されているWave -Gotik-Treffen。通称トレッフェン、WGT。数日間にわたり、ライプチヒ中にある多数の会場でゴシック音楽のライブが繰り広げられるのです。ドイツ国外からも多くのゴスたちが集まり、この期間街中は真っ黒に染まります。公園ではヴィクトリアン・ピクニックという集まりも開催。

ライプチヒは、クラシックの巨匠バッハが亡くなる日まで長年暮らした街。聖トーマス教会の床下にバッハの遺体が眠っています。

ドローストリング服

【どろーすとりんぐ服】

　女性向けのゴス服に多用されている、紐を使ってシャーリングを作る服は、ドローストリング服ということがあります。服のフロントやサイドにシャーリングを入れることで、ゴス服にエレガントな表情を与えてくれます。ロリータ向けでは、スカートに使われることがあります。
（関連→ポロネーゼ）

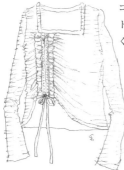

ドロレス・ヘイズ

　ナボコフの小説『ロリータ』に出てくる少女ドロレス・ヘイズの愛称は、なぜ「ロリータ」だったのでしょうか？ それはドロレス（Dolores）はスペイン語名で、短くするとロラ（Lola）になり、さらにスペイン語で名前を可愛くしたい時は、女性の場合だとイタ（-ita）を付けるために、ロリータ（Lolita）になるのだそう。

　この小説を書いたナボコフはロシア人で、小説の舞台はアメリカ、最初に出版されたのはフランス。そして映画化された時のロケ地は、主にイギリスでした。極東に住む私達から見ると、いろいろややこしいですね。
（関連→リヒベルクの小説『ロリータ』）

ドロワーズ

　ロリータのスカートとパニエの下に必ず穿く下着が、ドロワーズ。これさえあれば、スカートがめくれても恥ずかしくないからです。西欧の女性が19世紀にクリノリンを着用するようになり、結果スカートの中が見えやすくなったので、ドロワーズ（ないしはパンタローネ）を穿いてカバーするようになったのが始まりなのです。小説家の嶽本野ばらが率いるパンク・バンドの名前はDRAWERS（ドロワーズ）です。またロリータの間では部屋着としてもドロワーズが愛用されています。
（関連→ブルマー）

トワル・ド・ジュイ

　17世紀にインドから西欧にインド更紗という、柄がプリントされた綿地が入ってきました。それは今まで西欧にあった絹等の糸を染めてから織った布地と違い、仕上がりも美しく人々を驚かせたといいます。

　18世紀になり、職人気質のドイツ人がインド更紗をヒントに、フランスのジュイに工場を置き作った布がトワル・ド・ジュイです。主に1～2色使いで当時の貴族達が庭園で過ごす優雅な生活等を印刷して、大ヒットしました。

　工場はヴェルサイユ宮殿からパリに行く道すがらにあったので、アントワネットが度々注文しに行っていたとか。この工場で作られたものをトワル・ド・ジュイと呼びます。近年様々なアパレル・メーカーがトワル・ド・ジュイとコラボ服を出しています。

トワル・ド・ジュイ布（新宿オカダヤ本店→P35）

な行

ナーサリー・ティー

　ぬいぐるみを外出に連れていくロリータは結構いるものですが、中には人形を連れていきたい人もいます。そんな人たちの願いを叶える「人形持ち込み可」としたカフェも、時折登場。銀座(東京)ではカフェ・バー「十誡(じっかい)」で『不思議の国のアリス』の小さくなったアリスという設定で、ミニチュアサイズの食器で出してくれるサービスが。

　実は19世紀の英国では子供たちの教育のために、人形を客に見立てて、茶会のマナーを学ぶレッスンが行われていたのです。自宅のナーサリールーム(子供部屋)で行われるので、ナーサリー・ティーと呼ばれていました。人形とのお茶会、19世紀の少女気分で楽しんでみたいものです。(参考文献→P189『名画のティータイム』)

ナックル・リング

　ナックルとは、英語で関節のこと。イラストのように関節部分が丸く甲冑のように覆われている指輪を指すことが多いのですが、2～4本の指に連結しているタイプの指輪はナックル・ダスター・リングといいます。パンクが使うアクセですが、ゴスが身に着けることもあります。

ナボコフの小説『ロリータ』
【なぼこふのしょうせつろりーた】

　「ロリータ」という固有名詞が誕生したのは、ナボコフ(1899～1977年)の1955年の小説「ロリータ」に登場した少女の愛称からでした。日本では1959年に初めて翻訳出版され、カバーは画家の東郷青児が描いています。(関連→ドロレス・ヘイズ、ペドフィリア、リヒベルクの小説『ロリータ』、リリータ、ロリコン)

『LOLITA』V・ナボコフ著、大久保康雄訳／河出書房新社

「日本人にしか似合わない」
【にほんじんにしかにあわない】

　ゴスロリ服が世界に知られるようになったばかりの2003年のこと。雑誌「KERAマニアックス」1号の取材でロンドンに行った時、ゴス女性から「日本のゴスロリ服を真似て作って着ている西洋人がいるけど、西洋人には無理なの。あれは日本人にしか似合わない!」と聞かされました。ロリータ、ゴスロリは西洋人の少女や西洋の人形の姿を目指してロリータ装に励んでいるのに、ついにその目標に達するどころか超してしまったのかもしれません。その後外国人達は日本人のロリータ装を研究しつくし、現在はどの国の人も完璧に素敵なロリータ装を見せてくれます。

ニューウェーブ

1977年頃に英国の「Melody Maker」紙が、パンクとは異なる新しい音楽の波がやってきたことをニューウェーブと称し、英国でXTCやスクイーズなど次世代のアーティストが登場します。広い意味で、その後に登場するポスト・パンク、ダーク・ウェーブ、ニュー・ロマンティックなどの総称として使われることもあります。

ニュー・ロマンティック

1970年代後半より英国のバンド、ヴィサージのメンバーがオーガナイズするクラブ・イベント「デヴィッド・ボウイ・ナイト」から誕生した、音楽ムーブメントの一つ。アートを強く意識したヴィジュアルを作ったり、男性もジェンダーを超えたメイクと衣装着用で「美しく見せる」ことにこだわりました。衣装のインパクトでいうと、海賊衣装のアダム＆ジ・アンツ（1978年〜82年）のアダムや、後にIZAM（SHAZNA）に影響を与えたカルチャー・クラブ（1981年〜）のボーイ・ジョージなどが有名です。一番のヒット・メーカーはデュラン・デュラン（1978年〜）。

人気王子モデル
【にんきおうじもでる】

ロリータ界きっての人気モデルが青木美沙子、深澤翠なら（関連→みどみさニコイチ）、王子服を着る人気のモデルは、この二人と同じく雑誌「ケラ！」の読者モデル出身のAKIRA（DISACODEボーカル。関連→原宿異文化クラブ）とルウト（俳優）の二人。いずれも女性です。

人形になりたい
【にんぎょうになりたい】

ゴスロリ系の雑誌で読者からいつもトップの人気を取っていたのは、モデルが人形のように生気なく佇む写真でした。ゴスもロリータも元気いっぱいでポーズを取るより、おすまししたり、人形みたいに佇む自分のほうが好きなようです。

また人形が好きで人形を持っている人もいますが、所持することより、どちらかというと自分が人形でありたい、と思っているのかもしれません。「いっそのこと人形になってしまいたい」「私、人形ですから」、そして「私はロリータではなくドールなんです」などと言う人も。たぶん、多くのロリータが目指すところは服や化粧で作り上げた自作のドールなのです。人形は永遠に美少女でいられることと、世間のめんどくさいことに関わらずに済むところがいいですね。

（関連→球体関節人形、橋本ルル）

ニンフェット

ギリシャ神話に登場する若い女性の神ニンフから生まれた言葉。ニンフは歌や踊りが好き。また人間の男性を惑わすこともあり、裸で踊り狂う姿で描かれることも多いのです。そんなことから、中年の男性を性的に惑わす少女（9〜14歳）がニンフェットと呼ばれるようになりました。ナボコフの小説『ロリー

《ニンフとヒュラス》ウォータハウス作／1896年／マンチェスター市立美術館蔵

タ』の中で使われ有名になったワードです。当時はロリータ＝ニンフェットといったイメージが持たれていました。

ぬいぐるみバッグ

ロリータだけでなく、一部ゴスにも愛されている、ぬいぐるみバッグ。初めは口紅1本やっと入る手提げタイプでしたが、だんだん進化して収納容量が大きいリュックも登場しました。一番人気なのがクマで、あとはウサギ、黒豹など。

ネオ・ロリータ

新しいタイプのロリータが出てくるととりあえず「ネオ・ロリータ」と命名されることがあります。2010年代後半には渋谷系のプチプラなガーリー系ブランド服を着るロリータのことを指し、2023年頃には中華ブランドのロリータ服を着るロリータを指しました。

猫【ねこ】

ゴスにもロリータにも一番人気で、ペットにされている動物は猫。ロリータ服や雑貨のプリントの中にも時々登場します。ヴィジュアル的には黒猫がわかりやすく、プリントものでは大活躍。プライドの高い欧州産の猫も大人気です。欧州のゴスの中では、飼い猫が

亡くなった後は剥製にする人もいます。

猫脚のバスタブ
【ねこあしのばすたぶ】

ゴスにもロリータにも憧れのお風呂というものがあって、それは猫脚のバスタブです。日本のクラシックホテルからも、西欧のホテルからも消えつつありますが、最近では高級なホテルなどで新しく設置されていることも。いつの日か思い切り贅沢してホテルを予約し、猫脚のバスタブを楽しみたいもの。その時はもちろん、バスバブルでタブを泡いっぱいにして、腕や脚を上げてボディブラシで体を磨き上げたいですね。

18世紀のオーストリア・ハプスブルク家には入浴しながらココアを飲んでくつろぐ人もいたそうなので、王族気分でココアを楽しむのもいいかもしれません。

ネックコルセット

ゴスにとって必要なアクセサリーはチョーカーで、必要な服はコルセット。この二つを掛け合わせたネックコルセットは、最高に魅力的な拘束感が溢れるアイテムの一つです。姿勢も良くなりますね。

ネット服【ねっとふく】

ゴス系ブランドからは、蜘蛛の巣状の服コレクションが登場することがあります。このまま1枚だけ裸の上に着ても完成するのですが、男性ならコルセットを着けたり、シャツを重ねて蜘蛛の巣状態の腕だけを見せるなども。また女性なら黒のブラの上に着たり、乳首の上に黒のビニールテープを×形に貼ってから着ます。意外にアレンジが楽しめる服として人気です。

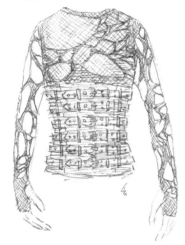

ノートルダム

フランスのゴシック建築系教会には「ノートルダム」という名前の聖堂が多数あります。フランス語で直訳すると「私達の婦人」で、「聖母マリア」という意味(英語だと「マイ・レディ)。中世ゴシック時代はマリア様が大人気だったのです。(関連→ガーゴイル)

ノーブル

一時期マルイワン新宿のゴス、ロリータ服の謳い文句でもよく使用されていた言葉「ノーブル」は、古フランス語が起源で高貴な、貴族の、という意味を持ちます。ゴス、ロリータ服は18〜19世紀の貴族が着用していたものがベースになっているので、着たら貴族への憧れがさらに募るのは当然です。

またよく使われるフランス語で「ノブレス・オブリージュ」は、「位の高い人間は、無私の心で社会に奉仕しなければならない」といった意味があり、騎士道にも通じるその精神がまた気分を高揚させるのでした。
(関連→アリストクラット)

野田凪【のだなぎ】

ラフォーレ原宿やサントリー、NIKE、国外ではCoca-Cola ワールドキャンペーンなどの広告で、またYUKI等のジャケットやミュージッククリップなどで知られる、女性アートディレクター(1973〜2008年)。国内外で多くの賞を受賞しました。ゴス・テイストが大好きで、カフェメイドの衣装に髪を縫い付けたホラーカフェを開催したり、プライベートではリビング・デッド・ドールズをコレクションしたりも。アーティストしては「ハンパンダ」をデザインしていました。野田が主宰したデザイン集団「宇宙カントリー」出身者には、大島慶一郎、吉田ユニ等著名なアート・デイレクターがいます。

2002年ラフォーレ原宿秋のイメージ広告。モデル、服、背景、小物の全て白黒にしてから撮影(サン・アド提供)

は行

ハート形バッグ

【はーとがたばっぐ】

　ハート形バッグは、今のようにいろいろな形のモチーフ・バッグが発売される前では、ロリータがまず最初に欲しがるバッグでした。実際物があまり入らなくても、とにかくこれを持ってお出かけしたかったのです。今でももちろん人気です。

バートリ・エルジェーベト

　高貴で美しくて、かつ自分本位でとびきり残忍な性格の人物。そんな人とは関わり合いたくないものですが、昔むかしの伝説の人だというなら、ゴスにとっては興味津々の対象になります。その一人が、ハンガリーの伯爵夫人、バートリ・エルジェーベト（1560～1614年）。自分の美しさを保つためには若い女性の血を浴びると良いと思い込み、600人もの女性を殺害。彼女たちの血を肌に塗り、美肌維持に努めました。彼女の生き様は後に吸血鬼伝説に組み込まれ「血の伯爵夫人」と呼ばれ、ゴスたちの間でもたいへん気になる人物の一人になったのです。

　池田理代子の漫画『ベルサイユのばら外伝・黒衣の伯爵夫人』（1973年）で描かれたモンテクレール伯爵夫人は、バートリがモデルでは、と言われています。

ハーネス

　スチームパンクとゴスは、ハーネスを使用することがあります。元は馬具だったものです。スチームパンクはレトロ・フューチャーな航空士のパラシュート・ベルトがイメージで、革製で茶色いものを。ゴスは拘束される者のイメージで、黒のスタイリッシュでシンプルなものを使用します。

　2010年代には原宿系のファッション・アイテムとして流行したことがあり、その後地雷系にも受け継がれました。

バイアス・カット

　通常布地は布目方向に対して対して90度にカットして使用しますが、45度に裁断する場合をバイアス・カットといい、布地に伸縮性を持たせ体にフィットしやすくする効果があります。ゴスの服にはバイアス・カットが多用されていて、しなやかで美しいラインを作っています。

　バイアスとは「斜め」「先入観」という意味を持つ英語。偏見を持った見方に対して「バイアスが掛かる」という表現も耳にしますね。

廃墟ブーム
【はいきょぶーむ】

2000年前後から日本で生まれた、廃墟ブーム。実はそれ以前から、ゴスにとって廃墟はマイブームの一つでした。さらにいうと、現代のゴスより前から、18世紀のゴス好き英国人の間で、最初の廃墟ブームが起きていたのです。しかし現代のように廃墟観光するというわけではなく、自分の庭園に本物の廃墟を解体・移築などして持ち込み、廃墟風の建物を造って、個人で悦にいっていたのです。物好きな富裕層のリッチなお楽しみだったといえるでしょう。そしてそんな廃墟にインスパイヤされた若者達が、後にゴシック・ロマンと呼ばれる小説を書き始めました。

『パイレーツ・オブ・カリビアン』

ディズニーパークの人気アトラクション『カリブの海賊』をモチーフとした、映画シリーズ「パイレーツ・オブ・カリビアン」は、ジョニー・デップ演じるジャック・スパロウ人気で2003年から2017年まで5作にわたって制作されています。この頃欧米のゴス・イベント会場では、アイパッチやパイレーツ・ハットを付けた複数の偽ジャック・スパロウの姿が見られたものです。それ以前だと1980年代に英国のバンドのアダム＆ジ・アンツ（関連→ニュー・ロマンティック）や、日本のザ・ウィラードなどのメンバーが海賊装をしています。

パイレーツ・ハット

トリコーンをベースにした帽子で、海賊装の際に被ります。羽根飾りの他、骸骨マークを付けたものも。（関連→海賊シャツ）

墓場派 【はかばは】

18世紀の英国で登場した、墓場を題材や背景に作品を作る詩人達のこと。最初に発表された詩はトマス・パーネルが38歳の時に書いた『死についての夜話』（1721年）です。今読んだら「いい大人の、厨二病仕事」と捉えられるかもしれませんが、ゴシック文学の先駆けと考えられる、魅力的な作品です。

墓場ライブ 【はかばらいぶ】

三大英国パンク・バンドの一つ、ザ・ダムド（1976年〜）。そのボーカル、デイブ・ヴァニアンはかつてよく吸血鬼のような様で舞台に立っていました。ゴスシーンでは誰よりも早くドラキュラ伯爵みたいな格好を始めた人かもしれません。墓場でライブをやったことも。バンドの中で唯一のゴス担当です。

白鳥 【はくちょう】

中世の騎士道物語『アーサー王伝説』では、白鳥の曳く小舟に乗ったローエングリーンが白鳥の騎士として登場。ドイツではそのイメージから、美貌で知られる王ルートヴィヒ2世が自分を白鳥の騎士に見立てて、「ノイシュバンシュタイン城（新・白鳥城。その後デ

ィズニーランドのシンデレラ城のモデルになった城といわれている）」を建てました。白鳥はその優雅な様から、美しく気品ある王子、騎士のイメージを持つのでしょうか。

白鳥モチーフはロリータの間で好まれますが、特にスワンキスと呼ばれる、ハートを形作るポーズがお気に入りです。

歯車 【はぐるま】

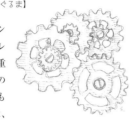

スチームパンクにとって、レトロな機械は重要な存在。その機械の象徴ともいえる歯車は、アンティークの時計をばらしてアクセサリーを作る時に飾りとして使用します。

パゴダ傘 【ぱごだがさ】

クラシカル・ロリータの間では、パゴダ傘と呼ばれる中心部が突起したタイプのものも愛用されています。これはビルマの仏塔（英語でパゴダ）の形を模したものです。パゴダの名前をいただいているものには姫袖があります。

橋本ルル 【はしもとるる】

「人形になりたい」という、アーティストのmillna自身の夢を叶えるところから作ら

れた、ドール・スーツ・モデル（2016〜21年）。多くの雑誌やテレビ等に取り上げられ、早稲田大学の講義にゲスト講師として登壇したり、「ミスiD2018ぼっち」を受賞したりなどして話題を呼びました。Victorian maidenの20周年アニ

バーサリープロジェクトのモデルを務めています。（関連→令和の個人ロリータ・スタイル）

馬車 【ばしゃ】

ゴスにもロリータにも憧れの、王室や皇室が所有する馬車。ロリータ服のプリントなどに使われることがありますが、金色に塗装された車両を白馬が8頭立てで引いていたら最高ですね。日本では現在でも信任状捧呈式（新任の外国の特命全権大使が信任状を天皇陛下に捧呈する儀式）の際、宮内庁が所有する大正時代に作られた馬車が、東京駅から皇居まで走る様を見ることができます。

バッスル

19世紀の欧州では、スカートの下に入れて形作る下着は全方向に円状に広がるクリノリンから、お尻が持ち上がるバッスルに流行が移っていきました。当時は専用のバッスルが売られていましたが、庶民は様々な日用品を詰め込んで形作っていたとの話も。

19th

ぱっつん前髪
【ぱっつんまえがみ】

多くのロリータの前髪は、同じラインで切り揃えた「ぱっつん前髪」。基本重めで、シャギーは入れません。アールをつけたり、少し短くして眉を見せたり、斜めに流しておでこを見せたりなどの多少のアレンジや、流行に合わせてほんの若干すくことはあります。
（関連→前髪が死ぬ）

前髪の変化、2000年頃と2020年頃

バットケイブ　【ばっとけいぶ】

英語で「コウモリの巣窟」のこと。1982年に誕生して、85年までポジパン、ゴスの聖地として知られたロンドンのクラブイベントの名称は「The Batcave」でした。ポジパンバンドのスペシメンが主宰で、ニック・ケイブやザ・キュアーのメンバー、スージー・スー等が常連だったと言われています。（関連→ゴシック・ロック）

米国の漫画、映画『バットマン』シリーズ

のバットマン達の家もバットケイブですし、ゴスのファッション・スタイルのジャンル名の一つでもあります。

パニエ

欧州の女性の貴族の間ではルネサンス期にキリスト教教会からの厳しさが緩和され、女性らしいお洒落が楽しめるようになりました。そこからウエストを細く見せるために、スカートを大きく膨らませるスタイルが始まります。時代ごとに様々な工夫がされましたが、18世紀にはスカートの中に英国生まれのフープ（フランス語でパニエ）を入れるようになるのです（それ以前は15世紀のスペインで誕生したベルチュガダン、パニエ以降は19世紀にフランスで生まれたクリノリンが使われます）。

ロココ時代のパニエ

18世紀に生まれたパニエと呼ばれる下着は、フランス語で「籠」の意味。スカートを左右に楕円形に膨らませるために、鯨の髭（ひげ）や針金をリボンでつないで作り、麻などの布を張って形作りました。最大で幅1.5mにもなったため、扉を抜ける時はカニ歩きになったとか。

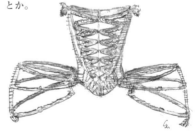

現代の日本のパニエ

日本でいうパニエは針金などは入っていません。張りのある化学繊維生地でスカートを膨らませて見せる、1950年代に復活した膨らむスカート・スタイルのためのブッファン・ペティコートがベースになっています。その

ブッファン・ペティコートに、日本国内でパ
ニエという名称を付けたのは和江商事（現ワ
コール）なのだそう。（参考文献→P189「むかしの
装い」）

　さて、ロリータのパニエは膝丈くらいのも
とふくらはぎくらいの丈のものがあり、スカ
ートに合わせて選びます。通常は白のパニエ
で事足りますが、スカートの裾が黒の場合
は、黒のパニエを穿くのが暗黙のルールで
す。（関連→クリノリン、ペティコート3枚重
ね）

ロリータ用パニエ。
スカートの色や長さ
に合わせて使用

バニティ・バッグ

　バニティとは英語で「虚
栄心」の意味。バニティ・
テーブルは化粧台の意味
で、バニティ・バッグは化
粧品を持ち歩くバッグのこ
とをいいます。ふたの裏に
は鏡が付いていて、中には

仕切りが。甘ロリはこのバッグの形が大好き
で、化粧品だけでなく、様々なものをバニテ
ィ・バッグに入れて出かけます。

羽【はね】

　ゴスもロリータも羽は大好き。背中に装着
する「しょいこ」を背負う他、羽が縫い付け
られたヘッドドレスや洋服も着用します。背

中に羽のタトゥーを入れてしまったゴスもい
ます。

バブーシュカ

　バブーシュカはロシアの農民の女性が被る
スカーフ。甘ロリ服
と合わせて使うこと
があります。ロシア
発祥の髪飾りにはカ
チューシャ（関連→
リボン・カチューシ
ャ）もあります。

パフスリーブ

　提灯袖のこと。いつの
時代も少女らしさを表現
してくれる、ロリータ服
の基本の袖の形です。大きなも
のに対してはメロン・スリーブ
という呼び方も。

原宿異文化クラブ
【はらじゅくいぶんかくらぶ】

　ロリータモデルの深澤翠と、王子系モデル
AKIRA（関連→人気王子モデル）が始めた、原
宿ファッション装をして集まり、喫茶店など
でおしゃべりを楽しむ会。ここでいう異文化
とは、ロリータだけでなくパンクやゴシック
など様々な異なったジャンルのことです。実
際はロリータ装のお客さんが多めのようで
す。この「異文化」の名前を鍵に、地方でも
原宿装の集いが広がっている模様です。

『ハリー・ポッター』

英国J・K・ローリングの小説『ハリーポッター』シリーズは、1997年に発行されるなり瞬く間に世界で大ヒット。小説を読むだけでなく映画館へテーマパークへと、小説を読み終わった以降もゴスやロリータは夢中になって足を運んでいます。

さて作中最もゴスなキャラはホグワーツ魔法学校の教授で、学生寮スリザリンの寮監、スネイプ先生でしょう。スピンオフ作品になる『ファンタスティック・ビースト』シリーズも大人気です。

バルテュス

日常生活の中の少女の何気ない仕草から、うっすら滲み出るエロティシズムを描き出すフランスの画家（1908〜2001年）。少女テレーズをモデルに描いたシリーズが特に有名で、最高値が付いた作品はなんと20億円です。ハイ・アートとして評価されているものの、2017年にニューヨークのメトロポリタン美術館に展示されている作品《夢見るテレーズ》は、テレーズ（当時12〜13歳）のパンツが見えるということでネット上で撤去要請の運動が巻き起こりました。ペドフィリア問題と関連しているものの、バルテュスの作品を愛する芸術好きなロリータ達はこの運動が起こること自体にがっかりしました。

バレリーナ衣装
【ばれりーないしょう】

コルセットに大輪の花が咲くように広がるスカートを合わせる。こんな19世紀までの服装を蘇らせたのは、第2次世界大戦後にニューラインと呼ばれる服を打ち出したDIORでした。こちらはバレエの衣装がヒントで作ったという説があります。また1985年にはVivienne Westwoodが発表したミニクリニ・コレクションがありますが、こちらはバレエ『ペトルーシュカ』の短いチュチュなどから着想を得たものだという話があります。

（参考文献→P189「Vivienne Westwood」）

王冠、コルセット、ミニクリニ、ロッキンホース・バレリーナをコーデしたミニクリニ・コレクションの形をより甘く、そしてセクシーな部分を抜いたものが現在のロリータ・スタイルの雛形といってもいいかもしれません。ロリータ服のルーツの一つには、バレリーナの衣装があるというわけですね。

ミニクリニ・コレクション　　　ペトルーシュカ

バロック様式 【ばろっくようしき】

シンプルで均整の取れた美しさを誇っていた美術様式が、15世紀にイタリア・フィレ

ンツェから誕生したルネサンス様式です。し
かし次第に技巧的になっていき、16世紀に
マニエリスムという極端な歪曲や強調表現が
登場（現代の世でいうと漫画『ジョジョの奇
妙な冒険』の表現のようなものでしょうか）。

　そこから発展して躍動感、コテコテ感、重
厚感、装飾性が特徴となった新様式が誕生。
後にポルトガル語の「barroco（歪んだ真珠）」
から言葉を拾ってバロック様式と呼ばれるよ
うになりました。イタリアの教会の権威を誇
るために絶大な効果を誇りました。

　その後フランスにバロックの流行が移って
からは王家の権威を誇るためのものになりま
した。ヴェルサイユ宮殿を建てたフランスの
「太陽王」ことルイ14世（関連→赤い靴）こそ
がバロック時代真っ只中の人です。

ハンカチ

　絹のハンカチは、欧州では長い間、裕福な
人々が持つ贅沢品でした。財産目録にも記さ
れていたそうです。16世紀には好きな女性
からハンカチを贈られた男性は帽子の中に留
めて、お守りにする習慣もあったとか。

　17～18世紀になるとハンカチは丸形、楕

円形、長方形と形が様々に。マリー・アント
ワネットが「形がてんでんばらばらで、うん
ざり」と言うのを聞いたルイ16世がフラン
ス国内で作られるハンカチーフは全て正方形
にすべし、とお達しを出したという逸話も残
っています（参考文献→P188『アクセサリーの歴
史事典（下）』）。ロ
リータ達はブラン
ド物の可愛いハン
カチーフを持つの
が小さな楽しみで
もあります。

バンギャ

　ヴィジュアル系ロックバンドが好きな女性
達はみずからをバンギャル、略してバンギャ
と呼びます。（関連→ビジュロリ）

ヒートテック

　ロリータは、冬に強いのです。なぜなら足
元だけでもタイツにドロワーズ、パニエ数枚
にスカートと着込み、空気の断層がいくつも
作られているから。

　逆にデコルテやお腹などをお洒落のために
露出するゴス服は、冬向きではありません。
衣類の下にはUNIQLOのヒートテック（薄
くて暖かい高機能な防寒インナー）を2枚重
ねなどして、寒さをしのぎます。

ピエール・モリニエ

　フランス人アーティスト（1900～76年）。自
身の身体を使ったりマスクを着用したりして
女装しフェティッシュでエロティックな写真
を発表。その作品は2000年代のゴスブーム
の際、様々なゴステイストのミュージシャン
やブランドのイメージ写真撮影に大きな影響
を与えました。

↓『MOLINIER Une retrospective』（PIERRE MOLINIER／2000年／EDITION MENNOUR)

↑画像提供／Yumi AZZLO

ピギー・ケース

キャリーと呼ばれ、2000年代前半にはビジュロリに非常に愛用される時代があったのがこのバッグ。遠く離れた土地のライブのための旅行他、原宿での買い物でも使われました。ピギーとは子豚のことで、飛行機に乗った際、機内に持ち込めるサイズのバッグのことを指します。

『ピクニック at ハンギングロック』

1900年にオーストラリアの女学校の学生達がピクニックに出かけ、そのまま失踪してしまうという事件が起きました。映画『ピクニック at ハンギングロック』（P・ウィアー監督／1975年）はその史実をもとに制作されたもの。史実に沿ったのか、映画はなん

の解決もないまま終わるのですが、不穏な雰囲気や、白いフリル服を着た女生徒達の美しい寮生活などにうっとりさせられて、ゴス、ゴスロリの人気映画作品になっています。

ビジネス・ロリータ

ロリータ装をする人の中でも、芸能活動など仕事だけを目的として服を借りて着用する人は「ビジネス・ロリータ」と呼ばれることがあります。反対語はリアル・ロリータです。

ビジュロリ

ヴィジュアル系バンドマンで初の完璧な女装を始めたのはManaとされていますが、それ以降数多くのバンドマンがロリータ装をし、それを見たバンギャもロリータ服を着て「ビジュロリ」と呼ばれました。その後は音楽とは関係なく、純粋にファッションとして好きで着始める人が増えていきました。全盛期の二者の見分け方の一例はこうです。

ビジュロリ

前髪、サイド、バック全てシャギーを入れて髪をすいていることがある。写真を撮る時、若干顔を前に突き出す。ピアス穴が多い。メタル素材トランクを持っていることがある。以上は「推し」のバンドマンの影響です。（関連→女形）

ロリータ・ロリ

一方ファッションからロリータに入った「ロリータ・ロリ」ともいうべき人達は髪をすかず、前髪はぱっつん。写真を撮影する時、首を可愛くかしげることはありますが、

顔を前に突き出すことは
しません。お嬢様らしい
ポーズを好みます。
（関連→ポージング）

　以上については両者の
間でだけで見分けられる
ようになっていました。

ビスクドール

　19世紀のフランスやドイツで盛んに作ら
れた、磁器製の人形のこと。19世紀当時に
作られたビスクドールは「アンティーク」、
20世紀以降に作られたものは「リプロダク
ツ」と分けられています。有名なブランドに
はフランスではジュモー、ブリュ、ドイツで
はマルセルなどがあります。しかし日本では
ビスクドール他、西洋や西洋風の人形までま
とめて「フランス人形」と呼び、少女達が憧
れる対象になっていました。
　日本での球体関節人形作りが始まって作家
が増えていくようになると、ロリータの憧れ
はフランス人形ではなく、日本の球体関節人
形に代わっていき、ビスク素材かどうかもあ
まり問われなくなりました。

Pina Sweetcollection
【ぴな すうぃーとこれくしょん】

　2003年にデザイナーの佐藤有子がスター
トさせた、クラシカル系ロリータブランド。
コンセプトは「薔薇とレースを愛する女の子
のためのお洋服」。着る人の顔を明るく見せ
つつ清楚さをアピールしてくれる、白いヨー
クが付いたワンピースが基本となっていま
す。レース、フリルを多用した甘めの服なが
ら、上品さを感じさせるお嬢様になれるコレ
クションが人気の様子です。

HP http://www.pina-sweetcollection.jp/

姫カット　【ひめかっと】

　ロリータ、ゴスロリの基本の髪型。両サイ
ドの髪をバックより短くカットして段差をつ
け、耳前に垂らす形を指します。平安時代の
姫の髪型「鬢削ぎ」がその原型ですが、現代
では1972年に麻丘めぐみが姫カット姿で歌
手デビューしたことがきっかけで、全国に
普及しました。
1990年代にロ
リータの間だけ
で再燃、世界の
ロリータは姫カ
ットの存在を知
り「こんな髪型
があるのか」と
驚いたとか。

姫カットの
バリエーション
【ひめかっとのばりえーしょん】

　ロリータやゴスロリは、ぱっつん前髪に姫
カットが絶対の基本。髪全体に関しては変化
をつけることがあまりありません。ただ、姫
カット部分だけはその時々で、また流行によ
って変化していきます。ゴスロリブーム到来
の頃は、前髪と同じくぱっつんと揃えた、幅
のある姫カットが人気でした。その後は幅が
細めになっていき、毛先にシャギーを入れる
ことも。またもっと細めにして、ゆるくカー
ルをつけるなどなど。そして令和になると、
韓国の姫カットブームを受けてまた幅広の原
点に戻るなど、巡回しています。

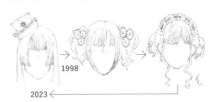

1998

2023

姫袖【ひめそで】

18世紀にポンパドール夫人（関連→ロココの女王）等が愛用したアンガジャント（フランス語で魅力的な、という意味）と言われる、レースだけでできた扇のような形のカフスが流行。これは肘までのタイトな袖に縫い付けるものでしたが、その後肘から下までカフスを覆う形で袖が作られたようです。

19世紀にはアントワネットの時代への懐古ブームがあり、この袖の流れを汲むパゴダ袖（関連→パゴダ傘）とも呼ばれるラッパ型の袖が流行しました。

18世紀のレースカフス、アンガジャント
《ポンパドゥール夫人》※一部
（→ P180にクレジットがあります）

ロリータの
姫袖

さてこの裾広がりの袖はゴスロリ黎明期に MARBLE により再生されてからはいつしか「姫袖」と呼ばれるように。ロリータ服が輸出されてから姫袖は英米でも「姫袖」が翻訳され「プリンセス・スリーブス」と呼ばれています。

（関連→お袖留め）

姫ロリ【ひめろり】

2006〜8年くらいに流行した、アゲ嬢によるロリータスタイル。JESUS DIAMANTEの胸下切り替えのワンピースに、薔薇飾り付きミュールを身に着け、ルイ・ヴィトンなどハイブランドの鞄を持って盛り髪にして「姫ギャル」とも呼ばれました。その後彼女達のな

かには Angelic Pretty など正統派ロリータ服にスイッチしていく人も現れました。

2020年頃から、この時代を知らない人が、甘ロリの中のプリンセスのようなロリータ服を指して「姫ロリ服」ということもあるようです。

ピン・ストライプ

濃い色の地に針のような細い縞を織り出した布、ないしはピンの頭くらいの小さな点を連続させた縞模様のこと。映画『ナイトメアー・ビフォア・クリスマス』（ティム・バートン監督／1993年）で主人公のジャックがピン・ストライプのスーツを着ていたことから、無地の服が多いゴスにとっても気になる柄になっていきました。ALGONQUINSなどが商品化しました。

ピン・タック

タックは「縫いあげをする」「縫い込む」という意味で、動きやすくなるように作ったパンツの前側などにある「生地を畳んで作っ

たヒダ」を指します。一方ピン・タックはブラウスやワンピースなどに多く見られる「ピンのように細かくつ

まんだヒダ飾り」を指します。クラシカル・ロリータの服には、このタック間が狭く、丁寧にたくさん並べて作られた商品が見られます。

ファー首巻き 【ふぁーくびまき】

ゴスもロリータもファーの首巻きが大好き。ゴスはリアル・ファーを好み、ロリータはフェイク・ファーを好みます。リアル・ファーには生と死についての思索があり、フェイク・ファーには幼少時代への憧憬があるのかもしれません。ここに彼らの本質が表れていると思いませんか。

フェイクとリアル、
ロリータとゴス

ファッション専門コース
【ふぁっしょんせんもんこーす】

ゴス、ロリータについて学ぶ服飾学校の専門コースの代表には、上田安子服飾専門学校で2014年に開講した「ファッションクリエイター学科ゴシック＆ロリータファッションコース」があります。その他にも服飾専門学校で「ゴスロリファッション学科」や「スタイリスト学科ゴスロリ専攻」等、スタイリングを含む専門コースを開講する学校がありました。

ファンタスマゴリ

18世紀末のフランスで流行した、幻灯機を用いた幽霊ショーのこと。その後英語名「ファンタスマゴリア」でルイス・キャロルの詩の名前や、英国のバンド、ザ・ダムドのアルバム名、日本のヴィジュアル系ロックバンドの名前にも付けられています。
（関連→グラン・ギニョール）

Physical Drop
【ふぃじかる どろっぷ】

manifesteange metamorphose temps de fille の初代デザイナーを務めた加藤訓仁子(1993～2009年在籍)が独立して、2010年にスタートさせたロリータ・ブランド。「週5日のペースで気軽に着用できる服であること」と「年齢や体型が変化しても長く着続けていけること」の2点を念頭に作っているのだそう。「ほぼ全ての服が洗濯機で洗うことができる」など着る人の実生活を考えて作られていて、ゴージャスでありながら扱いがしやすい点でもロリータに喜ばれています。

HP https://tawaraya-kato.ocnk.net/

Fairy wish
【ふぇありー うぃっしゅ】

Moi-même-Moitié の創設時期のデザイナーを務めた小林愛梨穂が独立して、2003年に東京でスタートさせたロリータ・ブランド。ブランド名の意味は「妖精の願い」。2010年から始めた店舗「ふしぎの森の洋品店」ではオリジナルの服の他、様々なブランドのアクセサリーを扱ったり、お茶会を開催。直営店は東京、長野を経て2024年に山梨へと移転しています。

HP https://fairy-wish.com

封蠟リング 【ふうろうりんぐ】

平らな面に文字や絵が彫り込まれている封蠟（シール）リング。現代でも封蠟は手紙やワインなどの封緘で見ますが、欧州では古代から重要書類に使われていた印章（シグネット）、つまり日本の「はんこ」にあたるものとして、指輪にして使用する時代がありました。現代では古き時代を偲ぶファッションアイテムです。

フェストゥーン

英語で花綱模様のこと。「フェス」は「フェスティバル（祝祭）」ゆかりの言葉。古代ギリシャ、ローマ時代の祝いの装飾飾りで、「豊穣のシンボル」であったことを示します。ルネサンス時代以降、建築や室内装飾、また絵画の中に、さらにロココ時代には食器にも登場するようになりました。その優雅さから、クラシカル・ロリータにとても愛されるように。東京・JR四ツ谷駅近くの四谷見附橋の欄干にて見られるので、近くまで行かれた方は立ち寄ってみてください。迎賓館の最寄駅なので、高貴な雰囲気を出すために彫られたのでは？と思います。

《花綱に座ったルイ16世時代のキューピッド》
1770-90年／メトロポリタン美術館蔵

フェティッシュ

ゴシック・ファッションと深く関連するワード、フェティッシュ。そもそもはポルトガル語のフェティソ（魔術、呪符）から来た言葉でそう。現在では「倒錯的な性的嗜好」という意味合いで使われています。ゴスはそのフェティッシュな服、つまりボンデージ系の服が好きな一面があります。

しかし近年の日本では「フェチ」と簡素化された呼び方になり、日常的な物品への偏愛を指す言葉として、言葉自体がカジュアルダウンする方向に。ゴス、地雷系のボンデージ由来の小物や服もそのエッセンスだけ取り入れられて、タウン用として着られています。

深澤翠 【ふかさわみどり】

元々私服ではBABY, THE STARS SHINE BRIGHTの他、英国風クラシカルな風情の服が好きだったという深澤。原宿の路上でファッション雑誌やヘアサロンにスカウトされたことがきっかけで、2006年に雑誌「ケラ！」で読者モデルとしてデビュー。以降国内外の様々なロリータ・ブランドのモデルやロリータ視点での商品開発ディレクターなども務めています。（関連→Jabberwocky、原宿異文化クラブ、みどみさニコイチ）

服が大事 【ふくがだいじ】

ロリータは例えば転んだ場合、自分の身体に気を遣うより、ロリータ服に汚れや傷がないか、自分の血が付いていないか、まずそちらに意識がいきます。とにかく「服が大事」。これは2000年代のロリータから、最もよく聞かれる言葉でした。

福袋 【ふくぶくろ】

中国製のロリータ服が登場するまでは、国内には安いロリータ服はありませんでした。ロリータ服デビューのために服一式が揃う福

袋販売を心待ちにした、という人は少なくなかったようです。

　また関東でゴス、ロリータの買い物ができる３大ファッションビルといえば、ラフォーレ原宿、マルイワン新宿(以上東京)、横浜ビブレ(神奈川)の３つ。彼女たちがこの３つを全部回る日があり、それは年始の初売りの日でした。朝７時オープンと営業時間が早いところもあったので、スケジュールを組んで全館で福袋を購入して回った、という人も。

『不思議の国のアリス』
【ふしぎのくにのありす】

　ゴス、ロリータどちらの間でも最も愛される物語は、ルイス・キャロルの『不思議の国のアリス』といって間違いありません。物語の中に出てくるキーアイテムのトランプ、ティーカップ、懐中時計などの小物を好んで持ちますし、ブランドからはこれらがプリントされた服をコレクションとして発表することもあります。

双子合わせ 【ふたごあわせ】

　ロリータの友達と会う時に、事前に電話や

SNSで相談して、同じようなスタイルで出かけることを「双子合わせ」といいます。特定ブランドの特定のシリーズで合わせることが多く、ロリデする際によく行われています。

PUTUMAYO 【ぷとまよ】

　1990年からラフォーレ原宿でのセレクトショップ時代を経由し、1997年にオリジナルブランドもスタート。原宿にふさわしいちょっと毒っけのあるロリータ・パンク服等を、綿やカットソー生地などでデザインし続けてきました。PUTUMAYOデザイナーでイラストレーターも兼任する長谷川俊介や、麻花の描くイラストプリントTシャツは大人気でした。ブランドはいったん活動休止した後、2023年秋に活動を再開しました。
HP https://reload.kawaiishop.jp/

ブドワール 【ぶどわーる】

　フランス語で「ふくれっ面の部屋」という意味ですが、「淑女の私室」を指す言葉です。ロココ時代に貴族の間でこのブドワールを持つことが流行しました。ここには部屋の主である女性だけが入室許可権利を持ち、好きに過ごすことができました。たとえ夫が妻の浮気相手がここにいることに勘づいても、夫は中に入ることが許されません。

　マリー・アントワネット(関連→ロココの女王)の私邸となったプチ・トリアノンも、プレゼントしたルイ16世ですら中に入ることが許されなかったので、ブドワールの延長線上だったと考えていいでしょう。

　2000年にVivienne Westwoodがブドワールという名の香水を発売していますし、2007年に雑誌「Gothic & Lolita Bible」からも「Boudoir」という別冊を出しています。

ブラウス

ゴスやロリータにとって、ブラウスは絶対欠かせない存在。一般の人のTシャツにあたる存在で、毎日必要なものです。基本のブラウスの形は2種。いずれもレースやフリルがふんだんに使われています。ブラウスには流行がないので、ずっと着られるのが嬉しいところです。

ゴス／クラシカル・ロリータ／王子

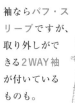

ちょっと大人っぽいシルク・タッチのポリエステルで作られたブラウス。立ち襟でボウ・カラーなどが付いています。

ロリータ

コットン素材が多く、襟はラウンド・カラー。ヨークが付いているものが多いです。半袖ならパフ・スリーブですが、取り外しができる2WAY袖が付いているものも。

ブラウン系バリエーション
【ぶらうんけいばりえーしょん】

クラシカル・ロリータの服のイメージ・カラーは長らくブラウンでした。まずはチョコレート色のジャンパースカートか、ワンピースが基本。ブラウスの色には、通常の真っ白の他にアイボリー色の撰択がありました。後にミルクティー色ブームが来て、さらにキャラメル色も人気になり、ブラウン系コーディネイトのカラーバリエーションが増えていきました。チョコレート、ミルクティー、キャラメル。まるでティータイムみたいですね。

プラットフォーム・シューズ

駅のホームを思わせる、厚底の靴のこと。身長を高く見せてくれることから「上げ底靴」とも言われています。1940年代のアメリカで登場、70年代にはパンツが裾広がりになったこともあり、爆発的に流行しました。

厚底はスタイルをよく見せてくれることから、ゴス、ロリータにとっては不変の人気を誇る靴です。靴底の多くはコルクやゴムでできているため軽量で歩きやすいのですが、経年劣化で、歩いている時に突然剥がれるのが泣きどころです。

フラップ付きパンツ
【ふらっぷつきぱんつ】

ボンデージパンツにはフラップを付けることがあります。これは英国のマルコム・マク

ラーレンがヴィヴィアン・ウエストウッドに提案して生まれたパンクスタイルの一つで、地面に座った時にパンツを汚さないためのものなのだとか。ロリータ・パンク装ならスカートに付けることも。日本のパンクス達は「ケツ当て」と呼んでいます。

ブランコ

　ロリータが愛するロココ時代の、最も有名なフランスの絵画はJ・フラゴナールの《ブランコ》です。貴婦人がブランコに乗り、正面の男性が驚いた顔をしていますね。なぜこんな顔をしているかというと、貴婦人がパンツにあたる下着を身に着けていないからなのです。（いにしえの日本でも、着物の下は腰巻きだけの着用でした）。驚いている男性は貴婦人の愛人で、この絵画の発注主なのだとか。そして彼女の背中を押しているのは、

《ブランコ》J・フラゴナール作／1767年／ウォレス・コレクション

彼女の実の夫です。ロココ時代の貴族のエスプリって、本当に素敵ですね。端っこでキューピッド（関連→《The First Kiss》）が指を唇に当てて「秘密」サインを出しています。

フランス語【ふらんすご】

　読解できてもできなくても、アルファベット表記が素敵に見えてしまうロリータ達。特に憧れの言語はフランス語で、その音の響きも素敵に聞こえます。ここではロリータが愛するブランドの商品などでよく目にするフランス語を紹介しておきますね。Merveilleuse（メルヴェイユーズ。目を見張るような、驚異の、という意味）、Boudoir（関連→ブドワール）等があります。実はロリータが愛するロココ時代にヨーロッパの文化をリードする国はフランスで、各国間の王族・貴族の間ではフランス語で話すことが大切だったのですよ。（関連→ドイツ語）

ブランデンブルク飾り
【ぶらんでんぶるくかざり】

　中国から西欧に伝わった、打ち紐やモールで飾られた留め具のこと。17世紀にドイツのブランデンブルク軍が軍服に使用していたことからその名で呼ばれるようになり、フランスへ、そして各国へと広まっていきました。

　20世紀にはホテルのボーイの服装でも見られましたが、21世紀のモード界で再登場。その際Angelic Prettyからこの飾りの付いた上着が登場しました。意外に甘ロリータ服と相性がいいのです。

　ところでブランデンブルクとはベルリンを中心とした、ドイツの一地域です。バッハによる「ブランデンブルク協奏曲」が有名ですね。日本ではこの飾りが付いた服を「肋骨服」とも呼びます。（関連→シャコー）

プリーツ・スカート

　甘ロリのプリーツスカートは膝丈くらいで幅広ひだタイプが多いようです。ひだを一方向に畳んで作っていくタイプのものは「追っかけプリーツ」といいます。また一つ一つ左右から箱ひだを作っていくものは「箱ひだ」といいます。

追っかけプリーツ

箱ひだ（ボックスプリーツ）

ブリム

　英語で、帽子の縁の部分のこと。トップの頭を覆う部分はクラウンといいます。
（関連→メイド服、キャップ、ボンネット）

フリル傘【ふりるがさ】

　人類が傘を使用し始めたのは紀元前のこと。雨傘ではなく、上層階級が日除けのために従者に持たせた日傘からのスタートで、雨傘が一般の間で使われるようになるのは18世紀後期からだそう。

　ロリータが自分で持ちたがるのは、18〜19世紀に上層階級だけが持っていた日傘といった感じでしょうか。今のように日傘を持つことが当たり前になる前から、白い肌をキープしたい気持ちが強いロリータは日傘を愛用し続けてきました。フリルがたくさん付いた「フリル傘」が一番の人気です。

（関連→パゴダ傘）

プリンセス・コート

　英国の王女アレクサンドラ（1868〜1935年）が愛用していたことで、名付けられたコートのこと。ウエストの切り替えはなく前身頃4枚、後身頃3枚を縦にはぎ合わせて上半身をフィットさせ、スカート部分にフレアーを入れたコートを指します。ロリータのスカートは大きく広がる

フレアタイプがほとんどなので、スカートのもたつきを起こさせないプリンセスコートは、大事な冬装備の一つになります。

古着【ふるぎ】

　Y2Kブームもあり、ゴスやロリータの古着は大人気。一部の服は、当時も高かったけれど、もう生産されていないものも多く、経年劣化していても当時より高値になることも。落札したい人達のため息を誘っています。

ブルマー

　ドロワーズとよく似た下着に、ブルマーがあります。19世紀にアメリカのA・ブルマー夫人が「女性も活発に運動すべき」と、スカートの下に穿く長いパンツを作って自ら穿き、提唱したことから広まっていったものです。この時代はパンツを穿く女性はいなかったのです。

　ブルマーは日本では大正時代に、女子学生の体育用の服として取り入れられました。当時は丈が長かったのですが、その後どんどん短くなった結果、肌の露出などが問題視されるようになり、1990年代に教育の現場からはブルマーは姿を消しました。

　今現在レース飾りがたっぷり付いたブルマーを穿いているのは、ロリータだけかもしれません。日本のロリータの間ではドロワーズより若干短めのものをブルマーと呼んでいます。

フレンチ・ロリータ

　日本では主に1950年代のフランスから登場したBB、J・バーキン(関連→『Lolita Go Home』)などのコケティッシュな女優・歌手や、『夢見るシャンソン人形』を歌ったフランス・ギャルなど可愛いロリータ・ボイスの女性を「フレンチ・ロリータ」と呼ぶことがあります。

　さらには1980年代以降は女優のヴァネッサ・パラディ(関連→鳥籠)や、バーキンの娘シャルロット・ゲンズブールなどもそのカテゴリーに入れられました。

　フレンチ・ロリータが持つエロスと可愛らしさは、漫画家のやまだないとが描く作中の女性達と共通しているといってもいいかもしれません。

イラスト／やまだないと

フローリア・シジスモンディ

　1990年代後半から起こったゴス・ブームの火付け役として、最も重要なカメラマンがカナダのフローリア・シジスモンディです。1996年にはマリリン・マンソンの『ビューティフル・ピープル』、デヴィッド・ボウイの『リトル・ワンダー』のミュージック・クリップのディレクション及び写真を手掛け、その圧倒的な美しさでゴス界の頂上的存在のアーティストとなりました。日本のバンドマン達のヴィジュアル作りにも絶大な影響を及ぼしています。

　ゴス・ブームが落ち着いた後はGUCCIの「Garden」(2016年)、「Aria」(2021年)のキャンペーン映像を制作。その幻想的な世界で音楽関係とファッション関係、そしてゴス達を再び感嘆させています。

文学少女 【ぶんがくしょうじょ】

ゴス、ゴスロリに多いのが、文学少女です。小説で特に人気のあるところではイギリス文学（ファンタジー系）、フランス文学（デカダン趣味ものやエロティシズムもの）、ドイツ文学（怪奇、幻想系）。そして日本文学（大正〜昭和初期のものから現代まで。特に江戸川乱歩は大好き）などクラシカルなものの他、様々な本を読んでいます。美学が感じ取れるものがお好みのようです。

ヘイロー

ヘイローとはキリスト教の聖画で神や聖人の後頭部に描かれる「後光」「光輪」のこと。2018年の米国のファッション・ショー「MET GALA」のテーマが「天国のボディ：ファッションとカトリックのイマジネーション」で、ランウェイモデルが後光を象った髪飾りを付けて登場。これが世界中にファッションとして広まりました。それを見た一部のゴスやロリータは、イベントや撮影のために手作りで用意して自分の頭を飾るようになりました。

Bakery37.1 【ベーかりー　さんじゅうななてんいち】

雑誌「Gothic & Lolita Bible」2号以降使用されるカバー・ロゴを作り、アートディレクターとなった藤井陽一郎(1958年〜)が運営していたデザイン事務所名。Bakery37.1はもともと音楽系のデザインをやっていて、サザンオールスターズや中島みゆきの他、X JAPAN、GACKT、GLAY、DIR EN GREY、LUNA SEA等ヴィジュアル系ロックバンドなどのCDジャケットやアーティスト写真のデザインに関わっていました。

そういったキャリアが要因となって、通常雑誌のロゴは簡単な作りなのですが、「Gothic & Lolita Bible」のロゴとカバーデザインは、レコードジャケットのように重厚なものになったのでしょう。ページデザインもゴージャス感がありました。特にカバーは手間を掛けて膨大な数のデザインパーツをはめ込んで作っていたので、うっかり外れて印刷されてしまうことがつどつどありました。

ペガサス

ロリータの服のプリントなどにも見られるペガサス。ギリシャ神話に出てくる海神ポセイドーンとメドゥーサの子で、メドゥーサが首を切られた時に飛び散った血から生まれたのだそう。ユニコーンと間違われることがありますが、ユニコーンと違いツノは持たず、

両翼があり空を駆け回ることができます。

　どちらも日本では2013年以降の「ゆめかわ」ブームと共に一般の子供の間で広まりましたが、どちらもなかなか出自や性格が「こわかわ」ですね。最近はユニコーンとペガサスを掛け合わせた、ハイブリッドな幻獣イラストも見ることがあります。

ベスト

　吸血鬼伯爵装や王子装の時に使われるスーツスタイルの中の、ベスト。今の形に近づいたのは1666年のこと。英国の王チャールズ2世が質素倹約を目的に「服装改革宣言」して、臣下の服装に簡素なスリー・ピース・スーツ（ジャケット、ベスト、パンツ）を採択した時からです。

　しかし同じスタイルでも18世紀フランスのロココ時代の宮廷人男性は、ぱっと目につくベストに刺繍を施し、服の中での一番の贅沢を競いあいどころにしたのだとか。お国柄を感じますね。ベストは米語ですが、ゴス、ロリータ系ブランドではフランス語のジレ、という言い方も好まれています。

ペストマスク

　スチームパンクの中で人気があるのがペストマスク。19世紀を舞台に近未来感を掛け合わせるのがスチームパンクのデフォルト。しかしその時代設定よりずっと前の17〜18世紀のペストマスクを使うのは、その奇妙な可愛らしさに惹かれずにはいられなかったからなのでしょうか。正しくは「対ペストマスク」で、ペスト患者を診療する医者が使用し

ていた防護マスクです。クチバシにハーブや香辛料を詰めて、空気感染を防ぐ役目を果たしていたといいます。

ヘッドドレス

　帽子、髪飾り、ウィッグなど頭を飾るものの総称ともされていますが、ロリータの間でヘッドドレスといえば頭紐（あご）で結ぶ布飾りのことで、略称は「ヘドレ」。実は1960年の日本の雑誌ではネグリジェに合わせるナイトキャップとして紹介されていました。1990年代にガーリー系服ブランドから再生された髪飾りです。以降大小の流行の波はあれども人気の衰えを見せません。レースやリボンが主役の長方形の帯型のものがスタンダードですが、造花をあしらった丸形や楕円形のヘッドピースもヘッドドレスと呼ばれます。帯型のものは2020年あたり以降から、ロリータ以外のジャンルでも使用されるようになっていますね。

丸形ヘッドピース　　　帯型ヘッドドレス

ペティコート3枚重ね
【ぺてぃこーとさんまいがさね】

ロリータのスカートが膨らんで見えるのは、下に穿くパニエのおかげ。一時期、穿く枚数は3枚重ねがスタンダードで、一番下は肌を傷つけないふわふわのもの、2枚目は大きく膨らむハードチュールパニエ、3枚目はスカートの形を損ねないソフトチュールパニエとされていました。

実はフランスのルイ14世の時代にもパニエにあたるペティコート、スカート等は3枚重ねが基本とされていたそうなので、ロリータはこんな伝統を知らなかったとはいえ、受け継いでいたなんて素敵ですね。ちなみにルイ14世時代は、下から「スクレット（秘密）」「フリボンヌ（軽薄）」「モディスト（上品）」と名付けられ色違いで重ねたそうです。

（参考文献→P188『麗しのドレス図鑑』）

ペドフィリア

西洋のロリータにとって最も嫌なのは「ペドフィリア（小児性愛）」と絡めて話をされること。日本でいうロリコンのことですね。彼女達は現在のロリータは、語源となったナボコフの小説『ロリータ』とは全く関係ないと考えています。だから周囲から変に絡まれないように、性的なアピールのある着こなしをしないよう気を付けているのだとか。「腕や膝を出しても大丈夫かなあ」と悩むことすらあるらしいです。

『ベニスに死す』【ぺにすにしす】

1912年にドイツのT・マンが小説として発表、L・ヴィスコンティが1971年に映画化して大ヒットした作品。旅先の保養地ベニスで出会った美少年に恋をした、老いた男性の至福の喜びと悲しみを描くストーリーで

す。ナボコフの小説『ロリータ』の少年版で、さらに耽美感や退廃感をプラスした作品ともいえるでしょうか。映画中の少年役のビョルン・アンドレセン（1955年～）のため息の出るような美しさや、男性間の恋心は日本中の女性達を夢中にさせ、多くの腐女子たちを生み出しました。ビョルンが着ていたセーラー服は、縁があり画家・金子國義の元へ。後にビョルンは2019年の映画『ミッドサマー』で老人役を演じています。（関連→耽美派）

蛇 【へび】

蛇は良いもの、悪いもの、どちらでしょうか。キリスト教の『旧約聖書』では蛇はイブに林檎を食べさせて人間を堕落させた、人間を騙す悪い存在扱いです。

でも『旧約聖書』以前のギリシャ神話では蛇が巻きつく杖は「アスクレピオスの杖」と呼ばれ、今でも医術の象徴となっています。日本でも古くから白や黄色の蛇は神の使いと

して崇められていますし、死と再生の象徴とされることも。ゴスは蛇が好きなモチーフの一つですが、その姿を含め、どんな意味であっても魅力的な存在、と捉えているのでしょう。

Baby Doll Tokyo
【べびーどーるとーきょー】

2000年にブランド創設と共に原宿に店舗をオープン。コンセプトは「FETISH、GOTHIC、GLAMOROUSをキーワードにしたコルセットを中心とした美と退廃のセレクト・ショップ」。ブランド名はPIZZICATO

FIVEの曲『cat walk』の歌詞から取ったものだそう。2011年にレディ・ガガが来日した際テレビの歌番組用衣装を制作。外出着としても楽しめる下着の提案をしつつ、現在はネットショップを中心に展開しています。
🅷🅿 https://www.babydoll.tokyo/

ペプラム

ジャケットやブラウス、カットソー等の裾に付けられた、広がった飾り布のこと。ウエストを細く見せたり、服全体を優美に見せる効果がありますね。ウエスト部分にふわっとしたペプラムを挟み込むワンピースも人気です。

上着のペプラム部分　ワンピースのペプラム部分

BB 【ベベ】

小説・映画『ロリータ』が発表後、当時のリアル・ロリータとして最初に世界に君臨したのは、フランス人女優、ブリジット・バルドー（1934年〜、通称BB）といってもいいかもしれません。幼い顔立ちととびきりのナイスバディで奔放に生きる様が、男女共にファンを掴み全世界の憧れとなりました。

日本ではコケティッシュな魅力を放つ女優の加賀まりこ（1943年〜）が、和製BBと言われました。性にも奔放な昔のタイプのロリータを見たい人は、バルドー主演『素直な悪女』（R・ヴァディム監督／1956年）と男性に尽くす小悪魔を演じる加賀まりこ主演『月曜日のユカ』（中平康監督／1964年）を、チェックしておくといいですよ。

ベラ・ルゴシ

ハンガリー生まれでアメリカで活躍した俳優（1882〜1956年）。映画『魔人ドラキュラ』でドラキュラ伯爵役を演じて大ヒット。彼が装う黒マントにスーツ姿こそが、その後

脈々と吸血鬼スタイルとして受け継がれていきます。彼の葬儀の際はドラキュラ伯爵の衣装で棺桶に納められました。（関連→ゴシック・ロック）

映画『魔人ドラキュラ』（1931年）のベラ・ルゴシ

ベルト多用服 【べるとたようふく】

ゴス服の重要なファクター「拘束感」を手っ取り早く、かつお洒落に表現してくれるのがベルト。たくさんのベルトを付けて、タイトなシルエットを作ったロングスカートなどが人気です。

ベルベット

ゴスやゴスロリ、クラシカル・ロリータが憧れる、冬の最もゴージャスな織物生地はなんといっても「ベルベット」。しかし別珍、ベロアなど似ているけど違う生地があって、よく誤表記されているようです。ベルベット（天鵞絨＝ビロード）は織物で、絹でできている超高級品。別珍は綿でできたベルベット風生地ベルベッティーンに、当て字したもの。そしてベロアは織物ではありません。伸縮する合成繊維の、編み物生地で作られることが多いようです。

ベレー帽【ぺれーぼう】

ブリムがない、丸く低いクラウンのみの帽子のこと。バスク・チーズケーキで知られる、フランスやスペインのバスク人が被っていた帽子が起源になっています。その後一般の間に広まりますが、20世紀に入ってからはフランス在住の芸術家（ピカソ他）が被っている写真が有名ですね。

第2次大戦から軍帽として使われるようになり、日本では現在陸上自衛隊が使用。1970年代にはセックス・ピストルズのメンバーが被ったことから、パンク・ファッションにも使われるように。ロリータの間でも大人気です。民族→芸術家→軍隊→パンク→ロリータ、とジャンルを広げ躍進を続ける帽子です。

ボウ・カラー

リボン結びにできるタイを付けた襟（カラー）のこと。ゴス、ロリータ、王子が好きな形の襟です。17世紀

の欧州ではクラバットと呼ばれるスカーフが富裕層の男性の間で流行しました。ボウ・カラーはその流れを汲むものです。

ポエム

ゴス、ロリータはどちらも、ささやかな文章を読んで、想像をかきたてられるのが好き。雑誌「ケラ！」「Gothic & Lolita Bible」のファッションページでは、モデル写真の脇にロマンチックな文が添えられていて、読者の気持ちを盛り上げました。これらの文を編集部では「ポエム」と呼んでいました。また商品説明に、着用することで貴婦人気分を持てるような説明を加えると、売れ行きが断然違ってくる、とロリータ・ブランドから聞いたことがあります。

ポージング

スナップをされた際、ゴスやロリータが取る定番のポーズがあります。

ゴス

ゴス達にカメラを向けた時のポーズの基本は二つ。Aモード雑誌のモデルのように、腰に片手を置きクールに決める。Bまっすぐに立つ。両足を開き、両手はだらりと下げ、顎を上げて目線はカメラに。笑顔も作りません。

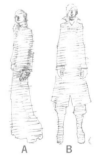

A　B

ロリータ

Aスカートの裾を持って広げる。Bウエストの下あたりに両手を重ねる。C片手はスカートの裾を持ち、もう片方の手は顎の下に添える。

これらのポーズはゴスロリ黎明期からずっと、ロリータ服を紹介するファッション雑誌はストリート系だったことに起因します。プロではなく読者モデルを起用していたため、プロらしいポーズを取ることがなかったからです。そしてそれらの雑誌で見られるロリータ・ポーズは、一般のロリータのスナップ撮影でも真似られて、広まっていきました。

ポートフォリオ

ゴスはカチッとした長方形のバッグが好きな傾向があります。上辺と左右がジップで開閉できる、A4サイズの書類入れファスナーバッグが人気です。ポートフォリオという呼び名はイタリア語で、紙挟みが元になって生まれたバッグです。

ボーンプリント

ゴスが大好きなボーン（骨）。髑髏プリント服が登場した後、肋骨プリントも登場するようになりました。これらのプリントシャツは欧米のバンドマン達から広まっていったようです。

ポジパン

1970年代に生まれた初期パンクに続いて1980年前後に登場したムーブメントが「ポジティブ・パンク」、略して「ポジパン」。染めて真っ黒や金色にして逆立てた髪に、白塗りの化粧、黒ずくめの服装といった姿と、重々しいミュージック・クリップ等が特徴です。この頃パンクは二極化。初期パンクの持っていた政治的・社会的メッセージをより強く打ち出したり、時に取材に非協力的だったハードコア・パンクはメディアからネガティブなイメージを持たれるように。一方で社会的なメッセージよりも、初期パンクの持っていたアート的な創造性を強く受け継いだバンドは取材も心よく引き受けてくれたので、メディアによってポジティブと受け取られ、英国の音楽紙「NME」によってポジティブ・パンクと名付けられたという説があります。

サザン・デス・カルト、セックス・ギャング・チルドレン、ザ・ダンス・ソサエティがポジパン御三家と言われており、ヴァージン・プルーンズや、シスター・オブ・マーシーも代表的なバンドです。

日本では1980年オート・モッドを始まりとしてマダム・エドワルダ、サディ・サッズ、アレルギーなどがポジティブ・パンクとしてのバンド活動をスタート。彼らのヘアメイクなどが後々のヴィジュアル系ロックバンドマンとつながっていきます。※欧米ではゴシック・ロック、ゴシック・パンクという呼び名が一般的です。

（関連→お化粧系バンド、クラブ・ワルプルギス、バットケイブ）

星箱Works【ほしばこわーくす】

　「星屑を集めた宝石箱。キラキラしたモノ、ステキなモノ、キラメキや輝く才能、それらを形にしたモノをぎゅうっと詰め込んだ小さな宇宙」がコンセプトのロリータ・ブランド。2019年にまず帽子から、2021年にたっぷりと布を使ったデコラティブな服をスタート。特大サイズのリボン・カチューシャが話に。

HP https://hoshibako.thebase.in/

ボタン

　欧州では古代より、富裕層の服のアクセサリーとして宝石をセットして作られていたのがボタンです（花の蕾、という意味だとか）。ブローチみたいな役割だったと考えられますね。

　現代の私達はプチプラで宝石みたいに可愛いボタンを購入することができて、嬉しい限りです。

　ロリータ・ブランドの洋服では一般的なボタンを使用することが少なく、服と共布のくるみボタン、パール風、ブランドのロゴを刻印したもの、薔薇形など、凝ったタイプが多いことが特徴です。

くるみ
パール風
ブランドロゴ刻印
薔薇形

ボタンド・カフス

　ボタン留めの付いたカフスのこと。ゴスやクラシカル・ロリータが好きな形で、ボタンの数が多ければ多いほどエレガントな雰囲気を醸し出します。1300年くらいから欧州の

王侯貴族の間では体にぴったりとしたラインを作る服が流行。最初はピンでつないでいましたが、飾りとして使っていたボタンを使いボタンホールを考案。以降服に膨大な数のボタンを付けて、体に沿うラインを作るようになったのだそうです。（参考文献→P188『はじまりコレクションⅢ』）

坊ちゃんスタイル
【ぼっちゃんすたいる】

　多くのゴスやロリータが大好きな漫画作品、『黒執事』（枢やな著／スクウェア・エニックス／2006年〜）。作中に登場する重要キャラクター、12歳のシエル・ファントムハイヴ伯爵のような装いをする場合、「坊ちゃん」スタイルと呼ばれることがあります。基本は王子装ですが、シエルと同じく眼帯を加えるところがポイントに。こういった特定の人物の模倣をする時は、ロリータの間でもコスプレ装と識別されます。2015年と2021年には音楽アーティストのHYDEがハロウィンイベントで、シエルのコスプレ姿を披露しています。

ポップカルチャー
発信使（カワイイ大使）
【ぽっぷかるちゃーはっしんし（かわいいたいし）】

　2009年外務省が「ポップカルチャー発信使（カワイイ大使）」を選定、日本の若者ファッション文化を伝えるために、複数の国に以下の3人の女性を送り出しました。ロリータ部門代表が青木美沙子、原宿系ファッション代表に木村優、制服部門代表に藤岡静香。この3人は以降、多数の国とその都市を回って、日本の若者ファッションを広めていくことに。青木はこのカワイイ大使委嘱がきっかけで世界で最も有名なロリータになりまし

た。(関連→クールジャパン戦略)

ホルターネック

　馬に取り付ける手綱用のホルター（頭絡）に似ていることから名付けられた、首に回す紐で着用させる服のこと。背中を大きく開けた服や水着などによく見られますが、ロリータ服では首回りが寂しくならないよう、ワンピースやトップスの付属の飾りとして、クロスする状態で付けられることが多いようです。

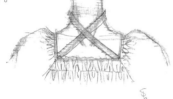

ボレロ

　丈が短く、ボタンがなくて前が閉じない作りになっている上着。スペインの闘牛士が着ていることで知られていますが、その愛称は18世紀末のスペインの舞踊曲「ボレロ」で踊り子が着ていたことから付けられました。ロリータのボレロはリボンなどで前を閉じることができるものも多く、クラシカル・ロリータ装の際に着用することが多いようです。

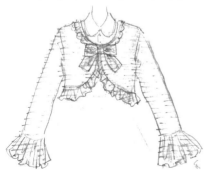

ポロネーゼ

　1770年代と1860年代に、欧州の富裕層の女性の間で今まで着ていた服の裾をループ状にしてたくし上げ、中のペティコートを見せるスタイルが流行。発祥はポーランドだったので「ポロネーゼ」と呼ばれるようになりました。作りは違いますがロリータが好きなこういうタイプの服は、ポロネーゼ風と言っていいかもしれませんね。

（関連→ドローストリング服）

ボンデージパンツ

　両脚をつなぐベルトを付けたボンデージパンツは、パンクとゴスの間では定番になっています。ジップ飾りはSM服のモチーフから用いたもの。英国のマルコム・マクラーレンとヴィヴィアン・ウエストウッドが1970年代にセックス・ピストルズに穿かせたことで、知られるようになりました。ゴスはピン・ストライプや真っ黒なものを穿きますが、パンクは真っ黒か赤チェックなどが多いですね。ジップで切り離せるタイプも人気です。パンクスの間での愛称は「ボンパン」です。また「ボンテージ」と言いがちですが正しくは「ボンデージ」です。

ま行

ボンネット

ロリータ装のための代表的な帽子、ボンネット。広く取ったブリムにたっぷりの飾りが付けられ、顔を最高に可愛く見せられると重宝されています。ボンネットと呼ばれる帽子は中世から作られていますが、ロリータ装で使用されるタイプは、19世紀の欧米で大流行した形のものです。

実はボンネットが最初に日本に入ってきたのは大正時代で、文化人形（P1参照）、ママー人形と呼ばれる、幼児のための人形の頭に縫い付けられていました。その頃欧米ではボンネットはすっかり廃れて

ボンネットを被る
ロリータ

いたし、最近までも廃れたままだったのですが……。現代では1980年代後半に日本のブランドcoup-de-piedがボンネットを商品化。1990年代にもMAID LANE REVUE、田園詩から登場していますが、ボンネットを世界中のロリータの頭に被せたのは、1998年以降に活躍を見せる日本のロリータブランドです。

ボンネットを被る
文化人形

MARBLE 【まーぶる】

1996年に大阪からたっぷりのレースと姫袖が付いたブラウス、バッスル風の膝丈のフリルギャザースカートで登場。そのデザインは独創的で、様々なジャンルのファッション雑誌から注目を集め紹介されました。ブランド名の意味は「エレガント（ゴシック）と優美なキュート（ロリータ）感のミックス」といった意味合いを込めているそう。創業当時からのデザイナーは林（旧姓：泉）さおり。「学生時代から洋書で西洋の貴族の服を見ることが好きで、姫袖風の服の作品を制作していた」とのこと。ゴス・ロリ・シーンを生み出した最重要ブランドの一つです。

HP http://www.marble-02.com/

「前髪が死ぬ」 【まえがみがしぬ】

ロリータにとって、前髪は命。ぱっつんで切り揃えた前髪が湿気や風でめちゃくちゃになることを、「前髪が死ぬ」と言って、とても嫌がります。（関連→ぱっつん前髪）

前立てフリル 【まえたてふりる】

前立てとは、ブラウスやシャツの前中心にある、ボタンを留める部分のこと。サイドのフリルは「前立てフリル」と呼ばれます。フリル好きのロリータの服には、あって欲しいものの一つ。

マカロン

　マカロンは、そもそもは8世紀にイタリアのヴェネチアで作られた、マカローネというお菓子。「練り生地を切った」という意味で、なんと修道僧のへそがモデルだったのだそう。16世紀にイタリアのカトリーヌ・ド・メディチがフランスの王家に嫁いだ際、そのレシピも持ち込みフランスでも作られるようになりました(日本でもマコロンというお菓子になっています)。

　2006年には映画『マリー・アントワネット』(S・コッポラ監督)でパリのカフェLaduréeのマカロン・タワーが登場、世界中に知られるお菓子になりました。その可愛らしさからロリータが最も愛するお菓子の一つにもなり、洋服のプリントや小物などにも描かれています。

マカロン・カラー

　映画『マリー・アントワネット』の大ヒット以降、女性の憧れになったカラフルなマカロン。その色味をイメージしたカラーの服やアクセサリーが、ロリータは大好きです。マカロン・カラーと呼ばれ、ミント、ラベンダー、レモン、淡い薔薇色などなど。しかしなぜかミントやラベンダーは、実際のものより淡い色をイメージしているようです。

MAXICIMAM 【まきしまむ】

　1996年にスタートした、いかにも原宿ポップなロリータ・ブランド。現在はコンセプトに沿って4つのブランドに分けられています。MAM MAXICIMAM は「絵本のような夢ごこちな気分、上品に洗練されたロリータスタイル」、Lovely MAXICIMAM は「CUTEなマジカルロリータ魔法ゆったりサイズ」、MA MAXICIMAM は「幻想的なゴシックスタイル」、ネコミミは「すべては猫から始まる」なのだそう。立ち上げから現在までデザイナーは、黒玉&黒猫の2人。
HP https://www.maxicimam.com/

MACOTOグッズ
【まことぐっず】

　昭和時代からずっと、金髪に青い瞳をきらきらさせた、欧米の美少女ばかりを描き続ける少女絵画家、高橋真琴(1934年〜)。彼のイラストが入ったファンシー・グッズ、通称「MACOTOグッズ」が平成、令和となった今でもロリータを含む若い人たちの注目を集め続けています。雑誌「Gothic & Lolita Bible」8・9・23号(インデックス・コミュニケーションズ／2003〜6年)ではカバーイラストに登場。2018年には COMME des GARÇONS が高橋のイラストを使用してのコレクション服を発表しています。

(関連→抒情画)

『高橋真琴画集
あこがれ』
（高橋真琴著／
光風社出版）

マザーグース

　昔から英国で、親から子供へと歌って聞かせ伝えられてきた遊び歌のこと。日本では『きらきら星』『ロンドン橋落ちた』などが有名ですが、アガサ・クリスティなど英国のミステリ小説などにも引用されています。その挿絵はロリータ服のプリントになったことも。

　『不思議の国のアリス』に登場するハートの女王とタルトも「マザーグース」が元になっています。「マザーグース」の名が残る最も古い文献はフランスのC・ペロー「マザーグースのお話」（1967年）です。

（関連→グリム童話、子供の不思議な角笛）

魔女　【まじょ】

　多くのゴスの女性にとって、魔女は自分に近しいもの。「年齢を重ねたら、少女や女から、おばさんになるのではなく、魔女になるのが理想」と考えています。だからゴス服も歳を取ったから似合わなくなるということもなく、ずっと着続けることができるのです。もちろん美魔女を目指したいところです。

MAJOH　【まじょ】

　2023年に h.NAOTO カメラマンの MAI が立ち上げた、ゴスロリ系ブランド。コンセプトは「人は2つの顔を持つ。女神のように美しく光り輝く姿。暗闇の中の魔女の姿。呪文を唱え、なりたい自分になる魔法を掛ける。そんな魔女をテーマに、フォトグラファーがディレクションする」。レースやフリルを多用するセクシーな服と、カットソー素材のカジュアルなストリート仕様服の2種で攻めています。　**HP** https://antigones.jp/

マダム・ロリータ

　ずっと可愛いロリータ服を着ていたものの「あれ、私、いつまでも着ていいのかな？」と思う時期がやってくることがあります。その時期を迎えて丈の長いものやクラシカル・ロリータにシフトする人が増えています。大人が着るのにふさわしいロリータ服も登場しています。ロリータ自身もロリータ服を作るデザイナーもマドモワゼル（お嬢さん）からマダム（婦人）に変化していき、服も対応して成長しています。ロリータ服に年齢制限はなくなっているのです。

manifesteange metamorphose temps de fille

【まにふぇすてあんじぇ　めたもるふぉーぜ　たんどぅ　ふぃーゆ】

　1993年に関西から生まれた、ロリータ系ブランド。ブランド名は manifesteange（天使降臨）、metamorphose temps de fille（変身、変化、少女の時）という意味のフランス語を元にした造語ですが、「メタモルフォーゼ」の名前で親しまれています。創設当時からセーラー物、ナース物などバリエーションが多く「次は何が出るんだろう」とファン達を楽しませてくれていました。お茶会他現在のロリータ界隈で「よく行われていること」

をたくさん、先頭を切って始めゴス・ロリの
シーンを牽引したブランドでもあります。

HP https://metamorphose.gr.jp/

マフ

手を温かく包む毛皮のマフは15世紀に王
侯貴族のためだけの高級装飾品として誕生。
やがて上流階級、そして中産階級の人まで真
似して、犬や猫の毛皮などの安い素材で作っ
て身に着けるようになっていきます。

またルイ14世治世下時代(1643～1715年)
にはマフの中で「マフ犬」なるものを飼うの
が流行し、おやつを与えたり声を掛けたりす
る姿(演技?)が見られたとか(参考文献→P188
『アクセサリーの歴史事典(下)』)。2000年初頭
はロリータやゴ
スの間で、この
クラシカルで暖
かな装飾品が人
気でした。今で
は内側も外側も
ポリエステル素
材でできていま
す。

ma poupée japonaise
【ま ぷぺ じゃぽね】

ドイツ人アーティストマリオ・A(1959年
～)による2001年の写真集のフランス語タイ
トルで、意味は「私の日本人形」。球体関節
人形風にモデルを撮影したものです。この写
真集以降、肘や膝にゴムを巻いて人形風に撮
影する技術が一部の間で広まりました。映画
監督の押井守はこの写真集を見てアニメ映画
『イノセンス』(2004年)を作った、という話
も。またモデルの原サチコ(1964年～)は、人
形みたいな女性だけで耽美的な舞台を繰り広
げた、劇団ロマンチカの女優です(原は現在

ハンブルク・ドイツ劇場専属女優)。

魔法少女&
美少女戦士アニメ
【まほうしょうじょ あんど びしょうじょせんし あにめ】

ゴスが魔女を人生の最終目標にするなら、
ロリータはとりあえず魔法少女になりたい、
と考えているかもしれません。世代の違いは
ありますが、『魔法使いサリー』(1966～68年)
がスタートで、後に美少女戦士ものの『美少
女戦士セーラームーン』(1992～97年)、『プ
リキュア』シリーズ(2004年～)などなど日本
の少女達はTVアニメを見て、魔法少女や美
少女戦士教育を自然に受けてきました。こう
いうアニメで育ったゴスやロリータ達は、大
人になっても雑貨屋で玩具の「魔法の杖」を
見かけるとつい買ってしまうようです。
(関連→少女漫画)

マリー&ガリー

NHKのEテレで2009年より番組『すい
エんサー』内で放送されていた、科学を学
ぶ短編アニメ。科学が不得意なゴスロリ少
女マリカが科学を学び、好きになっていく
というものです。続編の「マリー&ガリー
Ver.2.0」では、甘ロリ装のノリカ(NO理
科、から付けた名前)が登場。キャラクター
デザインは『おジャ魔女どれみ』『ハートキ
ャッチプリキュア!』を手掛けた馬越嘉彦で
す。

マリリン・マンソン

1990年代の音楽シーンに登場して、世界最大のゴス・ブームのうねりを作ったミュージシャン。歌詞だけでなく衣装やメイク、ミュージック・クリップ等は徹底したゴスですが、曲の作りとしてはストレートなロックだったことから大ヒットにつながったのだと考えられます。1996年の『ビューティフル・ピープル』など、フローリア・シジスモンディを映像監督に迎えて、芸術作品として昇華させたミュージック・クリップも素晴らしく、日本のヴィジュアル系ロックバンドにも多大な影響を与えました。2006年妻でバーレスク・ダンサーのディータ・フォン・ティースと離婚したあたりから、世界のゴスシーンも落ち着いていった様相があります。

（関連→アンチ・クライスト、棚買い）

マムルーク袖 【まるむーくそで】

クラシカル・ロリータのブラウスで時々見られる、団子をつないだような形の袖は「マ

ムルーク袖」と呼ばれるもの。17世紀から西欧の服に見られる袖の形だったのですが、18世紀末ナポレオン軍がマムルーク兵士と戦った時、彼らがこのような形の袖の軍服を着ていたことから名付けられました。その後一般の間にファッションとして広まっていきました。当時はリボンなどで結んで、形作られていたようです。

マルイワン新宿 【まるいわんしんじゅく】

東京ではいち早くゴス・ロリブームに着目し、1999年から内装を華やかに改装したり、スナップ会やお茶会を開催したりなど全開でゴス、ロリータ服を推していったのがマルイワン新宿。「マルイワン」は最初は新宿の一館からスタートしましたが、その後マルイワン渋谷など複数作られた時代があります。新宿についてだけは「ワン宿」の愛称がありました。一部のブランドは新宿マルイアネックスにて健在です。

マルイワン新宿リーフレット（2002年）

ミサイルおっぱい服 【みさいるおっぱいふく】

マドンナが着用したことで有名になった通称「ミサイルおっぱい服」をデザインしたのは、フランスのデザイナー、Jean Paul GAULTIER。1980年代からボンデージを取り入れるなどしてモード界のフロンティアとしても注目されました。1981年からオンワード樫山と契約したことから、フランス発のハイ・ブランドとしての存在でありながら若干手が届きやすいブランドでもありました。

2000年代初頭までのゴス達は、ゴルチエの鞄、財布あたりから入って、ミサイルおっぱい服は手に入れられないにしろ、頑張って服も買っていました。

水色界隈【みずいろかいわい】

インスタグラムのインフルエンサーから広まったと言われる、病みかわ系を受け継ぐ2023年頃のファッション。Y2Kの1000年先のY3Kを先取りするイメージで、水色と白色だけを着用。ジャージ服と若干のサイバー感を入れ、さらにこの世と隔絶された天界を意識しているのだとか。水色の配分が多ければ「水色界隈」、白が多ければ「天使界隈」になります。(参考文献→P189「Grimoire」)ロリータ愛好者の間でも意識されて、水色と白色でまとめるコーディネイトが見られました。

ミット

指の部分をカットしたレースの手袋は、エレガントなのに手仕事ができるのでゴス達の間で重宝されています。レースのミットは19世紀に流行したのだそう。デミクラブともいいます。
(関連→手袋)

みどみさニコイチ

ロリータ界のモデルで、ツートップは青木美沙子、深澤翠。青木は2001年に雑誌「ケラ!」で読者モデルデビューし、深澤はその青木の姿を雑誌で見て憧れてファンになり、2006年に読者モデルに。この二人は人気を二分し、ロリータ界の頂上的モデルとなりましたが、何年経ってもそのポジションが揺らぐことはありません。二人は仲良しで「みどみさニコイチ」と呼ばれ、広告撮影に呼ばれることもしょっちゅう。今やアラフォーの二人ですが、年齢を重ねる毎に美しく服を着こなして、ロリータ服の世界を牽引していることには間違いがありません。(関連→お茶会)

ミニ・トランク

ノスタルジーを感じさせてくれる小さなトランクは、ゴスもロリータもお気に入り。ただ物の出し入れが大変で、開閉時に小物を落としがちなのが難点です。英語ではボックス・バッグといいます。似たような物では、紙製のドール・ハウス・タイプ、メタル素材トランクも人気です。

ミニハット

トップハットを小さくした髪飾りのこと。ゴスロリや王子スタイルの間で大変人気を呼んだ時代がありました。顎紐で結んで固定するのですが、落ちてきやすいのが悩みの種。出かける前には隠しピンを使い、しっかり装着します。

MIHO MATSUDA
【みほ まつだ】

　1997年創設のゴス、ロリータブランド。ブランドのコンセプトは「大人のためのロマンチックなゴシック・ロリータスタイル」。シンプルでエレガントなのは、創設からのデザイナー松田美穂がウェディングドレスの会社出身だからかもしれません。縫製が美しくその仕上がりにうっとりさせられます。王子スタイルに必須のキュロットも定番商品になっています。

HP https://mihomatsuda.com

ミュージアム・ピース

　ロンドンにある国立ヴィクトリア＆アルバート博物館は、服飾系コレクションに強い美術館。ヴィヴィアン・ウエストウッドはここに通って自分の服作りのヒントを得た、と言われていますが、彼女の作品も後にミュージアム・ピース（美術館収蔵品）になっています。（関連→ギリー）

　日本からは元祖ゴス・ロリとも考えられる月ノ夜ロヲザ＆瑪瑙ルンナのユニット「ロヲザ・ルナティック」の作品が1988年に収蔵。2012年には「キティとブルドッグ：ロリータファッションと英国の影響」展を開催。その際ATELIER BOZ、Innocent World、PUTUMAYO、Moi-même-Moitié他の服を展示、これらも収蔵品となりました（実は当時の学芸員の一人は、ロリータでした）。

ミュール

　古代ローマでは、地位の高い男性のみに履くことが許されていた赤いつっかけがありました。それがミュール（赤い魚の一種を指す）と呼ばれる靴の始まりです。その後は男女共に靴の上に履く泥除け靴として使われたり、室内履き（スリッパ）として使用される時代を経て、17～18世紀に女性貴族の間で外出用としても履かれるようになりました。

　現代では女性の夏の外出靴として人気がありますが、ロリータでは姫ロリが使用する時代がありました。

『未来のイヴ』【みらいのいヴ】

　1886年にフランスの作家ヴィリエ・ド・リラダン伯爵によって書かれたSF小説のタイトルです。話の下敷きになっているのは、自作の女性の彫像に恋をするギリシャ神話の「ピグマリオン」。リラダンはここで「人造人間」に対して、初めて「アンドロイド」という言葉を使いました。今ではiPhone以外のスマホのOSの名前になっているので、人造人間というよりOSのイメージが強いですが、言葉のルーツはここにあります。

　人造人間としてのワード「アンドロイド」は押井守監督アニメ映画『イノセンス』で多用されていますし、ALI PROJECTが2003年に『未来のイヴ』というタイトルで楽曲を発表しています。ちなみに1920年に「ロボット」という言葉を生み出したのはチェコの

作家、カレル・チャペックです。ゴスもロリータも「人に似せた人でないもの」が大好きです。（関連→人形になりたい）

Millefleurs 【みるふるーる】

1999年創設のクラシカル系ロリータブランド。バッスルを美しく形作るための下着など、2000年代始めに独自でコレクションを発表し、19世紀のドレスマニアのゴスやロリータ達をおおいに満足させました。創設からのデザイナーは、ワタナベ。モノクロの布服に特化したMille Noirs、アンティークの正絹の着物を使用しリメイクする1点物の美留布（みるふ）というラインもあります。

HP https://millefleurs-noirs.com/

ミルフルール

フランス語で「千花模様」の意味。15〜16世紀に、城内の壁を飾るために作られたタペストリーや彩飾写本の小花模様を指します。植物や小動物が無数に配置された図案です。ミルフルールデザインのタペストリーでは、2013年に日本にもやってきて展示された《貴婦人と一角獣》が有名ですね。

19世紀になると英国のW・モリス（関連→

《貴婦人と一角獣》より「視覚」。1500年頃／クリュニー美術館蔵

『ゴシックの本質』）、ラファエル前派のE・B・ジョーンズがミルフルールを取り入れた作品があります。

※本書のカバー絵はこの絵をイメージして長谷川氏に描いてもらいました。

胸下切り替え 【むなしたきりかえ】

ロリータのワンピースはジャストウエスト、ないしはウエストよりやや上のものが一般的ですが、幼児の服のような胸下切り替えのタイプも時々登場します。よりあどけなく可愛く見えるところが人気です。

ウエストを締め付けない楽ちんな胸下切り替えの服は19世紀の子供服や人形服に見られたもので、1950年代後半に「ベビードール」と呼ばれるランジェリーとして再生。1960年代にはティーンの間で爆発的にヒット、さらにベビードール型ワンピースとして街着へと変化していったようです。

（関連→ケイト・グリーナウェイ）

mumyo 【むみょう】

2022年に「mumyo」によって発表され、世界最高峰のヴァイオリン、ストラディヴァリウスにて演奏されたアルバムの名前が『ゴシック・アンド・ロリータ』。J・S・バッハの『無伴奏ヴァイオリンのためのパルティータ 第3番ホ長調 BWV1006より ロンド形式のガヴォット』等を主題に、秋葉原の電子感を加えたものでした。mumyoは作曲家の山根明季子（あきこ）と梅本佑利（ゆうり）、ヴァイオリニスト成田達輝の3人で構成される現代音楽ユニットで、その名は音楽家の坂本龍一が命名しています。こういうガチでアカデミックな人達にゴス・ロリがテーマとして扱われるのは、誇らしい気持ちになりますね！

メイドカフェ

2001年にメイドカフェが誕生、2005年くらいから秋葉原を中心に全国でメイドカフェブームが沸き起こりました。実はそこで迷惑を被ったのがロリータ達。白黒の配色などメイド服とゴスロリ服の一部がよく似ていたため、同種のものと思われたからです。ロリータのイメージは屋敷のお嬢様であって、メイドはその使用人。だから一緒にされるのが嫌だったのです。服のクオリティの違いもありました。

しかし世代も変わり、今では「日常でロリータ服を着るから、仕事着も可愛いメイドカフェやコンカフェで働きたい」というロリータもいるし、「客として出かけて、メイドカフェで可愛い女の子とお話したい」というロリータもいます。

メイド服 【めいどふく】

ロリータの間では「カフェやお屋敷のメイド服は、ゴスロリ服の範疇（はんちゅう）には入れて欲しくない」という意見が根強くあります。が、ロリータ・ブランドの手によって丁寧に作られたメイド服については、快く受け入れる人も多いようです。19世紀の英国の丈の長いクラシカルなメイド服も好評の様子。ワンピース、エプロン、頭に付けるブリム（通称メイドカチューシャ）の3点がセットになります。

メゾン

アパレル業界でもハイブランドに関わる人たちは、洋服ブランドやその経営会社のことをちょっと気取って、フランス語で「メゾン」と呼んでいます。小説家の嶽本野ばらも同じく。メゾンとはそもそも「家」という意味。ちなみに「店」はフランス語はブティックで、1970年代には日本でも洒落てこう呼ぶ人もいました。

メタル素材トランク
【めたるそざいとらんく】

1970年代から、バンドマンを真似てライブハウスに小さなジュラルミン製トランクを持って行く人達の姿が見られました。その後1990年代になるとバンギャやゴスの間では、Jean Paul GAULTIERのパイプフレームバッグと呼ばれるメタル素材トランクが大流行しました。ゴスはメタル素材のバッグが好きです。またバンド好きの人はこのトランクに推しのバンドのステッカーを貼りますが、ファッションから入った人はそのまま使います。

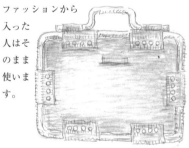

メメントモリガール

ゴス服だけでなく、ゴスに繋がる美術や思想に傾倒する女性は、「死想」に関する美術や書物も好物。ラテン語の「メメントモリ（死を思え）」という言葉と、一時流行した森ガールとをもじって、彼女達のことをメメントモリガールと言いたいと思います。

marcHenTica by Hiroko Tokumine
【めるへんてぃか ばい ひろこ とくみね】

2016年、国内初のロリータウェディング専門ブランド、Hiroko Tokumine ロリータウェディングが誕生して話題に（現在の名前は Hiroko Tokumine）。2021年リラックス服の marcHenTica、2023年和風ワンピースの marcHenromanTica が登場。ブランド名はドイツ語のメルヒェン）を使った造語です。デザイナーは徳嶺裕子。

HP https://www.hirokotokumine.com/
（関連→グリム童話、ランウェイ）

Melody BasKet
【めろでぃ ばすけっと】

2018年創設のロリータ・ブランド。ブランド名はMelodyという少女と、2匹のユニコーン（BasとKet）が登場するというブランドストーリーを元に名付けられたそう。遊び心に満ちているけれど、清楚さが引き立つデザインが人気です。コンセプトは「メルヘン、ガーリー、ノスタルジックといったテイストをミックスし、オリジナルの世界観を表現する」。

HP https://fraisier-on-line.store/

モノグラム

頭文字などを二つ以上組み合わせて一つの記号にした模様を「サイファー」といいます。さらにその組み合わせた文字の一部が共有されているものは「モノグラム」と呼びます。フランスのブランド、Louis Vuitton の頭文字LVを組み合わせたものがモノグラムとして知られていますが、こちらは正しくはサイファーといえるのではないでしょうか。

モノグラムは古くは紀元前のギリシャで、硬貨に都市名の頭文字を組み合わせて使用されていました。現代のクラシカル・ロリータはモノグラムの持つブランド・パワーを誇示するというより、その品の良さが好きでモノグラム風プリントの鞄などを持つことがあります。

「S」「R」のモノグラム。どちらかの文字を外すと文字として成り立たなくなる

「G」「L」のサイファーをテキスタイルにしたバッグ

森ガール 【もりがーる】

2008〜09年頃から流行した、「森にいそうな雰囲気の服を着た女性」のこと。毛糸やコットンなどを使用した、ナチュラルでふんわりとした服を着用。その可愛らしさにロリータも注目していました。森ガールとロリータの間に違いはいろいろありますが、決定的なのは、森ガールの服はゆったりした服を選びますが、ロリータの服はウエストを締めて体に沿ってきちんと着ることが基本ですし、ブランド性が高くハイプライス。着こなしのルールもロリータの方が圧倒的に多いのです。そしてロリータはやはり森より都会的なものがお好きなようです。

（関連→ありのまま、はない）

モリグチカ

　2020年に誕生した、「和」テイスト、特に「大正浪漫」を意識してデザインされたロリータ服ブランド。ブランド名はデザイナー名の「森口花梨（かりん）」から取って付けられました。「デザイナーが可愛いと思うものを詰め込んだ」そう。

HP https://moriguchika.com

Moi-même-Moitié
【もわ めーむ もわてぃえ】

　1999年にMALICE MIZERのギタリストManaが設立したブランド。ブランド名はMoi（私）、même（自身）、Moitié（半分）のフランス語単語を組み合わせた造語。「この姿は分身でもあり、自分自身でもある」という意味を込め、命名されたものだそう。十字架、ゴシック大聖堂、墓地などをシックに、時にモダンに描いたプリントの服などのアーカイブコレクションはゴス達の憧れの対象です。**HP** https://moi-meme-moitie.com/
（関連→アリストクラット）

紋章 【もんしょう】

　西欧の貴族の家で長らく使われていた紋章は、元々は戦士の持つ盾に描かれていたもの。双頭の鷲、獅子、フルール・ド・リス

盾に描かれた獅子、フルール・ド・リス

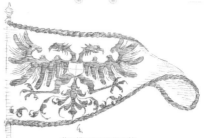

旗に描かれた双頭の鷲

（アイリス。百合とすることもある）等を剣の形で表した意匠がよく見られます。これらの紋章がプリントされた服は、クラシカル・ロリータの間で人気ですね。

モンスター 【もんすたー】

　ゴシック・ロマン小説や映画から生まれたダークサイドのモンスターには、吸血鬼の他、フランケンシュタイン博士が作った怪物などがいます。このモンスターは長らくダークサイドの悪いヤツ、あるいは悲しい運命を背負ったヤツとして扱われ続けました。

　20世紀にはホラーマニアがそのプリントTシャツを着るくらいだったのですが、21世紀になったところで、二頭身キャラにされたりスタンプになるなどして、可愛いキャラとして一般の間でも愛されるようになりました。21世紀はゴスにも明るい陽があたる時代。しかももう陽の光を浴びても灰にならず、愛されてハッピーに生きていけそうです。

や行

ヤスミンバッグ
【やすみんばっぐ】

Vivienne Westwood が1987年 「Time Machine」コレクションで発表したバッグの形で、ヤスミンとはヴィヴィアンの息子の当時のガールフレンドの名前。鞄のサイドを折り込みおむすびのような形にしたもので、ロリータに人気です。

山口友里 【やまぐちゆり】

2000年代にゴス、ロリータにとって最も人気のコスメブランドのひとつになったのが、資生堂のマジョリカ マジョルカ。「変身・魔法・秘薬」をキーワードに、2003年にデビュー。広告ヴィジュアルにもときめかされました。そのセットデザインとスタイリングを、ブランドの初期から10年以上担当したのが美術デザイナーの山口友里です。実は人形師として、ちょっとコワカワ系の球体関節人形や、ぬいぐるみを製作しています。可愛く美しく、ちょっぴりダークサイドという点はマジョリカと同じで、ファンのハートを裏切りません。

HP https://yuriyamaguchi.com/

マジョリカの美術セットで作った等身大の乙女棺桶

ヤン・シュヴァンクマイエル

シュール好きのゴスにとって、チェコのシュルレアリスト芸術家・アニメ＆映画監督のヤン・シュヴァンクマイエルは、リスペクトすべき芸術家の一人。なかでも1988年の映画『アリス』はアリス役以外はすべて人形で、ゴスの間でもお気に入りの作品となりました。

ヤンのファンにはゴスだけでなくアートやハイブランドファッション系の人も多く、彼の大ファンの高橋盾は2005年に自分のブランドUNDERCOVERで「but beautiful Ⅱ homage to Jan Svankmajer」コレクションを発表しています。目玉や歯のついた黒い服などで、ゴスを惹きつけました。

DVD『アリス』HD ニューマスター チェコ語完全版／アメイジング D.C. 販売　©CONDOR FEATURES.Zurich／Switzerland.1988

有刺鉄線アクセサリー
【ゆうしてっせんあくせサリー】

　有刺鉄線とは「薔薇線」と呼ばれる、茨の棘に見立てた鉄線のこと。ゴムやビニール素材で作ったブレスレットがゴシック・アクセサリーとして使われることがあります。メインカラーは黒。「俺に近づいたら痛い目に遭うぜ！」といった印象を与えがちですが、「面白いアクセを着けてるね」と話しかけられるのは嬉しく思っています。

ユニコーン

　ロリータが大好きな幻獣ナンバーワンは、ユニコーン（一角獣）。可愛いイメージですが、実は獰猛な性格です。『旧約聖書』ではノアの方舟に乗せてもらったのですが、他の動物を見境なく突くので降ろされてしまったとか。でも処女のそばでは大人しくなるのだそう。なんということでしょうか（笑）。純潔、力強さの象徴として、スコットランドの紋章に描かれています。

（関連→ペガサス、ミルフルール）

ゆめかわ

　2012年くらいに広まった、夢のように可愛く幻想的なイメージを持つ、原宿系ファッション等を指す言葉。色はパステルカラー、素材は透け感のあるシフォン等、またプリントモチーフにはユニコーンなどが見られます。当時、甘ロリ系の服にも影響があり、ゆめかわテイストが使用されていました。

百合 【ゆり】

　洋館などでクラシカル・ロリータの服装で、女性同士で寄り添って親密な雰囲気で撮影する時には「百合っぽく」と指導が入ります。シチュエーションのルーツは大正、昭和初期の「エス」です。

　言葉のルーツはクィア雑誌「薔薇族」（第二書房／1971年〜）創刊編集長の伊藤文學が男性の同性愛者を「薔薇族」、後に女性の同性愛者を「百合族」と命名したことから広まったのだそう。伊藤は歌人でもあったからでしょうか、命名が素敵ですね。

洋服名カルタ 【ようふくめいかるた】

　ロリータの服の名前はブランドによりますが、とても凝ったものがあります。たとえばInnocent Worldでは「野に咲く薔薇のブラウス」といった素敵な商品名がありますが、Angelic Prettyでは「Lyrical Bunny Parlor」といった英語のシリーズ名を付け、Juliette et Justineでは商品のシリーズ名に「Palais des chats」といったフランス語を使っています。西欧のロリータのお茶会ではこのシリーズ名や商品名の上半分を読み上げ、下半分を当てっこするカルタ遊びなどをします。ロリータ服への愛がほとばしる競技ですね。

ヨーク

　牛に付ける「くびき」のことですが、そこ

から転じて洋服では身頃やボトムスの上部に
はぎ合わせた、切り替え布のことを指すよう
になりました。身頃に白いヨークが付いた
「ヨーク・ワンピース」は、クラシカル・ロ
リータのお気に入り。清楚さを感じさせるか
らですね。ゴージャスなレースで飾った付け
ヨークも人気で、顔周りを明るく見せてくれ
ます。また白いヨークが付いた修道女のワ
ンピースは「イ
ノセント・ド
レス」とも呼ば
れ、ゴス女性の
間で人気です。
（参考文献→P188
『新版 モダリーナ
のファッションパ
ーツ図鑑』）

夜のゴス・イベント

【よるのごす・いべんと】

　ロリータ達は昼のお茶会が好きですが、ゴ
スは夜のクラブ・イベントが好き。ゴスは吸
血鬼だということなら、当然ですね。ゴス最
盛期に始まった国内の大型イベントは、まず
大阪から。2000年にTERRITORYのオーナ
ーの故・TAIKIが始めた「ブラック・ヴェイ
ル」はフェティッシュ系のステージを入れた
ものでした（現在も不定期で開催されていま
す）。東京では2003年から、オート・モッ
ドのジュネ（関連→ポジパン）が「東京ダーク・
キャッスル」を主催。ゴスというよりフェテ
ィッシュ系メインの「トーチャー・ガーデ
ン・ジャパン（2001年〜）」、変態系とも呼ば
れる「デパートメントH（1994年〜）」に出か
けるゴスもいました。現在も定期的に開催さ
れているゴス・イベントには、2005年から
アドリワンダが主宰し、DJ SiSeN等がDJ
を務める「Tokyo Decadance」があります。
（関連→クラブ・ワルプルギス）

ら行

ライダース・ジャケット

　1930年頃バイクの普及と共にアメリカで
生まれたのが、現在の形のライダース・ジャ
ケット。1970年代からパンクスの日常着と
しても愛用されることになりました。ゴス
や、ロリータ・パンクにも着られています。
2000年以降のロリータ・パンスタイルで
はファッションに特化しているので、色もピ
ンクや赤、そして縁飾りが付いたものなど可
愛らしさがプラスされています。

ラウンド・カラー

　ロリータのブラウスで最もよく見られる
襟。ほんのり漂う幼さが愛らしいですね。襟
飾りにギャザーフリルやピコ（小さな丸い縁
飾り）飾り、レースなど飾りを付けたものが
基本になります。

ラック買い 【らっくがい】

中国人による爆買いが盛んになった2010年代のセール時、大人気ロリータブランドでは棚買いを超えて、ラックひと棹を抱え服を購入しようとする「ラック買い」がしばしば見られたといいます。このような買い方をするのは、多分転売用でしょう。ラフォーレ原宿の近くにマンションを借りて、買い物に臨む外国人もいたようです。

ラバー・ソール靴
【らばー・そーるぐつ】

ゴム底の靴の総称ですが、日本で「ラバソ」と呼ばれて愛されている靴は、1949年に英国の靴メーカー GEROGE COX が、ドレス・シューズとして世界初で発表したゴム底靴のこと。それまで外出用の紳士靴の底は革製だったのです。

足音が響かないことから1950年代にロンドンの不良集団テディ・ボーイズが履くようになり、さらに1970年代にセックス・ピストルズなどパンクスが履くようになって広まっていきました。ロリータ・パンクも愛用する靴です。

ラビリンス

ゴスが好むキーワードの一つ、ラビリンス（迷宮）。13世紀に建造されたフランスの有名なゴシック建築の教会（パリのシャルトル大聖堂など）の石床には、円状ラビリンスが埋め込まれています。でもこれは堂内巡礼用。

18世紀に始まったゴシック・ロマン小説時代から「彷徨う恐怖」を味わうために、ラビリンスは重要な要素になりました。

映画『シャイニング』では、迷宮庭園で繰り広げられる、狂気の父と子の鬼ごっこが最高の恐怖シーンになっていますね。双子が登場する廊下の床も、ラビリンス柄です。ホラー・テイストのゲームでも、ラビリンスは必須になっています。（関連→ダンジョン）

ラファエル前派
【らふぁえるぜんぱ】

1848年に英国で生まれた絵画の芸術様式。ミレー（関連→オフィーリア）、ロセッティなどがメンバーです。その頃彼らが通うロイヤル・アカデミー美術学校では、ルネサンス時代の巨匠ラファエロこそが美の規範とされていました。その規範を嫌がった彼らが、ラファエロより前、初期ルネサンスや、ゴシック時代を含む中世に立ち返ろうと作ったのが「ラファエル前派兄弟団」だったのです。

彼らは古典文学、神話、聖書等を主題に、ロマンチックな様相の女性達を繊細で細密な描写で明るく描き出し、新しい画風を生み出しました。英国では長い歴史の間でこれといった新しい芸術運動が見られなかったのですが、ここで初めて世界に注目される芸術運動が生まれたといっても過言ではないでしょう。

また絵画に描かれている衣装も当時のヴィクトリア時代のものではありません。彼らは

豊かにドレープが流れる服装を支持し、ここから誕生した服はエステティック（唯美主義）・ドレスと呼ばれました。ケイト・グリーナウェイもこの流れに入っているイラストレーターです。美しいラファエル前派の絵画はクラシカル・ロリータやゴスの憧れが詰まっています。

ラファエロの天使ちゃん
【らふぁえろのてんしちゃん】

　ロリータが愛する天使絵の中でも、最も人気の天使は《システィーナの聖母》（ラファエロ画／1513〜14年）の一番下に描かれた天使でしょう。主役は聖母なのに、その可愛さゆえ、聖母の足元にいる天使の部分だけが切り取られて「ラファエロの天使ちゃん」と呼ばれ模写され、フィオルッチなどの服や小物のプリントにもなりました。実はこの聖母のモデルの子供が、天使のモデル。母を窓際に覗きに来た姿をラファエロが思いつきで描いたのだとか。西洋絵画ではそれまで天使が子供の姿で描かれることはほぼありませんでした。やっぱり「可愛いは正義」なのですね♥

← 天使ココ！

《システィーナの聖母》ラファエロ作／1514年／
アルテ・マイスター絵画館

ラフォーレ原宿
【らふぉーれはらじゅく】

　原宿のシンボルタワーとなっているラフォーレ原宿。雑誌「ケラ！」がスタートした頃はエントランス部分でスナップさせてもらったこともたびたび。「ケラ！」編集部と共に「手作ラー大会」第1回、2回（1999年）を、広告部と共に「Gothic & Lolita万博」（2002年）も開催しました。（関連→協会）

　また常に時代を先取るアンテナになっていて、特に個性的なショップが集まる地下1.5階は、ゴスやロリータは必ず立ち寄るフロア。2006年のフロア全面改装の際に、すっかりゴスとロリータ系のショップで固めて「アンダーグラウンドフロア」と括られたりもしました。セールの時は階段に数フロアにわたって上層階に続く行列ができて、他フロアを圧倒したことも。（関連→チカちゃん）

ランウェイ

　アパレル・ブランドにとって最高の檜舞台は、ファッション・ウィーク、通称「○○コレクション」のランウェイ。東京でのファッション・ウィークに参加したゴス・ブランドには、h.NAOTO（2008〜10年）他があります。ゴス・ファッションはそもそもモード寄りなので、ランウェイでは最高の輝きを放ち、伝説のショーとなりました。ロリータブランドではMAXICIMAMが1996年東京で参加。近年では招待される形でVictorian maidenが2023年NYで、Hiroko Tokumineロリータウェディング（関連→ウェディングドレス、marcHenTica by Hiroko Tokumine）が2024年にパリで参加しています。

リアル・ロリータ

　ロリータ服を買って、実生活で着ている人を「リアル・ロリータ」ということがあります。これに対する反対語は、ビジネス・ロリータです。生まれながらじゃないかと思わせるような、生粋のロリータは「トゥルー・ロリータ」とも呼ばれます。

リセ・サック

　フランスの公立高等中学校(リセ)で使われる鞄(サック)のこと。リュックにも手提げにもなります。1970年代から日本でもフランスが大好きな少女の間で人気になり、今もロリータの間で人気があります。

(関連→サッチェル、スクール・バッグ)

リヒベルクの小説
『ロリータ』

【りひべるくのしょうせつろりーた】

　1916年にドイツのジャーナリスト、H・リヒベルク(1890～1951年)が書いた小説『ロリータ』が、2004年になって発掘されました。ロリータと呼ばれる少女と彼女に夢中になる中年男性を描いたものですが、名前や設定など複数の類似点があることから、ここからインスピレーションを受けてナボコフの小説『ロリータ』が生まれたのでは、と話題に

リヒベルクの『ロリータ』
www.funambulista.net

なりました。ナボコフとこの小説の間にどのような関わりがあったのかはもはやわかりませんが、こちらはゴシック・ロマン小説のジャンルにあたるものです。

リビング・デッド・
ドールズ

　ゴスたちの間で圧倒的に人気がある、米国生まれのゾンビ人形、リビング・デッド・ドールズ(略称LDD、日本での愛称はリビデ)。小さいうちに亡くなった架空の子供などを象ったもので、死亡証明書と、それぞれの人生の短い物語が付けられ紙製の棺桶に入れられています。血まみれの顔、ひび割れた肌、真っ黒に縁取られたアイメイクなど、一般の人が見たらドン引きする要素しかないのですが、ちょっと悪げな顔で微笑んでいる幼児顔と体型が可愛らしく、ゴス達のコレクション・アイテムになっています。雑誌「KERAマニアックス」2号(インデックス・コミュニケーションズ／2003年)でそれまでに販売されたLDDの翻訳付き完全カタログが掲載されています。

リボン

　古代より髪飾りとして使われてきたリボン。17世紀になると膨大な量のリボンを服のあちこちや、飼い犬にまで着けるというブームが宮廷で起こったそうです。少なくともその時代までは男女ともリボンを愛用していました（ただし富裕層のみです）。リボンを使った「ギャランの遊び」という恋愛問答ゲームも流行したようです。（参考文献→P188『ヨーロッパ服飾物語』）

　ロリータはリボンが大好きで、服にいくつ付いていてもいい、あればあるほどいいと考えているので、17世紀の宮廷人と気が合うかもしれません。

リボン・カチューシャ

　ロリータの頭飾りとして不変の人気を誇る、リボン・カチューシャ。ロリータの間での愛称は「リボンカチュ」です。ロリータ界で最初にリボンをカチューシャ台に付けて販売したのは Innocent World だと聞いています。その後長年の間に流行もあり、リボンが大きくなったり、立ち上がるようになったり、またパール飾りが付いたりなど進化を見せています。

　2021年から星箱Worksが、人形が着けているようなイメージの大きなタイプのものを発売して大ヒット。リボン・カチューシャはロリータ服と共に進化を続けているようです。

　ちなみにカチューシャは大正時代にトルストイの小説

『復活』の舞台で使用されていた半円形の髪飾りが、主人公の名前にちなんで「カチューシャ」と呼ばれるようになったものです。和製ロシア語なんですね。（関連→バブーシュカ）

リボン・コーム

　髪に差し込むだけで華やかに見せられるリボン・コームは、甘系、クラシカル系ロリータの必須アイテムだった時代がありました。二つ結びのお下げを結んだ根元に付けられました。髪を盛る時代には、コームだけでなく飾りの付いたヘアゴムやぱっちん留め、ミニハットなどと併用され、ヘアをにぎやかに盛り飾りました。現在はクリップタイプが人気です。

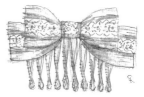

リボン取り外し
【りぼんとりはずし】

　ロリータ服にはたくさんのリボンが付けられていることが多いのですが、他のタイプの服と違う点は服本体の布地に縫い付けられているのではなく、安全ピンで留められている点でしょうか。これはどうやら1990年代後期の関西のロリータ系ブランドが「リボンを縫い付けたままより、取り外すタイプの方がクリーニング代が安くなる」ということに気がつき、その後複数ブランドがならったからなのでは、と言われています。

リモ茶 【りもちゃ】

　コロナ禍に広まった、オンラインでの「リモート会議」。ロリータ達はこの流行にのっとって「リモート茶会」略して「リモ茶」を開催しました。（関連→宅ロリ）

リリィ

女優、歌手の神田沙也加（1986～2021年）がゴスやロリータ服着用モデルになる際の名前。ロリータ服が大好きで、中学生の時から働いて稼いだお金は大好きなロリータ服につぎ込んでいたそう。雑誌「ケラ！」編集部に「読者モデルになりたい」「プロとしてではなく、あくまで読者モデルとして皆と平等に扱って欲しい」と頼み込み、出演の夢を叶えました。その後は雑誌「Gothic & Lolita Bible」やロリータ・ブランドの広告等を通じて、ファンを掴みました。

リリータ

「喜劇王」と呼ばれ、世界で最も有名な俳優として活躍したチャップリン（1889～1977年）の妻の名前。チャップリンは4回結婚していますが、1人目、2人目の妻は16歳、3人目の妻は25歳、4人目の妻は17歳とかなり若い女性とばかり結婚しています。その2人目の妻の名前が「リリータ（Lillita）」でした。チャップリンがリリータが未成年のうちから性交渉を持って妊娠させたことや、結婚後の性生活問題についてを彼女の両親が暴露し、起訴して世界に衝撃を与えました。1927年のことです。チャップリンの裏の愛称は「小児科医」だったとか。

そのためナボコフが小説『ロリータ』を書いたのは、チャップリンの人生をヒントにしたのではと言われています。（関連→ドロレス・ヘイズ、ペドフィリア、リヒベルクの小説『ロリータ』）

（参考文献→P188『Lolita』）

リングチョーカー

ゴスがよく使用するアクセサリーの一つがリングチョーカー。もともとはSMの拘束グッズですが、ファッションとして使用します。

ルイーザ・カザーティ

西欧人のゴスの間で語り継がれている伝説の女性は、イタリアの伯爵夫人・ルイーザ・カザーティ（1881～1957年）。貴族としての裕福な暮らしぶりに加え、美しいドレスを着て蛇をアクセサリーにしたり、チータをペットにして連れ歩くなど奇抜な趣味を持ち、また多くの芸術家のパトロンも務めました。莫大な借金を抱えて没落した際、彼女の持ち物は競売にかけられココ・シャネルなどが入札したといいます。1990年代以降は、John Galliano、DIOR、AlexanderMcQueen、KARL LAGERFELD などで、彼女の生き様からインスピレーションを得たゴシックなコレクションを発表。彼女が亡くなった後も現代のデザイナーの、そしてゴスのミューズとして君臨し続けています。

（参考文献→P189「Luisa Casati(Wikipedia)」）

『LE THÉÂTRE DE A ～Aの劇場～』
【る てあーとる どぅ あー えーのげきじょう】

BL系作品でよく知られる漫画家・中村明日美子ですが、ゴスロリを対象にした漫画作品も描いています。中村の大ファンである編集者からの依頼を受けて雑誌「Gothic & Lolita Bible」で連載した読切漫画シリーズです。2012、13年に2冊に分けられ書籍化された際『LE THÉÂTRE DE A ～Aの劇場

～」『LE THÉÂTRE DE B 〜 Bの劇場〜』とタイトルが付けられました。少女のようでいたい（そして大人になりたくない）少年、吸血鬼、囚われの姫と敵国の騎士などが登場、ロリータ好みでかつファンタスティックな作風で、いずれも傑作ばかり。

デジタル版『Aの劇場 新装版』© 中村明日美子／集英社

Rouge Ligne 【ルージュ リーニュ】

2020年、綾（Princess Doll のデザイナー）＆妖（イラストレーター）で始めたゴスロリ系ブランド。直訳するとフランス語で「Rouge」は赤、「Ligne」は線の意味。「心の闇を線で紡ぎあげ描く美しいモノクロイラストと、乙女心をくすぐる甘く上品なファッションを融合したブランド」がコンセプトだそう。髪の毛でアルファベットを象ったイラストの、プリントワンピースが代表作の一つ。

HP https://rougeligne.theshop.jp/

ルドゥーテの薔薇
【るどぅーてのばら】

18世紀にフランスの王妃マリー・アントワネットから「博物蒐集室付画家」に任命され、植物画を描いたベルギー人の天才植物画家がルドゥーテ（1759 〜 1840年）。19世紀

には薔薇栽培に情熱をかけたナポレオンの皇妃ジョゼフィーヌが収集した薔薇も描きました。その絵を集めた『バラ図譜』は世界的に有名です。ロリータはルドゥーテの薔薇が描かれた雑貨が好きな人が多いようです。

《ローザ・センティフォリア》
ルドゥーテ作／1824 年

ルナティック

フランスのファッション・コスメブランドGIVENCHY が2011年秋冬の広告で、モデルの目の周りを真っ黒に囲んだ神秘的な広告ヴィジュアルを放って、世界のゴスを喜ばせました。謳い文句は「Je veux la Lune」。意味は直訳すると「月が欲しい」ですが、転じて「狂気が欲しい」とも取れます。ゴスは太陽より断然月が好き、だからルナティック（精神に異常をきたしている）という言葉に響いてしまいます。

令和の
個人ロリータ・スタイル
【れいわのこじんろりーた・すたいる】

令和の今、ロリータ・ファッションを牽引するのは個人のSNSです。2018年 ISEYA の「ヤンキッシュ・ロリータ」、2022年 millna（関連→橋本ルル）の「坊主ロリータ」、同年北出菜奈の「ビッチ・ロリータ」などその斬新なコーディネイトがロリータ界をざわつかせました。いずれもロリータ・キャリアが長い人達の、大胆で新しい試みでした。

坊主ロリータ

ヤンキッシュ・ロリータ　ビッチ・ロリータ

レースアップ・ブーツ

　クラシカル系ロリータが好んで履く、紐結びのブーツや、サイドにボタン飾りのあるブーツは19世紀に生まれ流行したもの。100年もほぼ形が変わらず愛されているなんて、素敵ですよね！

レースフリル靴下
【れーすふりるくつした】

　ロリータの靴下で最もよく使われるのは、レースのフリル飾りが付いたもの。服がロリータでない日も、靴下にレースフリルが付いていればご機嫌だという人もいるくらい、大事な存在です。流行もありますが、どこの靴下売り場でもプチ

プラで購入できる、ありがたい存在です。
　ゴス・ロリ黎明期にはロリータ・ブランドからワンピースやスカートにあしらわれたトーションレースを使った靴下が発売されて、服と揃いで着用することが憧れになりました。懐古系ブームでまたこのトーションレースの靴下が注目されています。

レガリア

《即位のための衣装を纏ったエリザベス1世》1650年

　英国の王室の戴冠式では、君主となる者は頭に王冠を、手にオーブと王笏を身に着けます。これらのクラウンジュエリー三つを合わせて、「レガリア」と呼びます。日本でいうところの天皇家に代々伝わる三種の神器(鏡、勾玉、剣)みたいですね。

レジメンタル・ストライプ

UK　USA

　ブリティッシュ系ロリータや、パンクの間で愛されているレジメンタル・ストライプ柄。もともとは19世紀英国の軍隊がネクタイとして使用を始めたもの。海軍は紺、赤、黄色、空軍は紺、白、えんじと規定。さらに連隊(英語でレジメント)ごとに異なるデザインで、柄を見ればどこの連隊に所属するかわかるようになっているとのこと。柄の意味は「心臓から剣」です。
　1902年に米国のアパレル会社ブルックス・ブラザーズがこのタイに注目して、レジメンタル・ストライプ柄タイを一般に向け発売するように。ただし英国のものは向かって

左下から右上に上がる、カタカナの「ノ」の字ふう。米国ではその逆になります。あなたのレジメンタル柄服はどちらの柄ですか？
（参考文献→P189「DIFFERENCE」）

Royal Princess Alice
【ろいやるぷりんせすありす】

　2009年創設のゴシック＆ロリータ・ブランド。ブランド名には「誰もがプリンセスのように輝けるドレスを着て、ダークでキュートな世界のアリスになる」といった意味合いを持たせているのだそう。一枚の服にたくさんの遊び心を詰め込んでいて、着る人の気持ちを弾ませてくれます。和テイストも得意で「夜桜百鬼夜行」「お狐様シリーズ」シリーズや「がしゃどくろ浴衣」などが話題になりました。デザイナーはアイト。
🅷🅿 https://royalprincessalice.net

『ローゼンメイデン』

　「アンティークドールの戦い」をコンセプトにした漫画で、2002年8月に連載開始。2004年、2005年、2013年と3度にわたりTVアニメ化もされ大ヒット作品になりました。著者のPEACH-PITは雑誌「Gothic & Lolita Bible」48号（インデックス・コミュニケーションズ／2013年）での人形師・恋月姫との対談で、この連載を始めるにあたりインスピレーションを与えてくれたのは恋月姫であり、衣装は「Gothic & Lolita Bible」等を参考にしたという話をしています。

ローゼンメイデン 第8ドール
【ろーぜんめいでんだいはちどーる】

　雑誌「Gothic & Lolita Bible」48号の特別企画で、『ローゼンメイデン』第8ドールの

デザインを募集したことがありました。読者からの多数の応募から選ばれて、PEACH-PITが描き同50号で発表されたのがこちら。名前は珪孔雀（けいくじゃく）です。

©PEACH-PIT／集英社

ローファー

　ローファーは「怠け者」の意味で、紐なしで履くことができるスリップオン・タイプの靴のこと。20世紀のアメリカで生まれ、第2次大戦後に世界中に広まりました。甲の飾り部分にペニー硬貨が挟めるようになっているものは、ペニー・ローファー、コイン・ローファーと呼ばれます。今では通学用の靴として愛されていますが、ゴス・ロリ黎明期時代のロリータも履いていましたし、カジュアルな王子装などでも履かれることがあります。

ロココ調家具
【ろここちょうかぐ】

　城住まいに憧れるロリータの憧れの家具は、白ベースのロココ調と銘打った家具。天蓋付きベッドに続きドレッサーが夢の家具です。2014年には家具ブランドのRomantic Princessが深澤翠とコラボして、クラシカルな雰囲気の家具を発表しています。ゴスも城への憧れはもちろんありますが、黒い家具を探し求める人が多く、ANNA SUI店舗内の黒い什器が憧れでした。

ファッション・スタイルは「ア・ラ・ポンパドール」と呼ばれ流行を作りました。

《ポンパドール夫人》F・ブーシェ作／1756年／アルテ・ピナコテーク蔵

ロコロの女王
【ろここのじょおう】

　ロコロの女王、というとフランスのルイ16世王妃マリー・アントワネット（1755〜93年）かな、と考えがちですが、歴史をきちんと学ぶ人の間では、ルイ15世の公妾・ポンパドール夫人（1721〜64年）の名前が挙がります。

ポンパドール夫人

　文学を愛し、哲学を語り、啓蒙主義を研究し、ロコロの特徴ともいえるサロン文化に力を入れる他、自ら歌い踊り、ブーシェなど芸術家の保護にも努めるなど深く芸術を愛し、推進させました。
　またフランスにも陶磁器を、と国内でセーブル焼きを始めさせたのも彼女です。ロコロ時期の文化は軽薄でおばかみたいなイメージを持たれがちですが、ポンパドール夫人が生きていた時代は優雅さがロコロの肝だったようですね。前髪を後ろに向けて膨らませる髪型が現代でも有名ですが、彼女がリードする

マリー・アントワネット

　アントワネットはファッションでは頭を盛り盛りにするなど超豪華ロコロ路線をひた走りましたが、待望の第一子を出産してからは、シンプルで新しいルイ16世様式（新古典様式）の生活に馴染むようになっていきます。

《薔薇を持つマリー・アントワネット》L・ルブラン作／1783年／ヴェルサイユ宮殿蔵

ロコロ様式【ろここようしき】

　18世紀のフランスの宮廷を中心に展開され西欧に広まった、優美で繊細な美術様式のこと。1730年代に流行した貝殻の曲線を使った装飾を、「ロカイユ装飾」と呼んだことから名付けられました。建築的には後期バロック様式とも考えられています。教会や王家の権威をひけらかすことが目的だったそれまでのバロックとは違い、個人的な、宮廷人

の趣味を活かした愛らしい女性好みの様式で、左右非対称の形が多い点も特徴になっています。

ロザリアちゃん

米国のドラマ『ツイン・ピークス』（1992年）に登場する、死んだ少女のモデルとも言われているのが、イタリア・パレルモの地下納骨堂で安置されているロザリア・ロンバルド（1918～20年）の遺体。肺炎のため1歳11ヵ月で逝去。防腐処理がされミイラになったため、100年以上経った現在もガラス越しに、亡くなった時のままの姿で見ることができます。大きなリボンを髪に着けて、うっすら瞼（まぶた）を開けて眠る姿は神秘的で、人形のようでもあります。「世界一美しい眠り続ける少女」とも言われるロザリアは、ゴス、ロリータ達のハートを捉えてやみません。

露出【ろしゅつ】

1950～60年代のロリータは、胸の谷間や腿などを衣服からチラ見せしましたが、現代のロリータは肌の露出を好みません。セクシャルな表現は全くといっていいほどありません。逆にゴスは全身真っ黒の服を着ても、大胆にデコルテやお腹、腕や脚の一部を出して、メリハリがある着こなしをします。そのためにダイエットはきっちりしているようです。ゴスは肉体を含めての美意識が最重要だからです。

ロゼット

薔薇やタンポポを上から見た、花弁を中心に葉っぱが広がる様を模した飾りのこと。ロリータが好きなアクセサリーの一つで、エシャルプと共に着けることもあります。ゴシック建築に見られる「薔薇窓」もロゼットがベースになっています。

ロッキンホース・バレリーナ

ロリータが憧れる最高峰の靴といったら、英国ブランドVivienne Westwoodのロッキンホース・バレリーナです。ロッキンホースとは「木馬」のこと。バレエ用の靴のように紐結びして履くのですが、実際は紐がずり落ちてきてイメージ通りに履ける人はあまりいません。稀に履ける人は「シンデレラの足」と非常に羨ましがられます。それでもなんとかしたいと、マジックテープを付けて調整する人も。（関連→バレリーナ衣装）

ロック服ショップ
【ろっくふくしょっぷ】

　1980年代前半にポジパン系のバンドが好きだった人達は東京だと、古着屋(赤富士)やロック服ショップ(A store Robot、BLVCK、JIMSINN、LONDON DREAMING、ダブルデッカー、東倫、HELLOW)などで服を手に入れ、タイツを破って合わせて着ていました。また贅沢をして渋谷のファイヤー・ストリートにあった伝説のビンメイフラワーエッセンスという1点物の洋服屋や、Jean Paul GAULTIER、その他 MEN'S BIGI などのDCブランドの服を合わせる人もいました。まだ広く知られる日本独自のゴス専門ブランドがなかった時代です。

(関連→**クラブ・ワルプルギス**)

ロマン主義 【ろまんしゅぎ】

　18世紀末に西洋で誕生した文化、芸術運動のこと。個人の主観や感受性を重んじることが基本で、文学、絵画等様々な分野で見られるようになりました。ロリータが好きそうな作品であれば、例えば音楽ジャンルなら後期のベートーベン(1770～1827年)、シューベルト(1797～1828年)、シューマン(1810～56年)、ワーグナー(1813～83年)、マーラー(1860～1911年)、R・シュトラウス(1864～1949年)など主にドイツやオーストリア系、そしてリスト(1811～86年)、ショパン(1810～1849年)でしょうか。ロマンチックなものが好きな人なら、うら若き乙女と青年の愛や、生きる喜びや悲しみ等が美しい音色で語られる世界に、どっぷりハマってしまいそうです。「愛は死を超える」のフレーズなんてドラマチックで、最高にときめきますよね。1970年後半に生まれたニュー・ロマンティックは「新しいロマン主義者」の意味で名付けられた、とも。

ロマンチック

　かつてイタリアなどラテン語圏では、聖典などきちんとした文書は難しいラテン語で書かれていました。一方恋愛などに重きを置いた大衆向けの物語は、庶民向けの俗語であるロマンス諸語(古代ローマ発祥のフランス語、イタリア語など)で書かれていたようです。

　そこから騎士道物語などを含め大衆向けの小説は「ロマンス」と呼ばれるようになり、転じて憧れや感動を呼び起こすことを「ロマンチック」と呼ぶようになったとか。現在ではもっと広い意味で使われていますし、恋愛小説をロマンス小説といっていますね。

ロリータ愛好者
【ろりーたあいこうしゃ】

　ロリータ服が好きで着ている人の他に、自分では着用しないけれどロリータ服や、ロリータ文化を愛する人が、自らを「ロリータ愛好者」と呼ぶことがあります。このロリータ愛好者の男性が、東京大学の名誉教授にもいるんですよ。

『LOLITA』【ろりーた】

　ドイツの歌手・女優メレット・ベッカーのアルバム『夢魔』(1998年)に入っている曲の名前です。処女、あばずれ。無邪気な少女、おばあちゃん。ファム・ファタル、ただの女。全てが一枚の紙の裏表で、ささいなことでロリータとしての価値を得たり失ったりする女の性について歌います。アルバムのプロデューサーはメレットの当時の夫で、元アインシュテュルツェンデ・ノイバウテンのA・ハッケ。この曲はウィスパーボイスで歌いますが、アルバム全編を通し見事なボイス・パフォーマンスぶりを見せつけてくれます。

『LOLITA A-GO-GO』

【ろりーた あ ごー ごー】

1993年にメジャー・デビューし、爆発的なロリータ・パンクブームを起こした、JUDY AND MARY。その1stアルバムに入っているのがボーカルのYUKIが作詞した『LOLITA A-GO-GO』で、気まぐれで突発的なところのある少女の気持ちを歌っています。ライブで最も盛り上がる曲の一つでした。（関連→ロリータ・パンク）

『Lolita Go Home』

【ろりーた・ごー・ほーむ】

1975年にJ・バーキンが歌ったヒット曲名です（P・ラブロ作詞／S・ゲンズブール作曲）。当時ロリータと呼ばれていた女性は若干セクシーだったため、男性から好奇の目で、女性からは白い目で見られる、といった歌詞です。今でもバーキンが腰を振り振り歌う動画が見られます。

日本では小林麻美がシングル『雨音はショパンの調べ』（1984年）のB面で、自ら『不思議の国のアリス』がらみの愛らしい日本語歌詞を付けてカバー。また1994年にはカヒミ・カリィがEP『Girly』の中でカバーしています。（関連→ロリータ・ボイス）

#ロリィタさんと繋がりたい

【#ろりぃたさんとつながりたい】

2000年代前半、個人で趣味の情報を発信して、誰かに読んでもらいたい場合は、ネットでは個人サイトを作るしかありませんでした。サイトを作るのはSNSのアカウント作成のように簡単ではなかったし、サイトの管理人と閲覧者がダイレクトにつながることも難しい状況でした。

2004年にmixiが誕生、つながり希望の発信がしやすい時代になります。現在個人が発信に使用するのは、X（旧Twitter）、Instagramなど。「#ロリィタさんと繋がりたい」とタグを付けて、自分自身について語り、かつ友達を作っています。

ロリータ18号

【ろりーたじゅうはちごう】

1989年にデビューした、ガールズパンクバンドの名前。ヤプーズの曲『ロリータ108号』から取ってアレンジしたものと言われています。しかしバンドメンバーのヴィジュアルにロリータ度やロリータ・パンク度は全くなく、オールド・パンクスタイルです。

ロリータ症候群

【ろりーたしょうこうぐん】

フランスの思想家で作家の女性、S・ボーヴォワール（1908～86年）は、1959年に『ブリジット・バルドーとロリータ症候群』という論文を書いています。マリリン・モンローと並ぶセックス・シンボルで、かつロリータの代表格とされていたBBを、フランスのパリ大学（通称ソルボンヌ大学。13世紀に創設されたフランスで最も古い大学の一つ）を卒業した、とびきり賢い、しかもフェミニストの女性が愛情に満ちた目線で評価しているのです。偉大なる知性の持ち主が語る、ロリータへの優しい評価と、気になる「ロリータ症候群」のワード。日本語版はないのですが、読んでみたいですね。

ロリィタ短歌【ろりぃたたんか】

「ロリィタ」をテーマに詠む短歌のこと。2022年に「ロリィタ短歌部 by Otona Alice Walk」がSNSで投稿した後、ZINEでロリィタ写真歌集『地上のアリス』を発表しました。歌を詠んだのは歌人で小説家でもあり、ロリータ服愛好者の川野芽生。この短歌が発表される前には、2010年に人形作家で歌人の野原アリスが「ゴスロリ歌集」と銘打った『森の苺』（本阿弥書店）を発表しています。

「Otona Alice Book」1号／2022年／Otona Alice Walk。カバーモデルは、青木美沙子（左）と misa（右）

『ロリータ・デス』

嶽本野ばらの小説『ミシン』（小学館）『ミシン2』（小学館）作中に出てくる、バンド死怒麾瀉酢（デヴィシャス）のデビュー曲名。この『ミシン』は文学界にとっては初の「ロリータ・パンク小説」の登場だった、ともいえるかも。可愛いだけじゃ済まされないロリータ達の、暴力的でむちゃくちゃで、かつ笑いと涙でいっぱいになれるこの作品は絶対おすすめ。ぜひ作中で歌詞を読んでみてください。

ロリータ・デビュー

2000年代初めはお小遣いやバイト代を貯めるなどして、ロリータショップに行ったロリータ服初心者がまず買うものは、ヘッドドレスか靴下が圧倒的でした。そして全身着用できるように、こつこつと揃えて「完全なるロリータ・デビュー」の日を目指しました。

現在は国外メーカーの安価なものも出回っているし、フリマアプリやネットオークションなどで古着をプチプラで買えるので、ワンピースなど大物や、フルコーディネイトで購入する人も多いようです。また2000年頃に購入できなかった人が2020年を過ぎてデビューする話もよく聞きます。（関連→Y2K）

ロリータ・パンク

パンク服とロリータ服を掛け合わせた、ファッションスタイルのこと。略して「ロリパン」と言われます。日本では1993年にロリータ・パンク・スタイルでデビューしたJUDY AND MARYのボーカルYUKIを見た少女達が、彼女を手本にタータン風の生地物や、短い丈のプリーツ・スカート等ロリパン服を競って買い求めました。YUKIはぬいぐるみも抱いていたので、その姿も真似されたようです。（関連→ライダース・ジャケット）

ロリータ108号【ろりーたひゃくはちごう】

バンドのヤブーズがリリースしたアルバム

「ヤプーズ計画」（1987年）の中に『ロリータ108号』という曲があり、「ストイックロリータ」「トラジックロリータ」などと歌っています。作詞・歌ともに戸川純。1995年には『それいけ！ ロリータ危機一髪』という楽曲も。昭和時代の「ロリータ」関連の詞などを読むと、ロリータとは何なのか、過去と現在のロリータのイメージの違いなどを感じ取ることができて、面白いですよ。

ロリータ文学者
【ろりーたぶんがくしゃ】

「少女小説」というジャンルはあっても「ロリータ小説」「ロリータ文学」というジャンルは現在のところあまり聞かれることがありません。執筆する人が少ないからです。その稀少なジャンルの文学に携わっていて、自身もリアル・ロリータの「ロリータ文学者」は、まずはなんといっても嶽本野ばらでしょう。そして次に宝野アリカ。そんな二人は、嶽本はファンから「野ばらちゃん」、宝野は「アリカ様」「アリカお姉様」と呼ばれています。
（関連→ロリィタ短歌）

ロリータ・ボイス
【ろりーた・ぼいす】

風邪を引いたような少しかすれた声でささやくように歌う、ちょっと甘い歌声を「ロリータ・ボイス」といいます（関連→フレンチ・ロリータ）。日本では1990年代に活躍したカヒミ・カリィ（1968年〜）やCHARA（1968年〜）がロリータ・ボイスの持ち主とされました。さらにその後になると、ささやき声でなくても少女らしい声で歌うYUKI（1972年〜）などもロリータ・ボイスと呼ばれるように。いずれもリアル・ロリータが好きな歌手達です。

ロリィタ、ロリヰタ
【ろりぃた、ろりいた】

ネット上で「ロリータ」と入れた際エロ系画像が出てくること、またロリコンと一緒にされることを回避するためにロリータが考えだした表記と言われています。「ロリヰタ」は文字を出しにくいことからあまり広まりませんでした。嶽本野ばらの小説名で『ロリヰタ。』があります。

ロリコン

ロリータ・コンプレックスの略称。幼女や少女を偏愛する嗜好のことを指します。ナボコフの小説『ロリータ』の登場後に生まれた和製英語です。日本で1980年代に幼女が性の対象になる漫画や写真集で「ロリコン・ブーム」が起こり、さらに1988〜99年に宮崎勤による連続幼女誘拐殺人事件が日本中を震撼させました。ここで「ロリータ」の持つ言葉のイメージは激悪化しました。ところでこの日本のロリコンが対象とするロリータとは幼女を指していて、少女ではありませんでした。（関連→ペドフィリア）

ロリデ

「ロリータ・デート」の略。ロリータ装と王子装で女性同士デートする様が盛んに見られる時代がありましたが、だんだんロリータ装の女性同士でデートすることが多くなっていき、自然にロリータ・デートという言葉が生まれていきました。ロリデにはあらかじめ、「どこに行くか」の他に「何を着ていくか」の打ち合わせが入って、出かける前から2人で服装をプランニングする楽しみがあります。（関連→双子合わせ）

ロリポップ

LOLITA

　棒付き飴は英語ではロリポップ（Lolly pop）、ロリー（Lolly）といいますし、映画『ロリータ』のメインビジュアルでも主人公のロリータがロリポップを舐めている姿が使われていますね。

　フランス語で子供や女性に対して「可愛い子ちゃん」といった意味合いで使う言葉が「ルル（Lou Lou）」で、そこから付けられた飴の名前なのだそうです。ところで、スーパーや100円ショップで気軽に買える、世界で最も有名なロリポップ「チュッパチャプス」。あの包み紙の雛菊とロゴが入ったデザインを作ったのは、画家のS・ダリなんですよ。

（関連→shampoo）

ロングスリーブ

　ゴスの服の袖は、やたら長く、指をほんの少しだけ見せるタイプのものが多く見受けられます。腕を細く長く見せることができます。併せて首周りも顎まで掛かるハイネックのものが多く、落ちてくる服を口元まで引き上げる時、指を美しく見せてくれるのです。

わ行

Y2K 【わいつーサー】

　ファッション系でいうY2Kとは、2000年前後に流行したファッションのこと。「Y」は「Year」、「K」は「1000」を意味します。ロリータの間でもY2Kブームの流れはあり、コロナ禍のピークを越したあたりから、2000年代初頭に流行したロリータ・スタイルを楽しむ女性の姿が目立つようになっていきました。憧れていたものの、今まで着たことがなく、ついにネットで古着を手に入れたという20代、昔欲しかったけれど買い逃していて再販されたものを買ったという30代の人などが目立ちます。ロリータの間では「Y2Kファッション」といった言い方ではなく懐古系と呼んでいます。

「ワォ！本物のゴスロリだ」【わぉ！ ほんもののごすろりだ】

　2015年にアニメ化もされた英国人フードジャーナリスト、マイケル・ブースのグルメ書『英国一家、日本を食べる』。こちらの漫画版『コミック版　英国一家、日本を食べるEAST』（落合マハル画／亜紀書房／2007年）には、英国から来た一家が来日してまず、「ワォ！ 本物のゴスロリだ」とゴスロリに会って喜び、写真を撮らせてもらうシーンが描かれています。かようなまでに、外国の一般人

にまでゴスロリのことは知れ渡っていたのです。

『コミック版 英国一家、日本を食べる EAST』（マイケル・ブース著、落合マハル作画／亜紀書房）↓P22 より

「私、ゴスロリじゃない」

【わたし、ごすろりじゃない】

　ゴスロリ黎明期は、ゴス、ロリータ、ゴスロリの全てが「ゴスロリ」と一括りにされていました。あまり気にしない人もいたのですが、ロリータの間では「私はゴス要素が入っていないので、ゴスロリと呼ばれたくない」と思っている人も多かったのです。

　近年ではそのあたりの問題をクリアすべく、甘ロリやクラシカル・ロリータなどをゴスロリとは呼びません。

　また全身でロリータ服を着ていても「私はロリータじゃない」という人や、愛用者にロリータ服と認識されていても「うちはロリータ服ブランドじゃない」というブランドも多かったのです。他人に勝手にカテゴライズされたくない、という気持ちもわかりますね。

輪っか服【わっかふく】

　拘束感がベースにあるタイプのゴス服では、輪っかが付いたものが人気です。ベルトリボンを金属の輪っかにつないで飾りを付けたり、また袖をカットして輪っか状態にした服などが登場して、2000年前後に大ヒットしました。

ワルプルギスの夜

【わるぷるぎすのよる】

　全世界のゴスたちがいつか行ってみたいと思っているのが、五月祭の前夜に北欧〜中欧で行われる魔女の祭「ワルプルギスの夜」です。特に有名なのはドイツのブロッケン山で開催される「ヴァルプルギスナハト（魔女の夜）」。ここはブロッケン現象（人間の周囲に虹のような光輪が出る）でも有名ですし、そこでサバト（魔女の集会）が行われると聞いら、興味津々ですね。この夜は火を焚いて、魔王に悪霊を追い払ってもらうのです。ちなみにワルプルギスの夜はJ・W・ゲーテ（1749〜1832年）の戯曲『ファウスト』に、その名前は人気アニメ『魔法少女まどか☆マギカ』（2011年）にも出てきます。

（関連→クラブ・ワルプルギス）

たくさんの資料のお世話になりました。本書で紹介した内容を
個別でもっと知ってみたい、と思われる方はぜひ探して読んでみてください。

服飾辞典

● 『新版 ファッション大辞典』（吉村誠一著／繊研新聞社／
2021年）
● 『新版 フェアチャイルドファッション辞典』（C・M・キャ
ラシベッタ著／鎌倉書房／1992年）
● 『新版 モダリーナのファッションパーツ図鑑』（溝口康彦
著／マール社／2019年）
● 『増補 新版図解服飾用語辞典』（杉野芳子編著／杉野学園
ドレスメーカー学院出版局社／2003年）
● 『ファッション辞典』（文化出版局／1999年）

ファッション史本

● 『麗しのドレス図鑑』（花園あずき著／マール社／2017年）
● 『史上最強カラー図解 世界服飾史のすべてがわかる本』
（能澤慧子監修／ナツメ社／2012年）
● 『時代の気分を読む ヤングファッションの50年』（千村典
生著／グリーンアロー出版社／1996年）
● 『シリーズ《生活科学》 ファッションの歴史─西洋服飾史
─』（佐々井啓著／朝倉書店／2003年）
● 『西洋服飾史 増訂版』（丹野郁編／東京堂出版／1999年）
● 『西洋服飾発達史 近世編』（丹野郁著／光生館／1960年）
● 『ファッションスタイル・クロニクル イラストで見る
"おしゃれ"と流行の歴史』（高村是州著／グラフィック社
／2018年）
● 『ファッションの歴史』（千村典生著／鎌倉書房／1969年）

下着関連本

● 『女の下着の歴史』（セシル・サンローラン著、深井晃子
訳／文化出版局／1981年）
● 『図説 ドレスの下の歴史』（ベアトリス・フォンタネル著、
吉田春美訳／原書房／2001年）

ヴィクトリア時代の子供服を知る本

● 『アリスの服が着たい ヴィクトリア朝文学と子供服の誕
生』（酒井妙子著／平凡社／2007年）
● 『ヴィクトリア朝の子どもたち』（奥田 実紀＆ちばかお
り著／河出書房新社刊／2019年）

その他のファッション関連本

● 『アクセサリーの歴史事典（上・下）』（K・M・レスター＆
B・V・オーク著、古賀敬子訳／八坂書房／2019、2010年）
● 『おしゃれの文化史PART Ⅱ』（春山行夫著／平凡社／
1977年）
● 『366日絵画でめぐるファッション史』（海野弘監修／パイ
インターナショナル／2021年）
● 『写真でたどる 美しいドレス図鑑』（リディア・エドワー
ズ著、小山直子訳／河出書房新社／2021年）
● 『図説 タータン・チェックの歴史』（奥田実紀著／河出書
房新社／2013年）
● 『服飾の歴史をたどる世界地図』（辻原康夫著／KAWADE
夢叢書／2003年）
● 『名画のコスチューム』（内村理奈著／創元社／2023年）
● 『名画のドレス』（内村理奈著／平凡社／2021年）

● 『ヨーロッパ服飾物語』（内村理奈著／北樹出版／2016年）
● 『ロイヤルスタイル 英国王室ファッション史』（中野香
織著／吉川弘文館／2019年）

テキスタイル、装飾、文様を知る本

● 『テキスタイル用語辞典』（成田典子著／テキスタイル・
ツリー／2012年）
● 『フランスの装飾と文様』（城一夫著／ピエ ブックス／
2015年）
● 『ヨーロッパの装飾と文様』（海野弘著／パイ インターナ
ショナル／2013年）

音楽系の本

● 『教養としてのパンク・ロック』（川﨑大助著／光文社新
書／2023年）
● 『さよなら「ヴィジュアル系」』（市川哲史著／竹書房文庫
／2008年）
● 『知られざるヴィジュアル系バンドの世界』（冬将軍著／
星海社新書／2022年）
● 『ストリート・トラッド』（佐藤誠二朗著／集英社／2018
年）

ゴスについて知る本

● 『ヴィジュアル版 ゴシック全書』（ロジャー・ラックハー
ス著、巽孝之監修／原書房／2022年）
● 『ゴシックとは何か 大聖堂の精神史』（酒井 健著／講談
社現代新書／2000年）
● 『ゴシック入門 123の視点』（マリー・マルヴィ ロバーツ
編、ゴシックを読む会訳／英宝社／2006年）
● 『死想の血統 ゴシック・ロリータの系譜学』（樋口ヒロ
ユキ著／冬弓舎／2007年）
● 『ゴシックの解剖 暗黒の美学』（唐戸信嘉著／青土社／
2020年）
● 『ゴシックハート』（高原英理著／ちくま文庫／2022年）
● 『What is Goth?』（Voltaire著／WEISER BOOKS／2004
年）

ロリータを知る本

● 『セカイと私とロリータファッション』（松浦桃著／青弓
社／2007年）
● 『ブリジット・バルドー自伝 イニシャルはBB』（ブリ
ジット・バルドー著／早川書房）
● 『フリックス コレクション[9] フレンチ・ロリータ』（橋
本三恵編集／ビクター音楽産業／1992年）
● 『リアルなロリータファッション事情』（佐藤遊佳著／
NOTE-X／2019年）
● 『Lolita』（Gulia Pivetta著／24ORE Cultura srl／2017年）
● 『ロリータ、ロリータ、ロリータ』（若島正著／作品社／
2007年）

その他

● 『一生に一度は行きたい 世界の美しい書店・図書館』（宝
島社／2023年）

●『美しい書物の話』(アラン・G・トマス著、小野悦子訳／晶文社／1997年)

●『お菓子の由来物語』(猫井登著／幻冬舎／2016年)

●『オードリーとフランソワーズ 乙女カルチャー入門』(山崎まどか著／晶文社／2002年)

●『女學生手帖 大正・昭和 乙女らいふ』(弥生美術館・内田静枝編／河出書房新社／2005年)

●『人造美女は可能か?』(巽孝之＆荻野アンナ編／慶應義塾大学出版会／2006年)

●『中原淳一と「少女の友」』(実業之日本社／2013年)

●『はじまりコレクションⅠ、Ⅲ』(チャールズ・パナティ著、バベル・インターナショナル訳／フォー・ユー／1989年)

●『魔女の世界史』(海野弘著／朝日新書／2014年)

●『マンガでわかる「西洋絵画」の見かた』(池上英洋監修／誠文堂新光社／2016年)

●『名画のティータイム』(Cha Tea紅茶教室著／創元社)

●『ロココの世界―十八世紀のフランス』(マックス・フォン・ベーン著／三修館社／2000年)

※本書で紹介したものは個人の蔵書や古本が多いため、ご興味がある方は図書館やネット、古書店でお探しください。

ネット記事

●「Vivienne Westwood」より《Rocking Horse Shoe》
https://www.viviennewestwood-tokyo.com/blog/217

●「'Haute Goth': The Influence of the Gothic in Fashion」
https://researchonline.rca.ac.uk/4451/1/Gothic%20Influences%20in%20Fashion.pdf

●「Grimoire」より《水色界隈》
https://grimoire-jp.com/blogs/fashion-colum/mizuirokaiwai

●「DIFFERENCE」より《レジメンタルタイとは?》
https://difference.tokyo/topics/styling_guide/detail_343.html

●「むかしの装い」より《ロココのパニエと現在のパニエ》
http://blog.livedoor.jp/mukashi_no/archives/46752921.html

●「Luisa Casati(Wikipedia)」より
https://en.wikipedia.org/wiki/Luisa_Casati

謝辞

多くの方にゴスとロリータに関連するお話や、ゴスロリ黎明期の体験談、またそれぞれの専門的な話をお伺いして、この書籍を作ることができました。心より感謝いたします。　※敬称略、五十音順

企業・団体

●芦澤優子(ATELIER PIERROTデザイナー)

●Asūka(Angelic Prettyデザイナー)

●安立佳優(「ズームイン!!サタデー」ディレクター)

●安藤正志(ラフォーレ原宿館長)

●泉さおり(MARBLEデザイナー)

●Na＋H

●オガワカズコ(KAZUKO OGAWAデザイナー)

●葛城潤(オカダヤ本店服飾館マネージャー)

●小林愛梨穂(Fairy wishデザイナー)

●栄レース株式会社

●Junichi Yoshinari(BABYLONIA LLC　CEO)

●谷川正樹(オリオンレース工業代表取締役)

●苫米地香織(Fashion Commune主宰)

●豊福陽一郎(MAXICIMAMデザイナー)

●NON(TERRITORY代表)

●八宮由美子(MAXICIMAMデザイナー)

●藤崎智久(小林株式会社東京支店支店長)

●森山洋司(丸井 店舗サポート部 イベント運営課)

●山崎千恵(ATELIER PIERROT原宿本店スタッフ)

♥雑誌「ケラ!」「Gothic & Lolita Bible」「KERAマニアックス」の誌面についてはその出版元である株式会社ジェイ・インターナショナルの伊ны々裕之氏に、掲載許可をいただきました。どうもありがとうございます。「KERAショップ」と共にますますのご発展をお祈りいたします。

個人

●Abiba Champignon

●ありかみう(モデル)

●石井亮子(元雑誌「ケラ!」編集部員)

●岡久仁子(元雑誌「ケラ!」編集部員)

●くぅ

●小竹珠代(ヘアメイク)

●心桜

●櫻井 美月祈

●さち(黒色すみれ)

●幸子

●茶木真理子

●DJ紫泉

●戸井田歩

●MURDER BABY

●Misa Chonan

●三島瑠璃子

●Ross Holloway

♥本書の企画を持ってきてくださった古田悠氏、編集担当になってくださった若松香織氏。300を越えるイラストを描き下ろしてくださった長谷川俊介氏。私のわがままを受け止めてくださった装飾にこだわった素敵なデザインにしてくださった榎本美香氏。本書の制作に関わった全ての方に心より感謝申し上げます。

♥雑誌「ケラ!」をスタートさせた時から私とゴシック＆ロリータの付き合いが始まった三原ミツカズ氏。この本を作る間も、友達としてのLINEでの何気ないトークが、私にロリータの精神や心のありどころについての気づきを与えてくれました。執筆中ずっと伴走していてくれたような気がします。ここにて感謝の気持ちを伝えさせてください♥

♥♥♥ Merci ♥♥♥

あとがき

1997年12月のある日。「原宿・表参道にとびきりお洒落な子達が集まっているらしい」と聞きカメラマンを携えて撮影に出かけたのが、雑誌「ケラ！」を作る始まりの日でした。その日は粉雪が降っていましたが、思い思いの格好をしたお洒落っ子達が寒さをものともせず、そして何をするでもなく集まっていて、撮影に応じ、服や彼らの人生について路上で語ってくれました。

その時デザイナーを目指していた男性から「これからゴシックが来ると思う」といった話を聞きました。また以前からの友達だった漫画家の三原ミツカズ氏からも「ゴスが好き」という話を聞いていたので、「ケラ！」1号では「路上のゴシック！」、3号では「この夏のゴシックスタイル」という特集を組んだのです。でも実はその時ゴシックとは何なのかわかっていたわけでもなかったので、自分なりにゴスっぽいと思うものをピックアップしての特集だったのです。日本では1990年代はゴシックといえば、ゴシック体と呼ばれる書体、ゴシック建築（と付随する宗教芸術）、ゴシック・ロマン小説のみ。日本では1980年頃に生まれたポジティブ・パンクと呼ばれる音楽が「ゴシック・ロッ

ク」の中に入るらしい、とされたばかりで、その他に「ゴシック」とはっきりカテゴライズされるものはなかったのです（まあ現在もそうですが）。

1998年に「ケラ！」4号を作った頃には「ゴスロリ」という新しい言葉が誕生。雑誌「Gothic & Lolita Bible」を出版した2000年代には、ゴシックが大きな波となりました。一般の間でも注目されるようになって、ゴシックについて語られる文献が増え「ゴシックとは何か」という研究が進んだようです。でもアカデミックな方面と、アパレル業界の執筆陣、つまりゴスロリ服を着ることが絶対なさそうな人達の間で「ゴスロリ」を語られる場合、「劇場型のコスプレ」「ロリータがゴスに寄生して生まれたのがゴスロリ」といった蔑みが感じられる表現を見るようになりました。書き手側がゴスやロリータの知り合いを持たず、写真などだけで判断するとこうなってしまうのでしょうね。特に日本はゴスロリのおかげで、ゴシックブームに火がつき、ゴシックについて語ることのできる時代になったのに、また今までかつてないほどに日本のファッションが注目されたのに、この状況は残念だなあ、と思いました。

一般の間で服の識別がされておらず、お嬢様風情でいたいがために「ロリータ」服を着ているのに、「メイド」と一緒にされるのを不愉快に思うロリータもいました。

2000年前後には「ゴスロリ」「ロリータ」と言われるのも嫌な人がいました。ブランドになると、ほとんどがそうでした。そんなつもりで服を着たり作ったりしていたわけではなかったのです。そんな中でさらに「コスプレ」なんて言われたらますます嫌になりますものね。

ですから本書では「コスプレ」ではないのか

「メイド服」と違うのかなども、もしゴスやロリータを知らない人が読んでくださった際理解できるように、はっきりと記しました。

　さらに本書では「ゴスとは何か」「ロリータとは何か」などをざっくりとした分け方をしましたが、否定的な表現や限定はしません（特にロリータは似たような趣味趣向を持ちつつ、考え方が違う人が多いのです）。ただ個人の経験と現場の記憶から、実際のゴス、ロリータの傾向を踏まえたものをピックアップ。そして自分の中のゴス部分とロリータ部分の感性をもとに、執筆しました。

　皆さまもどうぞ、自分自身の中のゴスやロリータとは何なのか見つめ直しながら、いつかまたこの本を読み返してください。素敵なノートを探して自分の中の「ゴシック＆ロリータ語」を書き出してみるのも楽しいかもしれませんよ！

2024年5月　鈴木真理子

私にとって
ゴス服とは……
ダークサイドへの好奇心の表現と遊び

私にとって
ロリータ服とは……
少女心を生きる大人の女性の無意識の表現の一つ

モード系　　DCブランド

ガーリー系　　インポート

日本のゴス服、ロリータ服に
影響を与えたブランド達

以下に取り上げるのはゴス服、ロリータ服のルーツと考えられたり、影響を与えたりなどしたブランド達。本書内に名前を挙げていますが、ゴスやロリータ服カテゴリーのブランドではありません。

Goth に影響を与えたブランド

1970後半	1990年代
arrston volaju ／	THE GABRIEL CHELSEA
KOHSHIN SATOH	*beauty:beast*
COMME des GARÇONS	*BELLISSIMA* ／
Yohji Yamamoto	*20471120*
⑯*Jean Paul GAULTIER*	*MASAKI MATSUSHIMA*

Lolita に影響を与えたブランド

1970年代〜	1990年代〜
cantwo	*Emily Temple cute*
MILK	*Heart E*
ルイス・キャロル	*MULTIPLE MARMELADE*
	MAID LANE REVUE

1980年代〜	
ATELIER SAB	*NICOLE CLUB*
QUATRE SAISONS ／	*NOUGAT*
ATSUKI ONISHI	*VIVA YOU* ／
coup-de-pied	*hiromichi nakano*
JANE MARPLE	*FLANDRE* ／
SUGAR	*FLANDRE CLUB*
ストリート・オルガン	*POU DOU DOU*
田園詩	*PEYTON PLACE*
NICE CLAUP	*Rich Girl*
	㊝ *Vivienne Westwood*

Shirley Temple について
　子供服として最高のデザインを発表し続けるブランド。ロリータ服への影響も。幼少時に Shirley Temple を親に着せられていた人が大人になってから、ロリータ服を着るパターンもあります。

PINK HOUSE について
　PINK HOUSE はロリータブランドなのでは、という声が実際着用しない人から聞かれることがありますが、決してロリータブランドではありません。1970年代にデビューした頃は1930年代前後を彷彿させるノスタルジックな服作りをしていて、段階を経ながらリボン、フランスレース、ピンタック、オリジナルプリント生地などを使った独自のデザインを築きあげました。少女向けのファッション雑誌「Olive」に掲載されることはなく、大人のためのファッション雑誌「anan」の最重要ブランドでもありました。ロリータ・ブランドは当初少女を対象にしていましたが、PINK HOUSE はむしろ大人のための服だといえるのではないでしょうか。オリーブ少女にとって最も憧れる手が届きにくいブランドでした。当時 PINK HOUSE を着ていた人複数名がロリータ服に関わっていますし、2019年から、30代後半になる青木美沙子がコラボ商品を作るようになり PINK HOUSE を着用するロリータが増えていることも付け加えておきます。

【編集・執筆】

鈴木真理子（すずきまりこ）

1998年 雑誌「ケラ!」、2000年「Gothic & Lolita Bible」、2003年「KERAマニアックス」創刊編集長。フリーエディターとして雑誌では2014年「Lolicate」(Lolicate)、2016年 雑誌「ETERNITA」「Miel」(共に宝島社)、2017年「tulle」(スペースシャワーネットワーク)、ウェブマガジン「Jabberwocky Magazine」立ち上げ。書籍の編集では2001年『大好き、かじゅりん -Raphael華月写真集 -』(ヌーベルグー)、2002年『アリス中毒』(三原ミツカズ著／ヌーベルグー)、2005年『chocolate』(三原ミツカズ／インデックス・マガジンズ)、2010年『蜜薔薇、棘薔薇』(宝野アリカ著／インデックス・コミュニケーションズ)、2015年『繭百合、骨百合』(宝野アリカ著／モール・オブ・ティーヴィー)、『ロリィタの聖地巡礼手帖 in 東京 お買い物＆観光＆デト』(実業之日本社)、『スチームパンカーズ JAPAN 完全装備読本』(マイナビ出版)、2020年『すみれ色の魔法』(佐藤すみれ／トランスワールドジャパン)、『イノサンBleu』(坂本眞一著／Echelle-1)、2023年『Three Girls Cafe』(あまつまりな、ありかみう、やなぎばころん著／トランスワールドジャパン)など。SNSでは2021年に『Otona Alice Walk』を立ち上げ、2022年から『Otona Alice Book』を出版。神奈川県立近代美術館、森美術館(東京)ほか美術館の展示に関わる公式図録の編集も。

X @marimari1961
Instagram mariko3415

【イラスト】

長谷川俊介（はせがわしゅんすけ）

イラストレーター、デザイナー、アートディレクター。ファッションブランド「PUTUMAYO」元デザイナー。他ブランドやアーティストとのコラボも多数展開。

※本書の中で ✍ サインの入っているイラストは、長谷川氏による描きおろし作品です。

【装丁・デザイン】 榎本美香　　　【校正】 麦秋アートセンター

ゴス・ロリにまつわる言葉をイラストと豆知識（まめちしき）で甘くデカダンに読み解く

ゴシック&ロリータ語辞典（ごじてん）

2024年 7月17日 発 行　　　　　　　　　　NDC383

編　著　鈴木真理子（すずきまりこ）
発 行 者　小川雄一
発 行 所　株式会社 誠文堂新光社
　　　　　〒113-0033　東京都文京区本郷 3-3-11
　　　　　電話 03-5800-5780
　　　　　https://www.seibundo-shinkosha.net/
印刷・製本 TOPPANクロレ 株式会社

ISBN978-4-416-62334-3